REINICIE

RESGATE A SEGUNDA-FEIRA, reinvente seu trabalho e NUNCA FIQUE na mesma

JON ACUFF

tradução
Tássia Carvalho

figurati
SÃO PAULO, 2017

Reinicie: resgate a segunda-feira, reinvente seu trabalho e nunca fique na mesma
Do Over: Rescue Monday, Reinvent Your Work, and Never Get Stuck

COORDENAÇÃO EDITORIAL
Vitor Donofrio

GERENTE DE AQUISIÇÕES
Renata de Mello do Vale

EDITORIAL
Giovanna Petrólio
João Paulo Putini
Nair Ferraz
Rebeca Lacerda

TRADUÇÃO
Tássia Carvalho

PREPARAÇÃO
Mônica Reis

DIAGRAMAÇÃO
João Paulo Putini

CAPA
Dimitry Uziel

REVISÃO
Gabriel Patez

ILUSTRAÇÕES
William C. Warren

Texto de acordo com as normas do Novo Acordo Ortográfico da Língua Portuguesa (1990), em vigor desde 1º de janeiro de 2009.

Dados Internacionais de Catalogação na Publicação (CIP)

Acuff, Jon
Reinicie : resgate a segunda-feira, reinvente seu trabalho e nunca fique na mesma
Jon Acuff ; [tradução de Tássia Carvalho].
Barueri, SP: Novo Século Editora, 2017.

Título original: Do over: rescue monday, reinvent your work, and never get stuck

1. Profissões – Desenvolvimento 2. Profissões – Mudança 3. Satisfação no trabalho
4. Orientação profissional I. Título II. Carvalho, Tássia

17-0024 CDD-650.14

Índice para catálogo sistemático:
1. Sucesso no trabalho 650.14

NOVO SÉCULO EDITORA LTDA.
Alameda Araguaia, 2190 – Bloco A – 11º andar – Conjunto 1111
CEP 06455-000 – Alphaville Industrial, Barueri – SP – Brasil
Tel.: (11) 3699-7107 | Fax: (11) 3699-7323
www.novoseculo.com.br | atendimento@novoseculo.com.br

novo século®

Para Jenny, claro.

1 *Career Savings Account* (Caderneta de Poupança de Carreira) 7
2 Faça isto primeiro 30

INVESTIMENTO 1 – RELACIONAMENTOS

3 Você não sabe quem conhece 38
4 Dê a seus adversários aquilo de que eles mais precisam 50
5 Contagens casuais 64
6 Grandes carreiras precisam de grandes conselheiros 75
7 Não queime muitas pontes 89
8 A comunidade brilha mais na escuridão de um Choque de Carreira 96

INVESTIMENTO 2 – COMPETÊNCIAS

9 Você tem mais competências do que imagina 108
10 Domine as competências invisíveis 117
11 Não se torne um dinossauro 129
12 Vença do modo que já venceu antes 137
13 Comece suas novas competências com algo divertido 141
14 Competências se aprimoram devagar e diminuem depressa 153
15 Pegue o tipo certo de martelo para seu Teto de Carreira 164

INVESTIMENTO 3 – CARÁTER

16 Cultive um pomar 177
17 A generosidade é um divisor de águas 188
18 Empatia, não apenas com as pessoas que gostam de chorar com amigos 200
19 Esteja presente 218
20 Nunca salte sem caráter 227

INVESTIMENTO 4 - ENERGIA

21 Coragem é uma escolha, não um sentimento 236

22 A energia tem épocas: use a consciência para reconhecê-las 255

23 Yoga na carreira 266

24 Sempre use isto para multiplicar o momento 285

25 Três palavras finais que você me contará algum dia, em breve 290

AGRADECIMENTOS 297

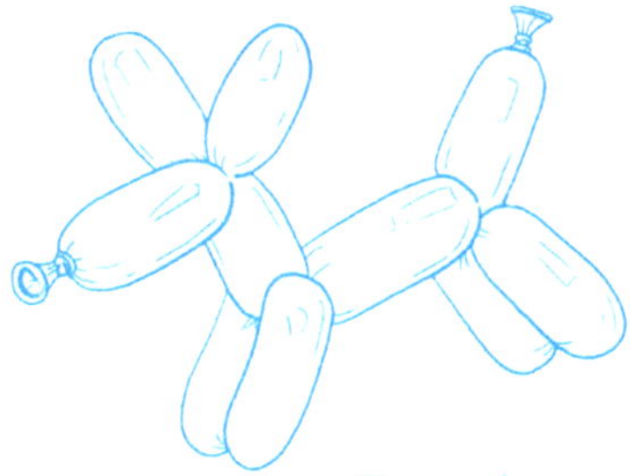

1

CAREER SAVINGS ACCOUNT (CADERNETA DE POUPANÇA DE CARREIRA)

Quando você trabalha como carteiro, não deve perguntar às pessoas se pode usar o banheiro delas.

Fazendo uma retrospectiva, percebi que não precisei aprender essa lição por meio da vivência. Mesmo assim, lá estava eu, nos degraus da frente de uma casa, com a correspondência do dia e um estranho pedido a fazer.

Por ser um escritor criativo, acabei me saindo muito mal como carteiro. Era desorganizado, desastrado e forte candidato a receber um spray de pimenta nos olhos. Certo dia, troquei minha rota vespertina pela matinal, de modo que as pessoas que recebiam a correspondência à tarde a encontraram mais cedo. Uma feliz dona de casa me disse que eu era melhor que o outro rapaz, sem saber que se referia a mim mesmo. Concordei e lhe disse: "Ele é o pior. Um verdadeiro pateta".

Em minha carreira como carteiro, ainda passei por lugares como Apple Country, uma loja de conveniência que nem sequer vendia maçãs, e Maurice, the Pants Man, que não tinha Maurice algum, mas várias calças.

Passei dezesseis anos viajando pela América corporativa, criando propagandas para a Home Depot, marcas para a Bose e marketing para a Staples. Fui demitido de uma startup, dispensado de outra, quebrei a cara e depois encontrei e larguei o emprego dos meus sonhos. Nesse caminho, aprendi uma lição sobre trabalho.

Você controla mais do que pensa...

Emprego bom, emprego ruim, emprego dos sonhos, sem emprego, em todos isso é verdade.

Depende de nós. Embora tenhamos preferência por culpar os outros – ou a economia, ou um chefe que não "entende a gente" –, a realidade é que um emprego melhor começa com a construção de um *você* melhor.

O trabalho não é o inimigo.

O trabalho não precisa ser uma miserável prisão, onde nós voluntariamente ficamos até chegar à condicional da aposentadoria. Pelo contrário, o trabalho pode ser ótimo.

Pode ser maravilhoso.

Se resgatarmos a segunda-feira. Se nos atrevermos a reinventá-la. Se nos recusarmos a permanecer na mesma.

Este livro não é sobre largar um emprego. (Eu já escrevi um livro sobre isso chamado *Quitter*, pois sou muito criativo.)

Este livro não é sobre começar algo. (Eu também já escrevi um outro sobre isso; chama-se *Start*.)

Este livro é sobre intencionalmente construir uma carreira usando os quatro investimentos que todas as carreiras extraordinárias têm em comum.

Os investimentos são tão óbvios que você pode não os ter notado. O cara que vende balões de animais com certeza fez isso comigo naquela noite no campo.

Para que você não pense que passei os finais de semana mais esquisitos possíveis debruçado na Craigslist,[1] vou fazer uma retrospectiva. Garanto que consigo explicar meu encontro sob o luar com o homem de suspensórios coloridos.

Eu estava esperando na fila com minha mulher e meus filhos na *Family Fun Night* (Noite de diversão familiar), na escola de ensino fundamental local. Era quinta-feira à noite e, por estar muito perto da moça que realiza pintura de rostos, você imediatamente se dirige ao cara dos balões em eventos assim.

Enquanto enchia e retorcia os balões coloridos, aquele artesão de borracha inflável olhava para mim de cima do banco em que se encontrava.

"Adoro seus livros", ele disse, reconhecendo-me e sorrindo. Porém, outro pensamento ofuscou seus luminosos olhos. "Sinto muito por hoje", ele acrescentou num tom mais sério. "Desejo-lhe o melhor nas suas tentativas futuras."

O rapaz dos balões de animais estava me encorajando porque acreditava que eu havia perdido muito.

E estava certo: eu tinha mesmo perdido algo. Sempre perdemos quando deixamos alguma coisa em busca de novas aventuras.

Naquela manhã, eu tinha saído de meu emprego dos sonhos.

No processo, deixei para trás produtos, dinheiro e as oportunidades mais loucas que já tive.

Caso se registrasse esse dia, talvez tenha sido meu momento de maior fracasso de todos os tempos. Apenas o fato de ler sobre o que

---

1 Rede de comunidades on-line centralizadas que disponibiliza anúncios gratuitos aos usuários. São anúncios de diversos tipos, desde ofertas de emprego até conteúdo erótico. (N.E.)

eu havia deixado para trás me dava um pouco de vontade de gritar a música do Phil Collins na cara do rapaz dos balões de animais: "Take a look at me now, oh.../ There's just an empty space" ("Olhe para mim agora, oh.../ Há apenas um espaço vazio aqui").

Não culpo o cara com um pacote de balões por se preocupar com o futuro da minha carreira.

Mas eu tinha algo que ele desconhecia.

Um kit de ferramentas sem o qual eu jamais teria feito a mudança.

Um kit de ferramentas que você também já deve ter.

Um kit de ferramentas do qual meu amigo Nate estava prestes a precisar.

O DIA EM QUE TUDO MUDOU

Meu amigo e vizinho, Nate, perdeu o emprego numa sexta-feira.

Se você é convidado para uma reunião com seu chefe no final da tarde de sexta-feira, não é uma reunião; é uma armadilha.

A carreira de Nate mudou rapidamente naquele dia.

De repente ele estava à deriva, e não por sua própria escolha.

Encontrei-o na semana seguinte para tomarmos um café.

Com uma expressão atordoada, ele me contou como se sentiu ao perder o emprego em que estava por oito anos.

Nate era bom no serviço. Sempre atingia as metas. As pessoas gostavam dele. Os clientes mandaram mensagens compadecendo-se da situação alguns dias depois do ocorrido. Ele era e ainda é um ótimo sujeito.

Mas enfrentava um problema.

Depois de enclausurado por oito anos dentro de uma grande e segura empresa, de repente se viu nas ruas. A carreira que ele tinha construído não existia mais, e o mundo havia mudado drasticamente desde que ele entrara naquele círculo fechado de trabalho.

Muito exasperado, ele disse:

"Nem sequer sei como usar o Linkedin."

Ninguém espera uma mudança repentina de trabalho; é por isso que elas são repentinas. E, se você está empregado por mais de um ano, já viu uma dessa acontecer – ou com você ou com alguém que conhece. Uma onda corporativa gigante atingindo um barco completamente desprevenido.

Além das massivas ondas da drástica mudança profissional, há outros problemas menos urgentes que também ameaçam nosso trabalho. Coisas como Limite, ou Teto, de Carreira.

Um Teto é o topo da progressão da carreira. É a altura máxima a que qualquer emprego o levará. Topei com um desse quando trabalhei como designer de conteúdo sênior numa empresa de software.

Comecei trabalhando nesta empresa como contratante. Com o tempo, ganhei uma posição efetiva e, em alguns anos, recebi o cargo de designer de conteúdo sênior. Foi nesse momento que cheguei ao fim do caminho de minha carreira.

Estava ganhando o máximo que poderia naquela posição, e não havia outras disponíveis na empresa – e nem haveria. O único modo de subir profissionalmente era me tornando diretor de criação, o que significava lidar com autores e redatores. Essa é uma ótima opção para algumas pessoas, mas para mim significava fazer muito menos do que realmente gostava de fazer: escrever.

Eu estava com 32 anos e minha vida já havia atingido um ponto de inércia. Até poderia receber pequenos aumentos nos anos seguintes, bem como um pouco mais de responsabilidade, mas apenas isso.

Mais tarde, minha mulher me disse que ela estava bastante preocupada. Com duas crianças pequenas, uma hipoteca e um casamento recente, era intimidante encarar trinta anos de uma possível monotonia profissional. Posso não ser muito aventureiro, mas me conformar com uma carreira inerte aos 32 anos é difícil de engolir.

Quando você atinge um Teto de Carreira, normalmente tem poucas opções. Assim, você pode:

1. conseguir um emprego em outra empresa;
2. trabalhar em algo que não quer, por exemplo, como diretor de criação;
3. desistir e morrer por dentro num período de trinta anos duríssimos.

A primeira opção não resolve nada, apenas atrasa as coisas. Você pode receber uma posição diferente e mais dinheiro. Essa "outra empresa" talvez tenha um cargo de escritor sênior, mas, no fim, você enfrentará o mesmo limite que enfrentou no emprego anterior.

Na segunda opção, você apenas altera sua progressão por outra. Isso não funciona bem, pois acaba realizando mais de algo que nem queria fazer. Se você não queria ser diretor de criação, continuar nessa progressão não funcionaria como uma promoção, mas, sim, como uma punição. Você apenas se aprofundaria mais na carreira errada.

A terceira opção é definitivamente a mais depressiva, mas também a mais popular. É por isso que na pesquisa Gallup de 2013, 70% dos americanos afirmaram odiar o emprego em que estavam ou se sentir descompromissados.[2] Como uma espécie de cultura, compramos juntos a mentira de que o trabalho tem de ser infeliz. Ora, os livros de Dilbert não venderam milhões de cópias porque as pessoas são felizes no trabalho. Nós comemos na TGI Fridays (Sextas-Feiras), não na TGI Mondays (Segundas-Feiras).

---

2 Peter Weber, "Why Most Americans Hate Their Jobs (or Are Just 'Checked Out')", *The Week* (25 jun. 2013). Disponível em: <http://theweek.com/article/index/246084/why-most-americans-hate-their-jobs-or-are-just-checked-out>.

Vivemos em função do fim de semana porque aceitamos que nos dias da semana os sonhos morrem. Se você está lendo este livro no trabalho, levante a cabeça. Sete de cada dez pessoas que você vê detestam estar aí agora. Ninguém quer ficar num emprego do qual não gosta.

E se não fosse necessário ser assim? E se conseguir o emprego dos sonhos tivesse relação com ser, em princípio, a pessoa que precisamos ser? E se não se tratasse de evitar as transições profissionais, mas, sim, de abraçá-las? Porque elas ocorrerão, para todos nós. Todos enfrentaremos um salto, um choque, um limite ou uma oportunidade profissional.

Como realizar sábios saltos na carreira?

Como lidar com os choques?

Como superar os limites?

Como tirar o máximo das oportunidades inesperadas?

Acontece que a solução para essas quatro perguntas é a mesma: construir uma *Career Savings Account*™ (Caderneta de Poupança de Carreira).

ABRINDO O COFRE

Dentro de 24 horas, depois de eu sair do meu último emprego, cem amigos diferentes entraram em contato comigo.

Dentro de uma semana, tinha uma equipe me ajudando a construir um novo blog.

Dentro de um mês, já tinha novos projetos de escrita alinhados.

Isso não aconteceu porque sou extraordinário ou porque tenho uma grossa e imponente cabeleira. Isso aconteceu porque durante cinco anos realizei depósitos no kit de ferramentas que chamo de *Career Savings Account*. Como sou ruim em matemática, desenvolvi uma fórmula simples para explicar a *Career Savings Account* (CSA).

$$\left(\begin{array}{c}\text{Relacionamentos}\\+\\\text{Competências}\\+\\\text{Caráter}\end{array}\right)\times\text{Energia} = \textbf{Career Savings Account}$$

Acrescente mais uma tuitada:

(Equipe + Fantástico + Bom) x Trabalho árduo = Career Savings Account

O que cada investimento significa? Aqui está como os definimos:

Relacionamentos = As pessoas que você conhece. A equipe com quem você conta de fato durante sua carreira.

Competências = O que você faz. As ferramentas que usa para construir sua carreira.

Caráter = Quem você é. O cimento que mantém a CSA unida.

Energia = Como você trabalha. O combustível que o leva a fazer o que as outras pessoas não fazem, de modo que aproveite os resultados que os outros não aproveitam.

Agora você já está familiarizado com todas as partes da *Career Savings Account*. Independentemente de sua atual situação no emprego, você não se surpreendeu ao notar que não precisa de nada dessa lista. Ninguém a lê e pensa: "Caráter? Nunca pensei em ter isso!".

Você inclusive já utilizou alguns aspectos da CSA em outras áreas de sua vida. Já trabalhou competências durante um jogo de golfe a fim de melhorar. Trabalhou arduamente quando estava namorando sua mulher para convencê-la de que era o cara certo. Desenvolveu relacionamentos com as meninas da irmandade, os quais ainda mantém mesmo depois de anos do fim do ensino médio.

Os itens não são novos, mas a direção para a qual os focamos sim. Você já possui a maioria do que precisa para um Salto, um Choque, um Teto ou uma Oportunidade de Carreira; e você provavelmente nunca os utilizou em seu emprego.

Ou, como eu nos primeiros sete anos de minha carreira, nunca combinou os quatro investimentos ao mesmo tempo. Talvez seja excelente nos quesitos relacionamentos e competências, mas ainda não domina a arte da energia. Ou possui o tipo de caráter a respeito do qual as pessoas escrevem músicas, mas nunca aprimorou um conjunto de competências. Não significa que você tenha uma carreira ruim, mas, na falta de um dos investimentos, os outros três nunca atingem o potencial pleno.

Aqui está o que acontece se você possui apenas três itens da *Career Savings Account*:

Relacionamentos + Competências + Caráter – energia = potencial desperdiçado, o gol perdido na cara do gol, bandas com apenas um sucesso.

Competências + Caráter + Energia – relacionamentos = A versão de A Roupa Nova do Imperador*, de Hans Christian Andersen, de sua carreira.*

Caráter + Energia + Relacionamentos – competências = Eu no NBA ou o Michael Jordan no beisebol.

Relacionamentos + Energia + Competências – caráter = Tiger Woods, Enron, Guns N' Roses.

Realmente, eu não sabia que estava construindo a minha *Career Savings Account* até ver como lidava com meu salto e como as pessoas achavam que eu estava lidando com ele.

Elas se aproximavam com olhares tristes, como se eu tivesse perdido alguém da família. Utilizavam vozes baixas e preocupadas que pareciam chá de camomila quando, por exemplo, me perguntavam:

"Vocês vão se mudar?"

"Há algo que possamos fazer?"

"Podemos apenas lhe dar um abraço sem jeito e chorar por um tempo?"

Perguntas simpáticas, mas que revelavam uma crença interessante: alguém que se encontra em uma transição profissional deve se sentir devastado.

A razão para a maioria das pessoas pensar isso é o fato de elas não terem nada a que recorrer. Um inesperado *Reinicie* (recomeço profissional/inovação na carreira) as força a abrir amplamente as portas de seu cofre, e, pela primeira vez, elas ficam horrorizadas com o quão vazio ele está. Elas nunca criaram uma *Career Savings Account* e nem sequer sabiam que precisavam de uma até se sentirem completamente desesperadas.

Por que isso acontece?

Porque fomos ensinados a trabalhar, não a construir carreiras.

POR QUE IGNORAMOS NOSSAS CARREIRAS

Normalmente as pessoas dizem que não é o que você sabe, mas sim quem você conhece. Quando tenho um problema com minha televisão a cabo, chamo o técnico da empresa. Quando tenho um problema com o sistema do meu computador, chamo o técnico do computador. Quando tenho um problema com meu dinheiro, chamo meu conselheiro financeiro.

Para quase toda situação que você enfrentará na vida, há alguém que pode chamar ou enviar um e-mail.

Menos quando se trata de sua carreira.

Menos para aquilo que você faz por, pelo menos, quarenta horas durante a semana.

Menos para aquilo que você realiza em vez de pagar por um empréstimo estudantil de 100 mil dólares.

Essa área possui poucos especialistas ou conselheiros. É em grande parte esquecida e vulnerável. E a razão não é por sermos ruins em buscar conselhos nem por sermos péssimos planejadores. Veja a forma como guardamos dinheiro para a faculdade.

Se você não começou uma poupança para a faculdade do seu filho assim que saiu da maternidade com aquele toquinho enrugado de gente, já está atrasado. E, provavelmente, será tachado de péssimo pai.

No momento em que eles saem do útero, você passa por um estágio de pavor de que a faculdade está logo aí. Todo pai do planeta só faz o filho se sentir pior quando lhe diz constantemente durante jantares: "Passa tão rápido. As crianças crescem tão depressa. É um piscar de olhos".

Você liga para seu conselheiro financeiro e acerta um tipo de previdência privada ao contrário. (Não me lembro muito bem das palavras, mas tenho quase certeza de que meu colega Jeff as usou perto de mim.) Você começa a poupar e a pagar a dívida para se preparar para a faculdade.

Mas não é só isso. Ainda precisa inscrever seus filhos nas atividades corretas. Quando eu era criança, passei todo o ensino fundamental apenas tentando desviar minha bicicleta das pilhas de sujeira dos bosques. Agora, porém, a cada ano, a necessidade de colocar as crianças em boas atividades para uma inscrição na faculdade começa cada vez mais cedo. Minha filha passou um sábado inteiro participando das olimpíadas de matemática. Ela está em uma trajetória competitiva de matemática, o que irá prepará-la para o futuro e, esperançosamente, para a faculdade.

Na época, ela cursava a quarta série.

Nós puxamos tanto a corda do estilingue até que, finalmente, a graduação escolar chega e então a soltamos. Nós nos dirigimos a quatro ou cinco anos maravilhosos. Nossos pais precisaram de dezoito anos para se preparar para isso, e tudo ainda vale a pena.

Nós nos formamos na faculdade, depois encontramos um emprego e, por fim, esperamos a próxima transição em nossa carreira para a qual nos preparamos: a aposentadoria.

Dos 22 aos 62 anos, apenas nos ensinam que devemos nos preparar para isso. Conversamos sobre nossa aposentadoria. Começamos a pagar pela nossa casa, assim teremos um lugar quando sairmos do emprego e quando nossos ossos estiverem frágeis. Contratamos seguro-invalidez, caso ocorra algum acidente e fiquemos impossibilitados de trabalhar. Escrevemos testamentos e nos preparamos para a grande jornada.

E ignoramos completamente os anos entre a graduação na faculdade e a aposentadoria.

Assim, temos um espaço de quarenta anos no qual apenas sobrevivemos.

Economizamos para o futuro quando se trata de nossa conta bancária, mas não fazemos nada para proteger a nossa carreira da tempestade.

Claro, há profissionais que estão em aprendizado constante. Conheço corretores e conselheiros financeiros que trabalham com coach pessoal e gurus. Mas, para a grande maioria, não há a quem recorrer se nos sentirmos presos ou se sentirmos um comichão relacionado à carreira.

Se você é um programador de web, tem 34 anos e sente que talvez esteja no lugar errado de sua carreira, a quem vai recorrer?

Embora seja um enorme fã de conselheiros pessoais, eu sei, por meio de várias pessoas, que isso não é uma opção. Há um intervalo emocional significativo a atravessar se você pensa que vai pegar o telefone e ligar para alguém que lida com crises pessoais.

Talvez possa ligar para seus amigos. Afinal, eles entendem você. Muito provavelmente, eles também odeiam o emprego em que estão. Talvez durante um café vocês possam se solidarizar com a situação. A miséria adora companhia, mas a companhia geralmente multiplica a miséria. Cafés silenciosos em locais modernos não mudam muita coisa.

Talvez você devesse se conectar ao Twitter ou ao Facebook e reclamar como se as plataformas sociais on-line fossem privadas. Ignore o fato de que existem empresas para verificar os antecedentes dos empregados, checando tudo que você fez e faz on-line. Hoje em dia, 80% dos empregadores procuram você no Google antes de chamá-lo para uma entrevista.[3] Embora se lamentar on-line possa funcionar como um alívio temporário, isso também vai construir um argumento muito bom de que você merece ser desvalorizado no seu emprego atual e nem sequer ser contratado em outro.

Conecte-se à internet e procure por "Ajuda Profissional". A boa notícia é que há 2 bilhões de resultados. A má notícia é que há 2 bilhões de resultados. Por onde começar? *Career Building*, um site para postar seu currículo? Um artigo no *Huffington Post* sobre

3 Susan P. Joyce, "What 80% of Employers Do Before Inviting You for an Interview", *Huffington Post* (1º mar. 2014). Disponível em: <http://www.huffingtonpost.com/susan-p-joyce/job-search-tips_b_4834361.html>.

atitudes pouco convencionais que deveria tomar para alcançar o emprego dos seus sonhos? Um coach profissional? O primeiro que encontrei cobrava 1,99 dólar por minuto, o que não se parecia muito com um coach profissional, mas sim com um instrutor de raquetebol. Você também pode melhorar algumas habilidades sobre as quais não pensou desde a última vez que verificou seu currículo e se candidatou a algo. Mas já há vários candidatos lá.

Então você desliga o telefone, se desconecta e decide engolir a situação por mais um dia. Ou mais uma semana ou mais um ano.

Você se sente melhor, confortado pelo fato de pelo menos ter tentado. Recomeçar uma carreira intencionalmente é muito complicado, é muito nebuloso, é muito difícil de imaginar.

Entretanto, não é. A *Career Savings Account* torna o recomeço incrivelmente simples. A única coisa que você tem que fazer é combinar os requisitos que já possui, como relacionamentos e competências, e ampliá-los. E nem precisará enfrentar aqueles diferentes tipos de transição de carreira, que na verdade são apenas quatro.

OS QUATRO TIPOS DE TRANSIÇÃO DE CARREIRA QUE TODOS ENFRENTAM

Você já se sentiu sufocado apenas por pensar em recomeçar? Talvez a ideia de aperfeiçoar sua carreira faça você se sentir como se estivesse entrando em uma selva com densas videiras, armadilhas perigosas e tendo de lutar com um currículo completamente desatualizado. Não tema. Nossas carreiras não são tão complicadas assim. Há apenas quatro transições na carreira com as quais temos de lidar, e a **ilustração** a seguir mostra cada uma delas.

O QUADRO REINICIE

Às vezes, em sua carreira, você tomará decisões **voluntárias**, como se candidatar a um novo emprego. Outras vezes, forças fora do seu controle, como uma demissão inesperada, irão impactar seu trabalho de uma forma **involuntária**. Desenhada de norte a sul, essa linha captura cada tipo de ação que você irá vivenciar em sua carreira.

Mas nem toda ação voluntária é boa. Você pode voluntariamente permanecer no emprego errado por medo. Todos nós tomamos decisões erradas. Todos nós temos amigos que já namoraram idiotas por muito mais tempo do que deveriam. Do mesmo jeito, nem toda ação involuntária é ruim. Você pode receber uma promoção inesperada no trabalho.

Somada à linha vertical, representando voluntário a involuntário, há uma linha horizontal que vai do **negativo** ao **positivo**. Essa duas simples linhas criam quatro quadrados, representando as quatro maiores transições em sua carreira que você enfrentará na vida.

No quadrado de cima, entre o 9 e o 12 do relógio, há o "Teto de Carreira". Quando você voluntariamente se dedica a um trabalho no qual sabe que não irá progredir, está vivenciando uma "experiência voluntariamente negativa". A menos que alguém fique segurando uma arma apontada para sua cabeça durante o dia inteiro, você está escolhendo permanecer parado e, no entanto, pode escolher não permanecer parado! A sua CSA inteira vai ajudá-lo com qualquer transição em que se encontre, mas há um dos quatro investimentos que se destaca em cada um. Quando você atinge um teto, são as suas competências que funcionarão como um martelo para ajudá-lo a avançar.

Continuando em sentido horário, o próximo tipo de transição é o "Salto de Carreira", apresentado no quadrado acima, à direita, entre o 12 e o 3 do relógio. Quando você decide mudar de empresa, começar a sua própria ou continuar estudando para melhorar em seu emprego atual, tomou uma decisão voluntária positiva. "Caráter" é o investimento na CSA que mais irá impactar sua habilidade de conseguir um salto profissional.

No quadrado de baixo, à direita, entre o 3 e o 6 do relógio, encontramos a "Oportunidade Profissional". Quando algo maravilhoso que está fora do seu alcance acontece, você vivencia um momento involuntário positivo. Um amigo com o qual não conversa há anos liga com uma proposta de emprego, ou seu chefe se apaixona por alguém do Havaí e libera uma posição que você sempre quis conseguir na empresa. A "energia" é o investimento que vai ajudá-lo a lidar com a maioria desses momentos inesperados.

No quadrado de baixo, à esquerda, entre o 6 e o 9 do relógio, está o "Choque de Carreira". Você foi demitido, perdeu o emprego num período de corte de gastos ou se formou numa instituição onde aproximadamente dezenove cargos estão disponíveis. É uma experiência involuntária aceitável, mas definitivamente não é positiva. "Relacionamentos" são críticos nesse ponto porque a união é o que nos ajudará a enfrentar desafios desse tipo.

As linhas entre essas quatro transições estão tão claras como foram desenhadas na ilustração? Claro que não. A vida é mais complicada que isso, e as fronteiras entre um Salto de Carreira e uma Oportunidade podem ser nebulosas. Entretanto, com uma CSA bem sustentada, você estará pronto para qualquer alteração que vivenciar em sua carreira.

Esta é a melhor parte da *Career Savings Account*: você tem a liberdade de aplicá-la a sua própria situação. Não é uma ferramenta para determinados tipos de pessoas com certos tipos de aspirações profissionais. É uma ferramenta para reinventar o trabalho, independente de como você escolhe definir pessoalmente aquele objetivo.

DUAS COISAS QUE PODEM ARRUINAR O REINICIE DE SUA CARREIRA

O medo não luta sozinho.

Eu costumava achar que o medo derrubava portas ou se esgueirava pela fechadura. Passei anos lidando com pessoas do país inteiro tentando ajudá-las a lidar com o medo. Com minhas melhores competências, ensinei-lhes alguns truques para derrotar os medos que todos nós sentimos. Nós os escrevemos. Nós devemos reagir a eles sinceramente. Nós acabamos com eles.

Infelizmente, o medo tem um amigo. Enquanto me sentia convencido por derrotar o medo, alguma outra coisa estava incomodando as pessoas. Algo mais silencioso e sutil que o brilhante monstro do medo.

No momento em que o medo some, esse outro se junta a ele, e algo ainda mais insidioso entra no ringue. A complacência.

E ela também começa bem sutilmente.

Logo no início, lutamos com nosso medo. Nós nos enchemos de motivação. Lemos aquele livro. Vamos àquele evento. Bebemos aquele energético colorido brilhante e nos jogamos repletos de entusiasmo. Porém, conforme nossos pés tocam o chão, somos prontamente estapeados na boca com a pergunta: "E agora?".

Aterrissamos depois de nosso comemorado salto contra o medo e não sabemos exatamente por onde começar. O medo pode ter diminuído, mas raramente é um plano esquecido em seu despertar.

Se soubéssemos o que fazer em seguida, exatamente o que fazer, faríamos. Você ficaria maravilhado com o que faríamos. Nossa fúria e nosso fogo seriam rivais do sol. Mas e daí? E depois? E agora?

Não temos um plano perfeito. Ninguém tem, mas pensamos que todos têm. E não queremos errar. Você não quer perder esse momento fazendo algo errado.

No entanto, pausamos por um minuto apenas para nos orientar. Apenas por um momento, para talvez ganhar fôlego. Durante todo o tempo, estamos completamente inconscientes do quão rápido a inércia nos atinge. Ficar preso nunca é dramático, porque em seguida vamos acordar. A complacência é um lento vazamento de gás, não uma bomba explodindo. É como ser roubado à noite por um bandido que leva apenas um centavo por vez; nós acordamos e percebemos que os dias se perderam em algum lugar.

As coisas não são tão ruins. Nós não odiamos nosso emprego. Eles estão ok.

Eles são até bons.

Nosso trabalho é bom.

Nosso chefe é bom.

Nossa vida é boa.

Uma vida boa é boa.

Nós nos sentimos bem com o bom.

E então nós nos sentimos confortáveis.

Isso não é ruim. Eu gosto do confortável. Mas vidas espetaculares raramente são criadas num conforto espetacular. Você nunca ouvirá um músico dizer: "A vida finalmente se tornou tão fácil e confortável que eu fui capaz de criar minha melhor canção".

A distância entre o confortável e o estado de coma é surpreendentemente curta.

A luz brilhante de sua coragem se apaga.

Nossas esperanças congelam.

Nós nos tornamos prisioneiros.

Nós teremos Choque de Carreira. Alguém vai ter a opção de ficar preso longe de nossas mãos, no momento em que nos lançarem num intrépido novo mundo quando nos despedirem. Por um curto momento, vamos considerar fazer algo diferente. Talvez aquele Choque tenha sido um presente disfarçado... No entanto, apenas encontrar um emprego como aquele que tínhamos é muito mais fácil do que qualquer outra coisa agora. Choques não são momentos para se sonhar. Então nós retornamos ao cerne da questão.

Emprego novo. Novo cartão de visitas. Novo cargo. O mesmo "bom". Por fim... preso novamente.

Em outras situações, vamos tirar a ferrugem, estimulados por algo mais barulhento que nossa complacência. Assistimos a nossos pais se aposentarem naquele mundo que lhes foi prometido quando o bom emprego deles terminasse, mas não termina. Nossos filhos lançam uma granada de comentários sobre nunca estarmos por perto em virtude de viajarmos muito a trabalho. Nosso companheiro de trabalho faz um brusco comentário sobre ser um "sobrevivente" e, por um momento fugaz, vemos a fina algema em que nos colocamos. Nós nos tornamos conscientes da mortalidade de nossa própria carreira, determinados a fazer algo mais significativo. Nós focamos e trabalhamos. Nós limpamos nosso local e fazemos flexões mentais.

Vamos atrás disso acreditando que, com nosso salto em algo novo, iremos finalmente derrotar, para sempre, nosso medo.

Após o primeiro dia de nossa aventura, ficamos chocados ao aprender a lição mais difícil quando se persegue um sonho. Quando se vai atrás dele, não se escapa do medo; aterrissa-se nele. O medo não é um dragão a ser morto apenas uma vez, mas um oceano no qual se deve nadar diariamente.

Quando você estava preso àquele trabalho, o medo parecia uma lagoa que tinha de cruzar. Ela era escura e talvez misteriosa, mas você podia ver o outro lado. Jurando que estava destinado a mais, jurando que não deixaria o medo derrotá-lo, você pulou, acreditando que seu ato de ousadia deixaria as profundas águas para trás. Apenas para aterrissar na Fossa das Marianas.

Do outro lado de um Salto de Carreira, há mais medo do que você jamais imaginou. E ninguém lhe diz isso. Seus amigos não dizem. Sua família não diz. Os livros não dizem. Eles o alertam sobre o antes, talvez sobre o momento de vencer aquele medo, mas nunca sobre o depois.

O depois não vende livros. Ninguém quer a promessa de águas profundas. Querem pôr do sol e veleiros.

Então você acha que cometeu um erro. Se tivesse tomado a decisão correta e ido atrás do sonho certo, não deveria sentir menos medo em vez de mais?

Nesses momentos de dúvida, o medo lança uma campanha publicitária pelo "bom". A sua vida boa era mais fácil. Não era tão difícil assim. Ela estará sempre à disposição. Qual seria o mal de voltar para a maré? Você não estaria desistindo, só estaria fazendo uma pausa.

A complacência toma a dianteira e acorda novamente, pronta para seu turno.

A maioria de nós passará a vida inteira andando no mesmo círculo.

Temos medo do desconhecido.

Agarramo-nos ao conhecido.

Se lutarmos com o medo e nos tornarmos corajosos, ele irá reconhecer a derrota, mas sussurrará enquanto passamos: "Será muito difícil; talvez você devesse ser complacente".

Se lutarmos contra nossa complacência e nossa confusão, a complacência irá reconhecer a derrota, mas sussurrará enquanto passamos: "Será muito assustador; talvez você devesse sentir medo".

Esses dois inimigos nos jogam para trás até que finalmente desistimos. Assim, aceitamos a miserabilidade da segunda-feira. Compramos o mito de que há um emprego perfeito lá fora e largamos uma dúzia de ótimos empregos buscando um do modo errado.

Entretanto, não foi sempre assim.

Quando crianças, acreditávamos que tínhamos o poder de declarar "Recomece!" quando algo não saía do jeito que queríamos.

Ficávamos de pé na rua e iniciávamos uma segunda tentativa de kickball.

Amassávamos o papel quando a cabeça do cachorro ficava distorcida e logo rabiscávamos tudo em um novo.

Não tínhamos medo de tentar novamente.

Em algum lugar, ao longo do caminho para a vida adulta, esquecemos que ainda temos permissão para fazer isso.

E não apenas com a arte ou com os esportes na vizinhança, mas com algo muito maior. Algo que muitas vezes é dono de nossos dias e assombra nossos finais de semana. Nossas carreiras.

A boa notícia é que nunca é tarde demais para dizer um *Reinicie*.

Tudo de que você precisa é uma *Career Savings Account*.

Com estes quatro investimentos – Relacionamentos, Competências, Caráter e Energia –, uma *Career Savings Account* irá ajudá-lo a resgatar, reinventar e reenergizar seu trabalho.

Isso soa como uma promessa? Não é, porque agora você sabe que há apenas quatro tipos de mudança de carreira que tem de enfrentar na vida. Não importa se você é um cara de 30 anos, com uma rota no papel, ou um cara com 43 anos com um fundo de investimento, todos vamos lidar com o mesmo punhado de situações da ilustração apresentada.

Você vai deparar com um Teto de Carreira e ficará preso, sendo necessário ter competências afiadas para se libertar.

Você vai perder um emprego de forma inesperada, o que exigirá fortes relacionamentos para sobreviver.

Você vai realizar um salto no emprego, exigindo caráter sólido para empurrá-lo pelo caos que a mudança sempre desperta.

Você terá uma oportunidade surpresa que não esperava, e isso exigirá uma forte dedicação para tirar proveito dela.

É isso, existem quatro tipos de grandes mudanças profissionais. E a *Career Savings Account* tem um investimento projetado especificamente para ajudá-lo a tirar o máximo proveito de cada um.

As carreiras são construídas ou destruídas dependendo de como investimos nelas. É por isso que este livro vai ajudá-lo a realizar duas coisas:

1. Construir uma *Career Savings Account* que vale bilhões;
2. Gastá-la na Carreira *Reinicie* que você sempre quis.

Carreiras só são difíceis porque estão mudando constantemente, e nós não. Tendemos a odiar a mudança, apesar dos benefícios que ela oferece; a ignorá-la, negá-la ou até a lutar com ela e permanecer presos.

É hora de mudar o modo como olhamos nossa carreira.

É hora de perseguir os sonhos dos quais estivemos correndo.

É hora de realizarmos um trabalho com o qual nos importamos.

É hora de nos mover.

É hora de buscar um recomeço.

2

FAÇA ISTO PRIMEIRO

Eu não termino livros. Isso é uma vergonha, já que escolhi a profissão de escritor, mas é o que acontece.

Minhas prateleiras estão repletas de livros dos quais li trinta páginas. Mesmo livros preciosos tendem a sofrer uma morte precoce em função dos afazeres da vida. Adoraria pensar que você vai terminar este, mas há um mundo inteiro de coisas impressionantes a fazer, como *kitesurf*. Então, não vamos perder tempo.

O medo e a complacência rapidamente construirão duas paredes entre você e sua *Career Savings Account* no instante em que declarar um *Reinicie*. A primeira parede é chamada atitude, e a segunda, expectativas.

Se você quer ter um trabalho melhor hoje, precisa lidar com ambas as paredes.

Não posso lhe ensinar uma nova habilidade pela qual seu chefe será surpreendido nos próximos 30 segundos. Não posso mudar o seu caráter no próximo parágrafo. Uma página de palavras não vai impactar profundamente a sua energia em seu sonho nem corrigir todos os seus relacionamentos, mas, se você quiser ter um trabalho melhor neste exato momento, isso é possível. Tudo que tem de fazer é escolher sua atitude e ajustar suas expectativas.

Atenção às minhas palavras: "Mude sua atitude". Isso pode demorar anos. Escolher mudá-la, no entanto, leva apenas alguns segundos. Amanhã, no trabalho, opte por ter uma boa atitude. Opte por não ser cínico. Opte por não agir como se estivesse fazendo o favor de aparecer por lá. Opte por não reclamar. Escolha torcer pelas realizações de seus colegas de trabalho. Escolha tratar os clientes como superastros.

Escolha a sua atitude todo dia até que, por fim, ela escolherá você de volta. Isso não se trata de se sentir feliz ou comprometido com seu trabalho, ou, ainda, de querer ser um bom funcionário. Os sentimentos são as coisas mais fúteis do mundo, mantidos para o capricho de mil fatores. Os sentimentos irão lhe dizer que o dia já está arruinado, porque você acordou do lado errado da cama ou porque seu caminho para o trabalho de manhã foi ruim. Não dê ouvidos a eles. Faça escolhas. Hoje, escolha uma boa atitude. Essa é a única coisa que pode fazer neste exato minuto para realmente impressionar seu chefe, melhorar suas relações de trabalho e dramaticamente aumentar as suas chances de uma carreira impressionante em longo prazo.

A segunda coisa que você precisa fazer é ajustar as suas expectativas. O que está esperando que seu trabalho faça por você? Todos nós carregamos uma lista de expectativas secretas e, quando o nosso trabalho não consegue atingi-las, deixamos de aproveitá-lo. Espera que seu trabalho atenda a todos os desejos criativos que você tem? Espera que o trabalho se dobre em torno de seus sonhos e de suas esperanças? Espera que este seja seu último emprego, uma vez que mudar é tão complicado? Tire três minutos e anote quais são suas expectativas secretas para o trabalho. Em seguida, tire mais três minutos e anote as reais expectativas, porque você provavelmente apenas mentiu um pouco para si mesmo.

Tom Magliozzi, o último apresentador do programa *Car Talk*, da NPR (National Public Radio), teorizou que "felicidade é igual a realidade menos expectativas", mas discordo.[1] Se você analisar essa afirmação, verá que ela alega que "a maneira de ser feliz é não ter expectativas", mas isso é ridículo. Ter uma expectativa é ter uma esperança. Ter um sonho. Desejar que algo que você quer aconteça.

Certamente, matar nossa capacidade de esperança não é a solução para nossas frustrações quanto ao trabalho. O truque não é eliminar as expectativas... o truque é ajustá-las.

Anote-as e, em seguida, encontre o lugar certo para elas. Você pode muito bem ter algumas expectativas em relação ao seu trabalho. Também pode ter um monte de expectativas em relação a qualquer outra coisa. Como um emprego secundário, um hobby ou um trabalho completamente diferente. Eu sempre quis escrever livros de poesia. Essa seria a correta expectativa para despejar no meu último chefe, Dave Ramsey, um guru financeiro que agia de modo mecânico? Claro que não, mas ainda assim eu, erroneamente, fiz isso.

Quando atitude ou expectativas saem do trilho, você cria um ciclo vicioso que paralisa a maioria dos momentos *Reinicie*. Suas expectativas implícitas e não atendidas lhe proporcionam uma atitude ruim. A atitude ruim o torna ainda mais irracional ao exigir que seu trabalho atenda às suas expectativas. Você dá muitas voltas em torno desse círculo e o trabalho fica ainda mais miserável.

Quer um emprego melhor neste exato momento? Escolha sua atitude e ajuste suas expectativas.

---

1 Jules Pieri, "Happiness Equals Reality Minus Expectations", *Inc.* (21 nov. 2013). Disponível em: <http://www.inc.com/jules-pieri/happiness-equals-reality-minus-expectations.html>.

INVESTIMENTO 1

RELACIONAMENTOS

Quem você conhece.

“Eu me viro com uma ajudinha dos meus amigos.”

BEATLES

Já trabalhei para uma empresa que pagava 250 dólares aos empregados se alguém, recomendado por eles, fosse contratado e permanecesse mais de noventa dias. Eles pagavam 2 mil dólares se a pessoa indicada fosse aquele ser mitológico conhecido como "desenvolvedor".

Eles fizeram isso porque 2 mil era uma quantia pequena de dinheiro a ser paga à pessoa certa. A pessoa errada é sempre mais cara, e é por isso que Tony Hsieh, CEO da Zappos, uma vez calculou que suas contratações ruins teriam custado a sua empresa "bem mais de 100 milhões".[1] Encontrar boas pessoas é difícil, e as empresas sabem que a forma mais rápida e mais barata é muitas vezes por meio de um contato. Muito antes de o termo "hacking" (pirataria) se tornar popular, a forma original de impulsionar a busca por um emprego – do inglês, *hack a job* – era conhecendo alguém. "Não é o que você sabe e sim quem você conhece." Pode parecer clichê, mas ainda é assim.

Relacionamentos lhe proporcionam uma apresentação ao outro. São responsáveis por conseguir uma primeira entrevista e oportunidade para você. Isso é verdade, porque é quase impossível avaliar o caráter e a convicção de alguém apenas por um currículo. Todos que já foram demitidos em um escândalo de trabalho tinham um currículo decente, que não dizia: "Propenso a desviar dinheiro" ou "Forte capacidade para se atrasar constantemente, sobretudo em dias em que há

---

1 Will Wei, "Tony Hsieh: Bad Hires Have Cost Zappos Over $100 Million", *Business Insider* (25 out. 2010). Disponível em: <http://www.businessinsider.com/tony-hsieh-making-the-right-hires-2010-10>.

importantes reuniões com clientes". É um pouco mais fácil julgar as habilidades com base em um currículo, mas, mesmo assim, currículos podem ser deslumbrantes.

Relacionamentos fornecem as avaliações mais precisas e imediatas de um candidato a emprego. Se você confia no Bob, se sabe que ele tem caráter, competências e energia, e ele recomenda alguém, é mais provável que acredite que a pessoa tem as mesmas qualidades do Bob. Bob dá ao sujeito o selo de aprovação Bob, colocando de fato a própria reputação em jogo pelo outro. Ele já escolheu pessoalmente a pessoa.

Os relacionamentos não apenas o ajudam a conseguir um novo emprego, mas também o ajudam a ser promovido em trabalhos atuais, já que amigos tendem a lutar por amigos com muito mais empenho do que o fariam por nomes desconhecidos em uma lista de candidatos. Por outro lado, os relacionamentos vão ajudá-lo durante as involuntárias transições de carreira negativas, como ser demitido ou dispensado. Durante Choques de Carreira, os relacionamentos serão a rede de segurança que o protegem.

Não costumamos gastar nosso tempo de modo intencional na construção de relacionamentos porque o retorno desse investimento não aparece de imediato nem chega a ser mensurável. Tendemos a nos concentrar no que podemos controlar, como nossas competências e energia. Nenhuma das duas carrega a visível bagunça das relações. Mas, se a sua *Career Savings Account* é cheia de todo o resto, porém vazia em relacionamentos, você vai se tornar um ermitão da carreira. Trabalhador, cheio de caráter, com inúmeras competências, mas sem ligação com alguém que o ame o suficiente para lhe dizer que não deve usar um bigode de Hitler em um comercial da Hanes, com Michael Jordan.

É isso que quer para sua carreira? Um comercial de cuecas onde você exibe o bigode mais estranho do mundo? Eu também não.

Nesta seção, iremos aprender não apenas as ideias-chave para fortalecer as relações profissionais, mas também como desenvolver novas relações.

3

VOCÊ NÃO SABE QUEM CONHECE

É melhor que passe seu tempo com pessoas melhores que você.
Escolha companhias cujo comportamento seja melhor
que o seu e será levado para essa direção.

WARREN BUFFETT

As pessoas odeiam mudanças.

Não apenas as emocionais; as físicas também. Nosso cérebro detesta mudanças. Há reações biológicas às mudanças que queimam em nosso coração e em nosso cérebro como fogos de artifício que nem sequer precisamos acender. Ao sermos confrontados pela mudança, nossa primeira reação é pensar em inúmeras razões para elas não funcionarem.

Estou muito velho.

Não tenho dinheiro suficiente.

É muito arriscado.

Não sou tão qualificado.

Alguém já fez exatamente a mesma coisa.

Há empregos piores do que o meu atual.

Não tenho nenhum relacionamento que possa ajudar em minha carreira.

Por alguns minutos, ou quem sabe décadas, fazemos o nosso melhor para reunir as tropas das razões pelas quais não deveríamos fazer algo. E essa tende a ser a abordagem que usamos conosco e, inclusive, com outras pessoas.

Quando queremos que um amigo faça algo que ele não quer, qual a primeira coisa que sempre lhe perguntamos?

"Por que você não quer fazer isso?"

Apesar de ser uma pergunta bem comum, infelizmente, é a errada.

No livro *Instant Influence*, Michael V. Pantalon, PhD, diz que, quando você pergunta algo assim a alguém, sem saber, leva-o a pensar em várias razões para não querer fazer aquilo. Essa pergunta é um convite para sentar-se no *não* e trabalhar em você mesmo mais ainda do que antes.[1]

Perguntar a um chefe "Por que não posso trabalhar em casa um dia na semana?" o encoraja não apenas a fazer uma lista do que ele já lhe falou, mas também a pensar em algumas novas razões. Não conseguimos deixar de usar nossa imaginação negativamente quando começamos com uma pergunta negativa.

A solução é tentar o oposto. Em vez de lançar um conjunto de perguntas para se opor a uma ideia, lance um conjunto de perguntas para uma oportunidade. No caso do chefe resistente quanto a um horário de trabalho flexível, você poderia falar: "Diga-me um motivo que explique por que o fato de eu trabalhar em casa pode ser algo possivelmente benéfico para a empresa". Você não precisa de mil razões, apenas uma base positiva em cima da qual irá trabalhar.

É o que nos leva ao primeiro exercício deste livro.

---

1 Michael Pantalon, *Instant Influence: How to Get Anyone to Do Anything – Fast* (Nova York: Little, Brown and Company, 2011), Kindle Edition.

ISSO PARECERÁ ESTÚPIDO, MAS TUDO BEM

Há um milhão de jeitos de permanecer preso à carreira, mas cada versão tem um ponto em comum: uma interrupção na criatividade. Nossa habilidade de sonhar e acreditar e desejar um emprego melhor ou um emprego diferente é ferida. Desligamos aquela parte de nós que acredita que a próxima segunda-feira poderia ser melhor do que esta e, em vez disso, aceitamos nosso destino.

Para iniciar nossa *Career Savings Account*, vamos começar com os relacionamentos, e precisaremos do fio mais ínfimo de esperança. O problema é que você não sabe quem conhece quando se trata dos relacionamentos em sua carreira. É possível que consiga nomear cinco pessoas com as quais trabalhou em seu último emprego, mas, se eu lhe perguntasse quais eram seus colegas de trabalho dois empregos atrás, os quais seriam capazes de ajudá-lo, você não saberia responder.

Reconhecendo que talvez precisemos de mais de cinco pessoas aleatórias conosco, nosso pensamento seguinte recai sobre *networking*. E todos nós desprezamos *networking*. Imaginamos algum encontro numa sala de conferências de hotel, onde qualquer um com quem você faça contato visual lhe lança um cartão de visita no rosto. Lembramo-nos de imediato da pessoa mais chata que já conhecemos por meio de *networking*, e temos certeza de que, se ousarmos tentar construir melhores relacionamentos de carreira, iremos instantaneamente nos transformar nessa pessoa chata.

Sabemos que *networking* é importante, porém, envergonhados, nos perguntaremos: "Por que odeio *networking*?" ou "Por que não conheço ninguém que possa me ajudar em minha carreira?". Nesse ponto, muito parecido com o que Pantalon previu, vamos começar a pensar em inúmeras razões para odiarmos *networking* e iremos confirmar que somos, de fato, a pessoa com menos relacionamentos em nossa indústria inteira.

Concordo com você: *networking* é enfadonho. Sempre que estou num jantar no qual as pessoas se ocupam do *networking*, imediatamente procuro o cachorro, e, se o anfitrião não tiver um, eu me concentro em convencê-lo a ter um animal.

Garanto-lhe que não haverá mais nenhum *networking* elegante pela frente.

O que estou prestes a compartilhar é o foco na carreira. A maioria se aplica a todos os tipos de relacionamentos? Creio que sim, mas este não é um livro sobre relacionamentos. Embora eu fosse arruinar seu perfil de namoro on-line se você me deixasse descrevê-lo, não darei conselhos desse tipo aqui.

E as dicas desta seção não vão ajudá-lo a manipular as pessoas para você fazer o que quiser. Abordagens como essa são parte da razão pela qual tantas pessoas têm medo de ser deliberadas com seus relacionamentos. Trabalhar em um relacionamento do mesmo modo como se trabalha em um projeto parece dissimulado. Mas acreditar que ser decisivo sobre um relacionamento é egoísmo ou manipulação é acreditar que ser preguiçoso em uma relação é ter humildade e nobreza. Claro que é... Se é casado, da próxima vez que sua esposa se magoar por você não fazer nada divertido e não ter planejado nada para o aniversário dela, diga-lhe que não queria manipular a situação. Conte-me o que acontecerá depois.

Em vez de realizar *networking* ou de manipular, iremos apenas propor uma simples questão impossível. Iremos suspender aquela parte de nós que quer imediatamente dizer “Não conheço ninguém que possa me ajudar. Não tenho amigos. Não tenho relacionamentos. Vivo em uma bolha hermeticamente selada e peço meu café pela internet para não interagir com gente”.

Coloque isso de lado por um segundo e responda a esta pergunta: Quem é aquela pessoa que poderia me ajudar com meu recomeço de carreira?

Escreva o nome delas na margem desta página.

Você já não se sente um pouquinho vencedor? Não foi tão difícil. E a realidade é que isso foi apenas a ponta do iceberg, pois você conhece muito mais gente do que pensa.

OS CARTÕES DE ANOTAÇÃO

Se você visitasse a casa Acuff enquanto este livro era escrito, provavelmente se surpreenderia com a sala de jantar. Embora seja um espaço razoavelmente limpo, por três meses ficou igual ao covil de um cientista louco. Eu não tinha provetas porque isso seria estranho, e provavelmente teria de comprá-las pela internet de uma empresa estranha de provetas que me mandaria catálogos pelo resto da minha vida. Mas tinha anotações cobrindo todas as paredes.

Isso não começou assim. Inicialmente, eu fazia meu trabalho no laptop tentando esboçar tudo em um único e enorme documento do Word. No começo deu certo. Mas, quanto mais eu inseria no meu esboço, mais ele demorava para carregar. E não conseguia achar com facilidade o que havia escondido no Capítulo 3, ou descobrir como o Capítulo 6 iria terminar. Era um exercício frustrante de rolar e perder ideias. Por fim, após provavelmente nossa décima quinta conversa confusa, minha esposa, Jenny, se cansou. Ela pegou algo da janela da cozinha, bateu com ele na mesa como se estivéssemos jogando baralho e disse: "Aí está!".

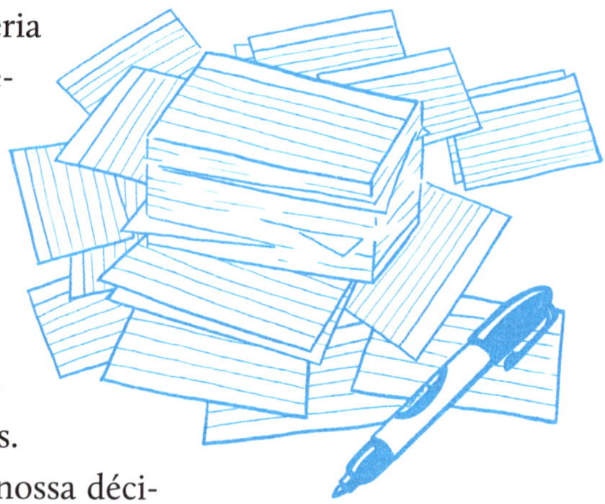

Olhei para a mesa e ri: cartões de anotação.

Claro, tudo sempre termina nos cartões de anotação. Durante anos usamos os cartões de anotação para ter uma luz nas decisões mais difíceis de nossa vida.

Se você quer planejar algo detalhadamente, não há nada melhor.

Grandes pensadores pelo mundo todo sempre os utilizaram. O único motivo para os homens das cavernas pintarem as paredes era o fato de eles não terem cartões de anotação.

Esta não é apenas uma astuta hipérbole também; há inúmeras pesquisas que mostram como é importante escrever as ideias e visualizá-las. "A escrita estimula as células na base do cérebro, o Sistema de Ativação Reticular (RAS). O RAS filtra informações de entrada e confere mais importância a algumas informações do que a outras."[2] Já que iremos passar quarenta horas por semana durante quarenta anos em um emprego, cabe a nós focar nosso cérebro da melhor maneira possível nas ideias sobre as quais discutiremos adiante.

Ao longo deste livro, irei encorajá-lo a pegar alguns cartões de anotação para um exercício. Se em qualquer ponto você disser: "Não posso gastar meu dinheiro comprando fichas de cinco dólares", eu lhe perguntarei se sua vida vale quatro dólares. Você ficará bravo, e alguém provavelmente terá a garganta cortada na confusão que acontecerá. Comprar alguns cartões de anotação será muito mais fácil e barato também, embora eu não tenha certeza do valor de uma garganta cortada.

Se nunca fez esse exercício, vou precisar de um pouquinho da sua confiança neste capítulo. Sei que é estranho, e prometo que não farei a mesma coisa do filme *Uma Mente Brilhante*, pedindo-lhe que compre barbante para ligarmos um cartão ao outro.

2 Patricia Ann Wade, "Do Students Learn Better by Typing on a Keyboard or Writing with a Pen?", *Indiana School of Medicine Newsletter* (4 abr. 2013). Disponível em: <http://msa.medicine.iu.edu/msa-newsletters/20130404/typing-or-writing>.

Também preciso que você ignore uma voz de medo específica que agora se tornará bem alta. É aquela que vai lhe dizer: "Você não pode fazer um exercício assim porque nem sequer sabe o que fazer com a sua vida". Em momento assim, ela lhe dirá: "Qual é o propósito de trabalhar seus relacionamentos se ainda não tem um sonho ou um plano de carreira?". E lhe direi que essa pergunta é uma mentira.

Eu lhe direi que, se não sabe exatamente o que fazer com sua vida, você é igual a mim. Também não sei. Gosto de fazer as pessoas rirem e pensarem. Isso é muito vago? Mas, quer saber, descobri como passar mais tempo fazendo isso durante os últimos cinco anos usando minha *Career Savings Account*, e você também pode. Não se preocupe com aquele amigo insuportável que sabia o que queria desde que estava no útero da mãe. Essa pessoa é exceção, não regra.

Trabalhe em sua *Career Savings Account* apesar de não saber o que quer ser quando crescer. Não, esqueça o "apesar", trabalhe nisso *porque* você não sabe. Se fortalecer seus relacionamentos, aprender novas competências, construir seu caráter e ampliar sua energia, você acha que estará mais perto de entender o que quer fazer com sua vida ou com seu futuro?

Pegue uma pilha de cartões de anotação ou pelo menos um pedaço de 20 por 27 centímetros que tenha cortado em quatro retângulos.

Se você não tem uma caneta marca-texto ou mesmo uma caneta, vá a uma sessão de autógrafos. Lá poderá obtê-las gratuitamente. Uma vez eu estava sozinho em uma, desesperadamente à espera de alguém que comprasse meu livro. Fiquei todo animado quando um senhor se aproximou da minha mesa, e esperava ouvir uma história de como minha escrita havia mudado a vida dele para sempre. Em vez disso, o homem perguntou:

"Estas canetas são de graça?", referindo-se à coleção de canetas que eu havia levado para assinar os livros.

Fiquei estupefato e respondi:

"Claro! Pelo menos acho."

Ele pegou um punhado e se virou.

Acabei de lhe dar um jeito de obter canetas de graça – de nada.

Agora que já dominamos o exercício do "Eu conheço uma única pessoa?", é hora de nos aprofundarmos mais um pouco. A razão pela qual estamos fazendo isso é que, para reforçar nossas relações profissionais, temos de saber com quem estamos nos relacionando. Em seções posteriores do livro, vamos nos referir a esses cartões de anotação. Na seção "Competências", quando precisarmos de um parceiro responsável para nos ajudar a aprender uma nova competência, escolher um será muito mais fácil se tivermos uma pilha de cartões de anotação para decidir.

Para iniciar, responda às seguintes perguntas, começando com seus relacionamentos mais próximos e, em seguida, o mais casual, escrevendo o nome de uma pessoa por cartão. (Tenho certeza de que você é capaz de dobrar, triplicar ou até quintuplicar os resultados do primeiro exercício.)

1. Quem eu conheço que entende de questões ligadas à carreira?

Quem são os gurus em sua vida aos quais seu círculo de amigos tende a recorrer para um conselho sobre trabalho? Quem você conhece que tem se destacado na carreira e seria capaz de ajudá-lo? Adoro o fato de você ter um amigo que sabe muito sobre casamento. Aposto que ele tem barba. Isso é ótimo, mas não me importo mesmo com ele no contexto dessa conversa. A menos que seja um influenciador, conforme definido na questão três, quero que você se concentre em encontrar as pessoas cujos conhecimentos se relacionem a questões ligadas à carreira, independentemente da atividade específica que exerçam.

2. Com quem já trabalhei?

Agora, comece a escrever os nomes das pessoas com quem trabalhou nos últimos cinco e em seguida dez anos. (Não se atreva a pesquisar o arquivo da empresa e começar a escrever o nome de cada pessoa que trabalha lá! Apenas as pessoas com quem já trabalhou pessoalmente.) Se está na faculdade e não tem um trabalho em período integral, anote o nome de todos os colegas que teve e os nomes dos professores que lhe deram aula. Um nome por cartão. Comece.

3. Quem eu conheço que é influente?

Toda pessoa conhece alguém influente. Essa influência não precisa ser direcionada à carreira porque, com essa pergunta, quero que você comece a expandir o círculo de nomes que está escrevendo. Olhe bem. Por exemplo, vamos supor que você queira trabalhar com gestão de construção. Seu sonho é construir casas. Então você verifica a seção de relacionamentos de sua *Career Savings Account* e rapidamente percebe que não conhece ninguém que construa casas. Mas... e encanadores? E eletricistas? E as pessoas que trabalham para os empreiteiros que fazem compras no Home Depot? Você pode não conhecer alguém diretamente na indústria de gestão de construção, mas pode conhecer alguém ligado a ela, alguém influente. Talvez um amigo que seja um elo; eles simplesmente conhecem todos. Estão diretamente envolvidos na indústria da construção? Não, mas você ainda deve considerá-los influentes. Não se trata apenas de obter um círculo de relacionamentos, mas, sim, múltiplos círculos. Talvez eles tenham uma relação de segundo ou terceiro graus que seja ótima para você, e, se tirá-los deste exercício, irá perdê-los.

4. Quem eu conheço que tem um negócio próprio?

Creio que essas pessoas poderiam ser listadas na coluna de influentes, mas aqui eu as separei de propósito. Não apenas liste as atividades relacionadas a sua carreira atual, já que estamos expandindo nossa busca por conexões. Liste todos os donos de negócios que você conhece. (Não "conhece" no sentido de ser amigo próximo, mas "conhece" como alguém com quem pelo menos interage.) Na minha lista, eu incluiria Dan Banks, o dono da 9 Fruits, uma loja de smoothies localizada perto da minha residência. Será que estou tentando entrar em um negócio no qual misturo *whey protein* com tudo? Não mesmo, mas os donos de negócios tendem a conhecer outros donos de negócios. E eles conhecem vários clientes. Há chances de haver apenas um ou dois graus de separação entre Dan e um negócio que se encaixe melhor em meu conjunto de competências.

5. Quem sigo on-line que está em meu espaço de carreira desejado?

Fui a um evento em 2011, no qual uma pessoa muito famosa e com uma história surpreendente preferiu discursar sobre a internet. Ela exaltou as muitas virtudes dolorosamente óbvias da rede, dizendo coisas como "Você consegue ver a previsão do tempo na internet e relatórios de ações". Profundamente inútil. Portanto, vou poupá-lo daquele momento estranho não lhe dizendo todas as pessoas incríveis com as quais você pode se conectar nesta coisa chamada World Wide Web. Mas saiba disto: de todas as celebridades nas indústrias com as quais você se importa, as quais irão responder à sua mensagem em comunidades voltadas à carreira no Facebook, há uma série de potenciais conexões esperando-o on-line. Conhece o guru de negócios Jim Collins? Não, mas você pode aprender com ele on-line e talvez até obter uma resposta a um tweet útil. Mesmo que você não seja um especialista em mídia social? Sim, pode. Para ter a maior e melhor CSA possível, é importante usar as mídias sociais para o lado mais expressivo de suas competências. As mídias sociais desempenharam um excelente papel na minha capacidade de estabelecer conexões que, por fim, levaram a dezenas de conversas e apresentações. Não tenha medo de escrever alguns cartões de anotação com os nomes das pessoas que você segue on-line. Lembre-se de que nós começamos com relações estreitas e estamos agora quase no final do arco-íris.

6. De quais relações casuais que podem impactar minha carreira eu estou me esquecendo?

Não me importo com o número de cartões que está à sua frente; você está se esquecendo de alguém! Eu o encorajaria a se debruçar mais para o lado de ter muitos agora. Faça como Curt Anderson. Ele era um compositor que não conhecia muitas pessoas em Nashville quando se mudou, mas, depois de alguns meses, foi capaz de compor com alguém que ganhou vários prêmios no Grammy. Você acha que essa interação veio de seu agente ou de alguma conexão nessa indústria? Não. O cara com quem ele escreveu era um pai que havia trazido os filhos para nadar na piscina da academia em que Curt era salva-vidas. Isso não poderia ser mais ocasional.

Como essa lista surgirá?

Não tente fazer tudo de uma vez. Sinta-se livre para vasculhar o Facebook, o Twitter ou mesmo alguma agenda antiga. Convide um amigo para um café e dirija a ele essas seis questões sobre sua vida. (Escreva-as em um caderno em vez de usar cartões e depois as transfira, ou as pessoas o acharão estranho.)

Provavelmente sua lista é mais longa do que pensou que seria. Todos nós conhecemos mais pessoas do que realmente pensamos conhecer. Se isso não acontecer, não se preocupe. Você pode ter respondido às questões apresentadas com muita rigidez. Volte a elas e seja mais maleável nas respostas. Tente encontrar uma relação ainda mais casual do que o salva-vidas em sua academia.

Você multiplicou sua lista inicial? Aquela em que havia apenas uma pessoa? Provavelmente sim, pois o primeiro princípio dos relacionamentos é que você não sabe quem conhece.

Agora, entretanto, você sabe, o que significa que pode começar a fazer algo sobre isso e guardar os cartões para quando precisar.

LEMBRE-SE:

- ✓ Os relacionamentos lhe proporcionam uma apresentação inicial.
- ✓ Você não sabe quem conhece a não ser que passe um tempo focado em seus relacionamentos.
- ✓ Os dentistas dizem "Apenas escove os dentes que você deseja manter". Nos relacionamentos profissionais, o mesmo é válido: apenas invista naqueles que deseja manter.

4

DÊ A SEUS ADVERSÁRIOS AQUILO DE QUE ELES MAIS PRECISAM

Se abraçar alguém que está esperando um aperto de mão fosse um esporte olímpico, eu ganharia ouro. Como orador, muitas vezes preciso realizar essa estranha troca de cumprimentos, e não importa se faço isso com um aperto de mão ou com um abraço, a outra pessoa está pensando o contrário.

Na verdade, eu me peguei desenvolvendo o hábito nervoso em que me pergunto "será que nós estamos na condição de nos abraçar?" em relação a pessoas que não vejo há um tempo, antes de abraçá-las. Inventei a frase "abrace em termos", que também pode ser um duo pop eletrônico de Copenhagen, que se especializou em paisagens sonoras para as quais você provavelmente não está pronto.

A troca de abraço-aperto de mão é desconfortável, mas nada se comparada ao que acontece quando agimos de modo estranho num relacionamento. Todo mundo já vivenciou isso em algum encontro. Um amigo próximo, certa vez, confessou sua paixão por uma garota que ele conhecia havia anos, e ela lhe respondeu: "Muito obrigada por me contar isso!", como se ele tivesse lhe informado um jeito de economizar na conta de TV a cabo.

O desafio é que você não pode dar a um relacionamento aquilo de que ele precisa, a menos que conheça o tipo de relacionamento. Felizmente, para nós, as relações de trabalho não são nem um pouco tão complicadas como as pessoais. Nesse momento, o Facebook tem onze tipos diferentes de relacionamentos nos quais você pode estar. No trabalho, há basicamente três nos quais você se encontrará durante sua carreira profissional.

INIMIGO

O inimigo é alguém que trabalha ativamente contra os sonhos. Ativamente pode significar que ele está criticando você em público, atacando-o ou desencorajando-o. Entretanto, ele não necessariamente odeia seu sonho. Um inimigo pode ser alguém que o leve para beber em noites nas quais você jurou que estaria trabalhando. Eles se denominariam "inimigos"? Não. Provavelmente achariam que são seus amigos, mas os resultados são os mesmos. A presença deles é um ataque contra o que você está tentando alcançar com o seu *Reinicie*.

AMIGO

Um amigo é alguém ciente de sua Carreira *Reinicie*, entusiasmado por você e disposto a animá-lo ao longo do caminho. As pessoas que "curtem" as suas atualizações de procura de emprego no Facebook são amigas. O cara com quem você toma cafezinho no trabalho é amigo. O vizinho que pergunta como as coisas estão indo na sua nova empresa é um amigo. Cada um que me manda uma mensagem durante a minha última Carreira *Reinicie* é um amigo. É a esse ponto que 95% dos seus relacionamentos vão chegar, pois essa é uma categoria que pode variar desde um conhecido casual até um amigo próximo.

CONSELHEIRO

Um conselheiro é alguém que o está ajudando de modo significativo a moldar o curso da sua carreira. Os conselheiros são o copiloto no *Reinicie*. Estão focados em fazer dezenas de coisas, muitas de longo prazo, para fazer parte da sua carreira. Essas pessoas são raras, como os tigres brancos, mas não tão raras, digamos, como mágicos que têm tigres brancos. Pode ser um cônjuge, um mentor ou um colega de trabalho. Esses relacionamentos reduzirão o número de conselheiros de que você necessita, mas ainda assim terão maior impacto direto no seu *Reinicie*.

Grosso modo, todos que você encontrar durante sua carreira irão se encaixar em um desses três tipos. E você não confundirá os grupos com facilidade. Excetuando-se uma inesperada puxada de tapete do tipo "até tu, Brutus?", em uma carreira normal você não vai se pegar dizendo "Sheila é tanto minha conselheira mais próxima como minha pior inimiga. Vamos ver o que acontece na segunda-feira".

Neste momento, você deveria pegar todos os relacionamentos com que se identificou no último capítulo e colocá-los em uma dessas categorias. É fácil fazer isso se você escreveu relacionamentos profissionais nos cartões de anotações. Apenas faça uma linha vertical em uma folha de papel, escreva "inimigo", "amigo" e "conselheiro" em três diferentes pontos e, então, coloque os cartões de anotação nas colunas corretas. Se você criou uma lista em vez de usar os cartões de anotação, leia todos os novos nomes e rapidamente escreva o tipo correto de relacionamento abaixo de cada um.

E se você não fez nenhum dos dois por que me odeia e também odeia a sua carreira? Volte e faça o exercício, mesmo que pareça que está comendo couve. Estou com você; eu também odeio couve. Chips de couve tem o mesmo sabor de chips de batata, se nunca provou chips de batata. Comê-los é como comer páginas queimadas de um romance. Entretanto, sei que os romances são bons para mim. Assim como os exercícios de cartões de anotação. Faça-os!

Agora, já identificamos vários de nossos relacionamentos atuais e os catalogamos. Então, vamos arrancar o band-aid e começar pelo pior.

INIMIGOS

É um hábito meu conversar com taxistas quando viajo. Se a TV me ensinou algo, foi o fato de que 87% deles estão participando de reality shows. Em uma tarde, um homem chamado Raid Naji Hadab me buscou no aeroporto Hobby, em Houston.

Nascido no Iraque, ele viveu no Texas com sua mulher e filhos nos últimos cinco anos. Durante nossa rápida conversa, perguntei-lhe se ele havia voltado ao seu país para ver sua família. Ele disse que não podia porque a Al-Qaeda estava tentando matá-lo. Essa não era a resposta que eu estava esperando.

Depois de trabalhar como tradutor para americanos em Bagdá, Raid Naji Hadab ficou marcado como traidor. Em sua cidade, ele teve de se mudar seis vezes com sua família, em um período de sete anos, para evitar ameaças de morte. Quando finalmente conseguiu o visto para mudar para a América, Raid mandou sua mulher e seus filhos para o aeroporto em um carro separado, e, enquanto isso, esperou em sua casa por quinze minutos, e só depois se dirigiu ao aeroporto. Isso porque ele estava preocupado com a possibilidade de alguém assassiná-lo enquanto tentava escapar do país. Se fosse morrer, queria ter certeza de que sua família não seria morta no fogo cruzado.

Raid tem inimigos reais, o que me deixou meio chateado porque ele estragou minha capacidade de pensar que eu os tinha. Um pouco antes de Raid me contar sua história, eu ia lhe contar uma minha envolvendo um estranho no Twitter que fora maldoso comigo. Uma vez publiquei no Twitter que, da próxima vez que eu fosse para Seattle, iria levar toda minha família, e o rapaz me respondeu: "A única coisa que você vai trazer é repulsa". Tal afirmação me deixou confuso, pois ele, na foto do Twitter, estava sem camiseta, depilado, bronzeado e cheio de óleo. Eu teria respondido à mensagem, mas minha mulher estava comigo. No funeral dela, vou lançar um livro chamado "Coisas terríveis que minha mulher não deixou tuitar", o qual será vendido em carrinhos de mão comemorativos, de tão longo, dado o número de inimigos reais que eu já encontrei, assim como os de Raid.

A verdade é que ninguém está tentando matá-lo em seu emprego atual; se alguém está, por favor, leia um livro de Krav Maga, não este.

Você provavelmente nem colocou alguma pessoa na categoria de inimigos. Parte da razão é que, no último capítulo, estávamos tentando encontrar pessoas que nos ajudariam na nossa Carreira *Reinicie*. A própria natureza dessa questão deveria ter nos impedido de pensar em tantos inimigos.

Mas, mesmo que você não tenha ninguém nessa categoria, é possível que, algum dia, encontre alguém que torne difícil uma transição profissional, portanto, vamos ver como lidar com eles.

A melhor notícia, aquela que deveria deixá-lo pelo menos um pouco aliviado, é que essa categoria não importa.

A menos que a pessoa nessa categoria seja seu cônjuge ou alguém da sua família, prefiro que ignoremos esse grupo de gente. A melhor coisa em relação a um inimigo é ficar longe dele. Tentar transformá-lo num amigo ou num conselheiro é um dos jeitos mais estúpidos de perder seu tempo. Às vezes, até os membros da família têm de ser deixados de lado. Se eu ganhasse um dólar cada vez que um amigo tentou mudar a cabeça de um pai furioso, poderia pagar para mandá-los a um terapeuta, que também lhes diria que parassem de agradar ao pai.

Deveríamos ignorar a maioria dos inimigos.

O problema é que, claro, não vamos fazer isso. Os inimigos são como cola. Aquelas pessoas que merecem a menor quantidade de nosso tempo e de nossa energia acabam ganhando a maior. Então, simplesmente dizer-lhe "esqueça isso e siga em frente" seria um conselho vazio. Porque você não fará isso e nem eu. Coloco o cara sem camiseta do Twitter num livro! É difícil nos distanciarmos de nossos inimigos, mesmo que lá no fundo todos nós saibamos que é isso que eles querem.

Então, como lidar com nossos inimigos? Tenho algumas dicas.

REDUZA SUA DEFINIÇÃO DA PALAVRA "INIMIGO"

A primeira coisa que você precisa fazer com sua categoria de inimigos é defini-la corretamente. De novo, um inimigo é alguém que trabalha ativamente contra o sucesso da sua Carreira *Reinicie*. Um estranho que tuíta coisas malvadas ou um amigo que faz um comentário depreciativo realmente não é um "inimigo" (por exemplo, o cara sem camiseta do Twitter). Eles podem ser bobos, mas é difícil presumir que estejam trabalhando ativamente contra você porque disseram algo.

Há também uma diferença entre inimigo e idiota. Um idiota é constantemente um bobo alegre, como qualquer um. Um inimigo é alguém focado apenas na morte prematura de outro alguém. Se é difícil trabalhar com algum colega, mas ele trata todos do mesmo jeito, ele não é seu inimigo; é um aborrecimento. Bem-vindo ao planeta Terra. Algumas pessoas incomodam e ainda temos de trabalhar com elas. Portanto, se as considerarmos inimigas, será mais difícil para nós. Se você vê as pessoas como adversárias, é praticamente impossível manter um bom relacionamento profissional com elas.

Os escritórios certamente estão repletos de "alpinistas sociais", mas são de fato inimigos? A maioria deles é egoísta e está focada no próprio crescimento, não necessariamente em que você rode lá dentro. Se sua definição de inimigo é tão vaga e se reduz a "alguém que sempre me aborrece", seu trabalho será miserável. Você pintou todos com esse enorme pincel de inimigos, então, é claro, acabará detestando seu emprego. Mas, seja honesto, seu trabalho está realmente cheio de inimigos ou você apenas os vê dessa maneira?

NÃO PROCURE INIMIGOS

Gostamos de inimigos por uma simples razão: eles confirmam os medos que sentimos.

A maioria de nós, quando encara uma Carreira *Reinicie*, terá algumas dúvidas, preocupações, ansiedades e medos, tudo relacionado a construir uma *Career Savings Account*. No meio disso, secretamente esperamos encontrar alguém que confirme nossos piores medos. É por isso que a desgraça adora companhia.

Se consigo encontrar alguém que concorde comigo em relação a todos os sentimentos negativos que tenho sobre mim e esse *Reinicie*, então não preciso fazer isso. É quase um alívio quando você consegue identificar um inimigo. É como se o medo dentro de você dissesse: "Viu? Essa é uma segunda pessoa que acha que você também não consegue fazer isso. Agora a gente tem um consenso! Desista!".

Se você vive assim por muito tempo, tende a ver qualquer um como inimigo. Não faça isso. Baixe a guarda. Pare de procurar inimigos.

COMPARE A INTERNET COM A VIDA REAL

Se alguém o critica – há chances de isso acontecer on-line –, outro alguém que você não conhece muito bem dirá algo negativo sobre sua vida. Eles comentam e magoam seus sentimentos de alguma maneira. E você engole. Você aceita, pensa sobre e talvez fique obcecado pela coisa toda.

Da próxima vez que você pensar em reagir diante do que eles tenham comentado (escrever um blog, compartilhar uma foto, sonhar alto), irá hesitar, lembrando-se das palavras do sujeito. E isso porque é muito grande o poder da internet. Mas se essa pessoa tivesse ido a sua estação de trabalho e dito, pessoalmente, o que disse on-line, você acabaria rindo de tudo. Quem são eles para lhe dizer como deve viver sua vida? Nem sequer conhecem você.

Este é o problema: não tratamos as mídias sociais da mesma forma que tratamos o restante de nossa vida. Quando um estranho critica sua vida inteira por causa de alguma coisa que você postou no Facebook, é como se alguém passasse por sua casa e gritasse do carro: "Seu jardim é horrível; aposto que seu coração também!".

Você não daria ouvidos à pessoa e pensaria: "Nossa, aquele cara é louco. Quem grita coisas assim para estranhos?". Mas, on-line, reagimos como se o Mark324 DragonHeart nos conhecesse. Ele não conhece. Aplique o filtro da vida real, e a maioria das criticas on-line vão desaparecer.

O QUE A MAIORIA DOS SEUS INIMIGOS ESTÁ GRITANDO?

Então nós estabelecemos duas coisas: 1. Você provavelmente tem bem menos inimigos do que acha. 2. Se os seus inimigos on-line agissem contra você na vida real, acabaria ignorando-os.

Mas e quanto aos adversários reais? O que fazemos com os amigos, colegas de trabalho ou parentes que estão trabalhando contra o sucesso do seu *Reinicie*? O primeiro passo é entender se esses adversários são sem noção ou se agem de modo premeditado.

Um adversário sem noção é aquela pessoa cujo comportamento o encoraja a falhar. Eles não são maliciosos. Não estão tentando transformá-lo num perdedor, mas, com o poder da influência que possuem, você se torna um. Amigos assim podem acidentalmente causar estragos terríveis em sua competência de ter um *Reinicie*. No livro *Change Anything* [Mude qualquer coisa], um grupo de autores discutiu esse assunto. Eles afirmaram: "Maus hábitos são quase sempre uma doença social – se aqueles ao redor de nós agem de determinado jeito e nos encorajam, nós quase sempre iremos ceder. Transforme 'incitadores' em 'amigos' e você terá dois terços a mais de chance de obter sucesso".[1]

Um dos jeitos mais rápidos e fáceis de tornar um incitador um amigo é apenas contar-lhe em que você está trabalhando. Na maioria das vezes, apenas o ato de dizer a alguém o que você está tentando fazer com sua vida muda as coisas. A chave não é ir de encontro à pessoa, mas, sim, dizer honestamente o que você está tentando fazer e como adoraria a ajuda dela. Certamente, a pessoa irá dizer: "Não tinha a mínima ideia de que eu estava atrapalhando tanto você. Eu adoraria ajudar".

Entretanto, alguns podem não reagir do mesmo jeito. Pessoas como o seu antigo "eu". Elas não querem que você mude e, com certeza, não querem mudar a si próprias para ajudá-lo no processo. Por que isso acontece? Às vezes, estão apenas zangadas por você estar mudando e elas não.

---

1 Kerry Patterson et al., *Change Anything: The New Science of Personal Success* (Nova York: Hachette Book Group, 2011), p. 17.

Certa vez, minha filha me lembrou disso em uma mercearia.

Conforme saíamos da loja e entrávamos no estacionamento, decidi subir no carrinho.

Por quê?

Porque sim.

Conforme eu andava e meus pés saíam do chão, com minhas mãos segurando a alça do carrinho, ouvi minha filha de 10 anos gritar atrás de mim: "Pai, para de fazer isso! Estou ficando com inveja!".

Achei aquilo interessante. Ela não gritou: "Papai, tome cuidado!". Ela não gritou: "Papai, isso é contra as regras!". Ela gritou: "Estou ficando com inveja!".

E aí há uma verdade simples:

Às vezes, as pessoas que odeiam seu sonho não estão realmente bravas com ele. Estão bravas porque você está provocando inveja nelas. Elas gostariam de estar sentindo o vento no rosto andando no carrinho do mercado no estacionamento. Elas querem ser aquela pessoa discursando ou abrindo um negócio.

Entretanto, qualquer que seja a razão, elas não são, e têm também muito autoconhecimento para gritar a verdade como uma criança de 10 anos faz. Então, em vez disso, elas lhe dizem que sua ideia jamais irá funcionar, ou que precisa ser mais realista ou, ainda, que está sendo egoísta. Temos mil modos diferentes de agir com nossa inveja.

Então, talvez um inimigo não seja mais complicado do que uma criança de 10 anos em um estacionamento, pensando que andar é mais chato do que subir no carrinho e ir com ele. Se esse é o caso, da próxima vez que alguém odiá-lo, lembre-se do que muitos dos seus inimigos estão de fato dizendo: "Pare de perseguir seu sonho. Você está nos causando inveja!".

E, em resposta, dê a eles a única coisa que podemos dar a nossos inimigos: distância.

PARE DE CONFRATERNIZAR COM LAGOSTAS

Enquanto escrevia este livro, fui a Rockport, Massachusetts. Imagine por um segundo a mais bela comunidade costeira da Nova Inglaterra que você consegue, multiplique isso pelas estrelas do universo e terá uma imagem de Rockport.

Situada contra o Atlântico Norte, a parte favorita dos turistas é a longa faixa de lojas e galerias de arte que se estende até a água. A bela rua forma um "U" no oceano, fornecendo um porto seguro para veleiros e pescadores de lagostas.

Enquanto andava por lá, vi um monte de antigas armadilhas de lagostas. Havia pilhas delas presas atrás de uma loja ao lado do porto. Eu já as tinha visto antes, mas havia alguma coisa diferente naquelas. A diferença eram os pássaros.

Em cima de cada gaiola antiga, eles estavam construindo ninhos.

Dúzias de pardais voavam para dentro e para fora das armadilhas com pedaços de palha. Era uma cena interessante de se ver, como se fosse algum tipo de local de construção de aves. Pássaros, os *hipsters* originais, usando materiais locais para construir uma residência num local inusitado. Eles não estavam construindo ninhos, mas, sim, renovando as gaiolas de lagosta.

Comecei a pensar que, caso se perguntasse a uma lagosta se aquele era um bom local para construir ninhos, ela provavelmente diria que não. Aquela armadilha representava a morte. Para uma lagosta, entrar naquela armadilha seria a última decisão que ela tomaria. Afinal, gastara a vida toda tentando evitar as armadilhas de lagostas.

E, ainda assim, para os pássaros, aquelas gaiolas eram perfeitas, abertas, ventiladas e completamente seguras dos gatos. Os gatos, pelo que eu saiba, não sabem como mexer em gaiolas de lagostas, que eram resistentes, estáveis e fáceis de entrar e sair para os pássaros.

O que era uma prisão para uma lagosta formava um lar para um pássaro.

Apesar disso, as lagostas não entendem.

E, neste momento, você também tem algumas lagostas na sua vida.

Todo trabalho tem lagostas, aquele grupo de pessoas determinadas a odiar a experiência completa de trabalhar em qualquer lugar. Eu costumava ser uma lagosta, rápido para criticar tudo, lento para perceber qualquer coisa boa, determinado a ter certeza de que qualquer um ao meu redor estava tendo a mesma experiência negativa no trabalho, assim como eu. Lembro-me envergonhado quando um amigo e eu levamos um novo colega de trabalho para almoçar. Ele estava cheio daquele zumbido novo no trabalho, e nós fizemos tudo que podíamos para lhe dizer como o trabalho no qual havia acabado de entrar era ruim. Tentamos cortar suas asas.

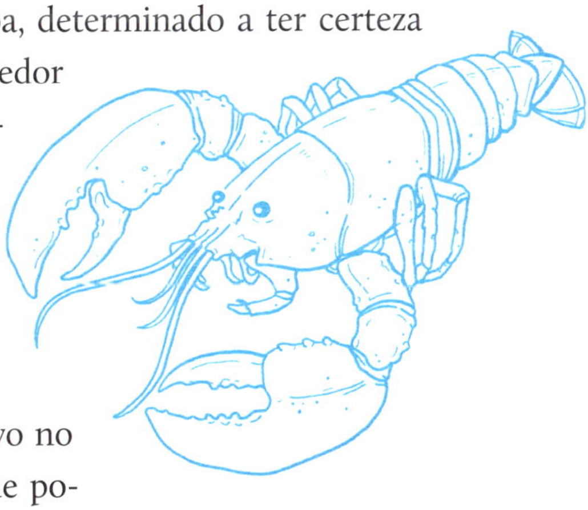

A infelicidade adora companhia, e ela a recruta. Neste momento, você possui, em sua empresa, um grupo de lagostas fofoqueiras e cínicas que almoçam juntas. É divertido passar um tempo com essas pessoas – a negatividade é mais agradável do que gostamos de admitir –, no entanto é a morte para um *Reinicie*. Confraternizar com lagostas nunca irá ensinar-lhe como ser um pássaro melhor. Isso esvazia sua CSA em vez de enchê-la.

Dê às lagostas aquilo de que elas realmente precisam: distância.

E OS PÉSSIMOS CHEFES?

Péssimos chefes existem. Tive um ou dois na minha carreira. Quando você percebe que seu chefe é um inimigo, há algumas poucas coisas que pode fazer.

1. Melhore sua performance profissional e veja se o relacionamento também melhora.

Você não pode mudar alguém, mas, às vezes, pode causar um impacto em um relacionamento profissional se melhorar sua performance profissional. Tornar a terrível vida do seu chefe melhor ao realizar um bom trabalho pode transformar um chefe horrível em um menos horrível. Escolha sua atitude, ajuste as expectativas, aplique as técnicas que estão na seção sobre Energia deste livro e veja se consegue nivelar as coisas.

2. Compreenda que você é um empregado.

Às vezes, quando as pessoas me dizem que têm chefes terríveis, o que estão realmente dizendo é: "Quem eles pensam que são para me mandar fazer aquele projeto?". Nesse ponto, digo-lhes: "Eles são seus patrões; são 100% das pessoas que pagam seu salário para lhe dizer o que fazer. É assim que um emprego funciona". Muitas conversas rápidas e estranhas que mantenho não terminam em abraços ou apertos de mão. Se seu chefe altera o horário em que você almoça, adivinhe só? Ele passa a usar o seu horário. É justo?

Engraçado? Correto? Talvez não, mas é definitivamente uma consequência de ser um empregado. Se isso é frustrante, passe para o número 3.

3. Transforme a frustração em combustível.

Você sabe o que realmente cada chefe terrível está dizendo? "Eu te desafio a conseguir um emprego melhor!" Aceite o desafio. Esqueça a fofoca e a reclamação, que não o levarão a lugar nenhum. Se o chefe muda seu horário de almoço para um horário diferente daquele dos colegas como um tipo de punição passiva-agressiva, reescreva o que ele realmente está dizendo. Ele disse: "Ah! Você não vai almoçar com seus colegas por três semanas", mas aposto que ouviu: "Desafio você a usar aqueles intervalos silenciosos do almoço sem seus amigos para se candidatar a outros empregos!". Reaja ao desafio.

LEMBRE-SE:

- ✓ Seja honesto sobre sua definição da palavra "inimigo". Se ela é muito ampla, admita, diminua-a e pare de rotular tantas pessoas como inimigas.
- ✓ Não procure inimigos que irão confirmar seus medos de que você não é competente para um *Reinicie*. Você é competente!
- ✓ A maioria dos inimigos na verdade está gritando: "Pare de perseguir seus sonhos! Você está me deixando com inveja!".
- ✓ Dê aos inimigos aquilo de que mais precisam: distância.

5

CONTAGENS CASUAIS

Espero que você tenha um amigo com quem possa chorar. Alguém que o apoia, entende? Um companheiro de todas as horas que fecha sempre com você, amigo mesmo, aquele tipo de pessoa que diz: "Aqui está meu rim, cara, pode usar". Isso é fantástico nas quarenta horas em que você não está no trabalho. Mas, na área profissional, não estou preocupado com alguém saltar sobre uma granada por você. Estou preocupado com alguém compartilhando o currículo por você.

Eu costumava pensar que, para ter uma carreira sólida como uma rocha, era necessário relacionamentos sólidos como uma rocha. Mas isso apenas parece o que você deve dizer às pessoas, quem o apoia e coisas do gênero. Então comecei a olhar de verdade para minha própria carreira.

Brannon Golden, que eu encontrei uma vez, editou meu primeiro livro. Amizade casual.

Beth Corbett, com quem trabalhei por seis meses, revisou meu primeiro livro. Amizade casual.

Shauna Callaghan, que encontrei uma vez, construiu meu blog depois da última vez que minha carreira reiniciou. Amizade casual.

Andy Traub, que conheci pela internet, me ajudou a ficar de pé de novo depois da última vez que reiniciei. Amizade casual.

Shawn Hanks, que não via há um ano, me ajudou a dar o pontapé inicial na minha carreira de palestrante depois da última vez que reiniciei. Amizade casual.

Meu terno coração tentou se lembrar naquele momento de amigos de longa data que ficaram comigo durante minha mudança de carreira, mas na verdade muitos dos relacionamentos que me deram o maior apoio eram inicialmente casuais. O que não significa superficial.

Vamos pegar como exemplo Billy Ivey.

Eu o vi apenas uma vez em um período de nove anos. Trabalhamos juntos numa empresa por cerca de um ano em 1999. Em 2010, eu o ajudei a conseguir um emprego fantástico. Por quê? Porque a ausência faz o coração ficar mais bonzinho. Não, porque eu sabia que ele era um bom escritor e conhecia uma empresa que precisava de um bom escritor.

O casual é importante, principalmente para a nossa *Career Savings Account*. Essas relações têm a tendência de equalizar as disputas. Você vai precisar de amigos do peito, com certeza. Esses são excepcionais. Doadores de rins! Mas, se você passar por uma interrupção na carreira, que é quando mais se precisa de relacionamentos, quero que tenha uma enorme coleção de relacionamentos casuais a quem recorrer.

ATIRE QUANTOS BUMERANGUES PUDER

Você sabe qual relacionamento de carreira vai importar para seu emprego um dia? Não, não sabe. Alguém em quem você não pensou durante anos vai ajudá-lo. E conseguirá um emprego por meio de um primo, ou de um amigo da irmã de Ferris Bueller.[1] Se isso ainda não aconteceu, vai acontecer. E se você quer que aconteça mais rápido, precisa jogar tantos bumerangues quanto possível.

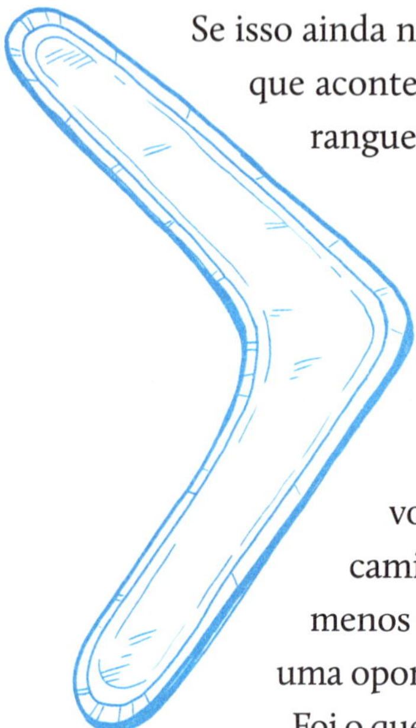

Bumerangues são relações de trabalho que não terminam, mas apenas ficam longe de nossa cabeça por um tempo. Você não está bravo com a pessoa, não há nenhuma cerimônia de rompimento de relação de trabalho. Alguns colegas de trabalho que você conheceu sumiram no horizonte, e você caminhou em outra direção. E, um dia, quando menos espera, o bumerangue volta em sua vida com uma oportunidade de trabalho.

Foi o que aconteceu com o meu maior cliente, Reggie Joiner. Em 2004 me candidatei para trabalhar em sua empresa. Joguei um bumerangue. Nada. Alguns anos depois, mandei alguns trabalhos que escrevi, como amostra, à empresa dele por meio de um amigo comum. Nada. Passados alguns anos, eu o encontrei nos bastidores após um evento. Anos depois fiz uma palestra num de seus eventos e, em seguida, almoçamos. E tomamos café. Então, no dia que tive meu último *Reinicie*, ele me ligou e me ajudou a navegar por ele. Nós nos encontramos três vezes nesse ano.

1 Protagonista do filme *Curtindo a vida adoidado* (Ferris Bueller's Day Off, 1986, dir. John Hughes), interpretado por Matthew Broderick. (N.E.)

Não importa, relacionamentos profundos sempre começam casualmente. Essa é a única coisa em comum que todo profundo relacionamento de trabalho tem. Então, por que pensamos que podemos passar direto para um profundo relacionamento sem estabelecer uma tonelada de relacionamentos casuais antes? Por que não jogamos mais bumerangues, principalmente devido à imensa quantidade de ferramentas com que contamos hoje para fomentar relacionamentos casuais?

Com frequência, lamentamos o fato de que mensagens de texto, Facebook e Twitter minam a profundidade de nossas amizades. É possível que seja verdade, mas, quando se trata de bumerangues, estamos vivendo na era de ouro! Algo tão simples como um texto encorajador ou um tweet podem fazer maravilhas para reconectá-lo a um relacionamento de trabalho com quem você não fala já há algum tempo.

Eu poderia contar a mesma história de Reggie a respeito de um punhado de outras pessoas na minha vida. Eu as contatei. Nós almoçamos. Eu palestrei em um evento com elas. Bumerangue, bumerangue, bumerangue. Apesar de essas pessoas não serem clientes no momento, a graça de relacionamentos bumerangue é que você não controla quando eles voltam.

Mas, se você não jogar nenhum, estará garantindo que nenhum retornará até você.

RELACIONAMENTOS CASUAIS FUNCIONAM COM INFORMAÇÃO E QUEIJO

A menos que seu amigo tenha intolerância à lactose, não sei se há uma maneira melhor para criar um relacionamento perfeitamente casual do que se debruçar sobre uma panela de fondue de queijo.

Mas, além das celestiais cumbucas com queijo derretido, o que as relações casuais mais precisam é de informação.

Se as pessoas não sabem que você precisa de ajuda, elas não podem ajudá-lo.

Odeia pedir ajuda aos outros? Eu também. Em primeiro lugar, prefiro não precisar disso. Confie em mim, se eu pudesse me enrolar em uma bola como um tatu e rolar com perfeição pela minha carreira sem nunca precisar da ajuda de ninguém, eu o faria. Mas não posso; e nem você pode.

Não pedimos ajuda porque pensamos que somos os únicos que precisam dela. Comparamos o Instagram bem cuidado de nossos amigos com a realidade confusa de nossas próprias vidas e concluímos que não somos bons o bastante. Achamos que todo mundo é perfeito, então também queremos ser.

Se alguma vez investigarmos a vida de qualquer pessoa bem-sucedida, constataremos que elas nunca conseguiram sozinhas o que têm. O centroavante goleador tem o restante do time. Steve Jobs não projetou o iPhone sozinho. Oprah não opera câmeras.

Todos nós precisamos de pessoas para nos ajudar da maneira que puderem, principalmente de relacionamentos casuais, se nós lhes dermos informações. Não todas as informações. A melhor maneira de terminar um relacionamento casual é afogá-lo em informação. Basta lhes dizer a verdade. Se você está procurando um novo emprego, diga-lhes isso. Se precisa estabelecer uma conexão com outra pessoa, diga-lhes isso. Nossos amigos não são leitores de mente.

Carlos Whittaker passou anos criando relacionamentos casuais em todo o país como músico. Cantou e tocou em centenas de eventos. De repente, decidiu que falar em público, não cantar, era um *Reinicie* que desejava fazer. O problema foi que todos o conheciam como Carlos, o cantor, não Carlos, o palestrante. Ninguém o contratava para falar. Perguntei-lhe: "Você contou em sua rede de amigos que está focado em palestras agora?".

Ele disse: "Não".

E retruquei: "Bem, então como irão saber?".

Ele enviou um simples e-mail explicando seu *Reinicie*, e sua agenda simplesmente começou a ficar lotada com o tipo certo de oportunidades.

Se você está objetivando um sonho novo ou tentando subir a escada no trabalho, relacionamentos casuais não vão saber como ajudá-lo, a não ser que peça ajuda.

Já pediu?

COMECE COM UMA MESA PEQUENA

Sou introvertido, e isso significa que vou jogá-lo para fora da minha casa se você tentar ficar muito mais tempo depois que for servido o "está quase na hora de você ir embora", ou seja, café depois do jantar.

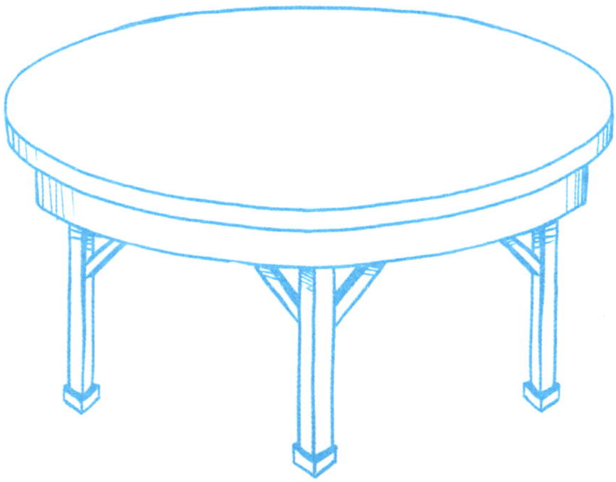

Não agarro ninguém pelo colarinho; apenas me levanto abruptamente no meio da conversa e declaro: "Foi maravilhoso vê-lo esta noite!". O truque é falar com convicção, para que fique claro que você está rememorando um evento que terminou.

Fico ansioso com a ideia de fazer novos amigos casuais. Sou eu quem escreve o livro, e, inclusive, sinto que poderia haver algum tipo de encontro rápido corporativo prestes a saltar sobre nós nas páginas seguintes. "Greg é um programador de computador de Fresno, que talvez um dia se torne um de seus conselheiros. Ele gosta de longas caminhadas na praia e de lobos."

Embora eu desejasse ser tão apaixonado por qualquer coisa na vida como as pessoas são por lobos, não é para onde estamos indo. Se você quer ter mais relacionamentos bumerangue, não precisa bolar um plano complicado. Basta que encontre uma mesa.

Foi o que Sarah Harmeyer fez em Dallas, Texas, quando era nova na região e não conhecia muita gente: colocou uma mesa para vinte pessoas no quintal.

Como queria conhecer os vizinhos, ela simplesmente os convidou para jantar. Todos eles. Ela conhecia dois na ocasião, mas percebeu que a pior coisa seria ninguém aparecer para o jantar. Então, um por um, colocou convites em todas as caixas de correio, convidando-os para um *potluck*, um tipo de reunião informal em que os convidados levam comes e bebes. Sarah esperava que um punhadinho de gente aparecesse. Em vez disso, 91 pessoas foram a sua casa naquela noite.

Ela descobriu o que você vai descobrir caso se atreva a ser apenas um pouquinho corajoso. As pessoas são desesperadas pela comunidade. Todas, até mesmo nós, os introvertidos. No entanto, o receio de marcar um encontro, o ritmo de vida ou qualquer outro fator que reduza nosso senso de comunidade são hoje elementos determinantes para o afastamento.

Assim, quando alguém corre o risco do constrangimento e ousa lançar um bumerangue, algo estranho acontece: outros bumerangues aparecem. Ou, no caso de Sarah, 1500. É assim que muitas pessoas têm aparecido para jantar no quintal dela desde 2012.

O processo de convite é simples. Se Sarah encontra um estranho em um coquetel ou no mercado, e ele lhe pergunta o que ela faz, Sara responde: "Adoro fazer uma coisa chamada 'Mesa da vizinhança'". É isso, não há nenhuma lista VIP, apenas novas amizades que se iniciam ao redor de uma grande mesa. Se você quiser se juntar a ela, visite NeighborStable.com. A ideia simples de Sarah é tão contagiante que já lhe pediram que promovesse o evento em algumas lojas.

"Agora tenho muitos amigos em Dallas. Agora!", ela conta. "E alguns dos meus melhores amigos conheci à mesa."

Você não precisa começar com uma mesa para vinte pessoas. Sarah gosta de reunir pessoas, esse é um de seus pontos fortes, mas todos nós precisamos de uma mesa de algum tipo. Talvez sua mesa seja um pedestal em um serviço de recepção para as pessoas em sua empresa. Talvez sua mesa esteja na sala de descanso, no almoço, e seja um sanduíche com um colega de trabalho que ainda não conhece bem. Talvez sua mesa esteja numa classe em um assunto relacionado à carreira no centro empresarial de sua cidade. As mesas podem ter um milhão de formas, mas todas compartilham uma coisa: a comunidade acontece em volta delas. Bumerangues começam ali.

Se você tem dificuldade com o conceito de começar um novo relacionamento, em primeiro lugar, encontre uma mesa.

ESTABELEÇA NOVOS RELACIONAMENTOS CASUAIS. DE PROPÓSITO.

Precisamos esclarecer um ligeiro equívoco. Casual não significa acidental. Casual pode, na verdade, significar proposital, se você deliberadamente escolhe alguém de quem quer ser amigo.

Você sabia que somos capazes disso? De simplesmente decidir ser amigo de alguém e depois ficar amigo mesmo? Sempre imaginei que amizades de trabalho cresciam organicamente, em um campo, em algum lugar, e uma cegonha as trazia para o local de trabalho. Um dia, erguem-se os olhos e há um cara incrível na codificação de aplicativos, usando um agasalho com estampa de lobo, de pé, ali. Amizade!

É possível que aconteça assim, não a parte da cegonha, mas o colega acidental de trabalho, e que se torne um bom amigo ao longo do tempo. Mas é muito mais rápido você escolher de quem quer ser amigo.

A ideia parece confusa? Bem, relacionamentos, sobretudo os novos, são assim. Não sei quais os critérios a que recorre quando se trata de fazer amigos. Talvez você seja um introvertido procurando outros introvertidos com os quais não se reunir. O único critério que uso é: "Quem seria legal conhecer?". E recorro a ele para evitar o impulso básico de: "Quem é a melhor pessoa para me ajudar nesta sala?". Isso já aconteceu com você num jantar? A pessoa com quem você está conversando sonda constantemente o ambiente, na esperança de melhorar a conversa mudando para outra pessoa? Argh.

Então, procuro apenas encontrar pessoas divertidas para se conhecer. Será que vão influenciar minha carreira algum dia? Será que vão se tornar conselheiras? Será que vamos trabalhar juntos em um projeto? Talvez sim, talvez não. Felizmente, não é possível prever isso no início de uma amizade. (Embora possa prever que 100% dos relacionamentos nos quais não tive intenção de participar não me levaram a nada.) Algumas das suas relações de trabalho mais benéficas não começaram com um plano para criar uma união que mudaria o mundo. Você só pensava que era divertido sair com Mark, e então saía. Na pior das hipóteses, se eu não conseguir nada com minhas novas amizades, vou ter muito mais diversão do que a minha semana teria sem elas. Isso já é uma vitória.

SEJA O PRIMEIRO A RESPONDER

Você tem uma amiga que nunca atende ao telefone quando você liga? Ela não o ignora completamente. Até liga de volta, mas só quando lhe é conveniente.

Se você quiser ir além de amizades casuais no trabalho, seja um socorrista. Não sente em cima de e-mails durante dias. Não deixe mensagens de voz esperando no telefone. Não force as pessoas a usar múltiplas formas de comunicação para finalmente conseguir penetrar em sua torre de marfim, ou no cubículo com paredes cinza onde está escondido.

As pessoas odeiam ter de fazer esta pergunta: "Você recebeu o e-mail que lhe enviei?", o que o obriga a admitir: "Sim, mas o ignorei", ou dizer a mentira que todos nós estamos usando agora: "Não, deve ter sido bloqueado pela pasta de spam". Culpamos essa pasta de spam com frequência.

Atender ao primeiro toque. Responder ao primeiro e-mail. Eles não são apenas formas de comunicação, mas bumerangues de outras pessoas. Quer que outros bumerangues retornem? Retorne mais dos que outras pessoas jogaram. Seja o primeiro a responder.

ASSUMA A INCONVENIÊNCIA

Quer que as amizades com as pessoas que você ajuda, e as quais podem ajudá-lo, fiquem um pouco mais fortes? Aumente a frequência dos seus relacionamentos. Não diga: "Que estranho, só vejo o Tom quatro vezes por ano e parece que não somos bons amigos". Uma das melhores maneiras de aumentar a frequência é ter o inconveniente de serem amigos.

Amizades construídas com base no egoísmo nunca dão certo. Se quer amigos melhores, aumente a frequência com que os vê, nos termos deles, não nos seus.

Uma vez me peguei aceitando reuniões de café apenas em um desses dois lugares: Good Cup e Frothy Monkey. E eu fazia isso não porque amo os locais, embora goste deles, mas por estarem localizados próximos da minha casa. (E eu sabia como estacionar lá. Aparecer em um lugar novo, e não entender o sistema de estacionamento, é um dos meus mais profundos e estranhos medos.) Sugeria esses lugares por conveniência minha, não de meus amigos.

Quando um colega de trabalho, de quem você quer ser amigo, sugere a ida a um restaurante indiano na hora do almoço, não recuse. Vá. Quando alguém lhe pede que o ajude a executar uma tarefa que não está no seu caminho, saia do caminho. Pegar alguém no aeroporto, subir sofás em locais com escadas! Assuma a inconveniência.

LEMBRE-SE:

- ✓ O casual é importante. Jogue tantos bumerangues quanto for possível.
- ✓ Relacionamentos casuais dão certo (e se aprofundam) com base na sua vontade de compartilhar informações.
- ✓ Se precisar de ajuda na carreira, peça.
- ✓ Todo mundo procura uma comunidade. Comece uma encontrando primeiro uma mesa.
- ✓ Quer ser um amigo melhor para alguém? Seja o primeiro a responder, e assuma a inconveniência do relacionamento.

6

GRANDES CARREIRAS PRECISAM DE GRANDES CONSELHEIROS

Segundo minha teoria, quando as pessoas lhe dão conselhos, na verdade estão falando com elas mesmas no passado.

STEVE GARGUILO

Amigo é alguém com quem você compartilha seu dia. Conselheiro é alguém com quem você molda sua carreira. Embora todo conselheiro seja um amigo, nem todo amigo será um conselheiro. Você conhece um monte de gente de quem gosta como amigo, mas a quem não pediria conselhos relacionados à carreira profissional. São engraçados, é divertido estar com eles, talvez sejam até mesmo amigos íntimos, mas, se você tivesse uma lista de quatro a seis pessoas que o ajudaram a orientar o futuro da sua carreira, não os colocaria nela.

Como eu e a profissão de lenhador. Meu pai e eu nos divertimos muito no dia em que ele comprou uma motosserra para cortar as árvores em nosso quintal, mas, mesmo assim, você não nos pediria que fôssemos seus conselheiros como lenhador. O telhado do vizinho e a árvore que derrubamos ali revelaram que você tinha razão.

Meu papel era o de usar uma corda da grossura de um fio dental para tentar manter 350 quilos de madeira raivosa distante da casa do lado, enquanto ela acelerava em direção à terra. Falhei.

E isso também aconteceria com você se me escolhesse para ajudá-lo em seu sonho madeireiro.

Um bom conselheiro pode ser um sócio no negócio, um ex-colega de quarto da faculdade, um antigo gerente em uma empresa na qual você não trabalha mais, sua esposa ou um milhão de outras pessoas. Mas todos precisam ter as três características seguintes:

1. Precisam de coragem

É bom quando um grande número de amigos bate palmas e torce por você. Mas há momentos na vida em que se precisa mais do que uma torcida organizada. Precisa-se de alguém que seja corajoso o suficiente para falar a verdade. Como um conselheiro. Uma das melhores maneiras de arruinar o *Reinicie* é cercar-se de pessoas que não conseguem lhe dizer não. Portanto, se quiser sobreviver a seu próximo *Reinicie*, certifique-se de que seus conselheiros têm liberdade de dizer quando uma ideia não é boa.

2. Precisam ser respeitados

Um conselheiro que você não respeita não é um conselheiro. Tendemos a desconsiderar os conselhos de pessoas que não respeitamos, mesmo que sejam bons conselhos. Quando elas nos dizem algo que não queremos ouvir, podemos facilmente ignorá-las. "Afinal, o que elas sabem? Não estão no meu nível." É sempre melhor encontrar um conselheiro a quem você respeita, ou, melhor ainda, que seja melhor do que você. Pessoas extraordinárias se cercam de pessoas ainda mais extraordinárias, que as desafiam e são exigentes com elas. Um excelente conselheiro é um *smoking*, não um agasalho de moletom.

3. Precisam ser confiáveis

Basicamente, você precisa acreditar que os conselheiros querem o melhor para a sua vida. Seja capaz de acreditar que, independentemente dos conselhos ou das informações deles, tudo leva ao seguinte: eles objetivam que você consiga o máximo com sua *Career Savings Account* e desejam que você viva a plenitude do seu potencial. Esse tem que ser o motivo que os guia, ou a coisa toda desmorona. Por isso, é quase impossível que alguém cuja subsistência depende de você seja seu conselheiro. Afinal, posso lhe dizer uma verdade imparcial sobre sua carreira se a minha carreira depende de você. De alguma forma, minha informação estará contaminada por: "Se eu lhe disser isso, serei demitido? Será que isso vai diminuir os lucros que definem meu bônus? Será que vai prejudicar meu trabalho?". Você pode ter um conselheiro que seja seu colega de trabalho em projetos, mas, se você é o chefe, não espere que os funcionários se fixem em seu quadro pessoal de conselheiros. Eles já estão em um dos seus quadros, e ele se chama folha de pagamento.

Além dessas características, também é fundamental que os conselheiros tenham competências significativas, ou, nesse caso, os macetes.

MACETES FACILITAM MUITO O JOGO

Outkast é um dos maiores grupos de hip-hop dos últimos quinze anos, a razão pela qual uma geração que cresceu sem Polaroids sabe "sacudir como se fazia com uma foto Polaroid".

Já venderam milhões de álbuns e ajudaram a estabelecer Atlanta como um novo centro de rap.

Ao longo do caminho, loucamente colorido, aparentemente de outro planeta, André 3000 (também conhecido como André Benjamin) tornou-se uma força a ser reconhecida. Ele passou de rapper a ator a designer, com muito sucesso em cada mudança. E também entende o valor dos conselheiros, ou, em suas palavras, "mentores", como alguns outros artistas. No entanto, não foi sempre assim. Ele diz:

"Eu nem sequer conhecia essa palavra [mentor] até cinco ou seis anos atrás."[1] Mas, desde quando vivenciou esse tipo de relacionamento em seus 30 anos, sabe que uma das melhores razões para se trabalhar com outras pessoas é que elas sabem todos os macetes.

Eis como ele descreve a palavra "mentor" para seu filho:

"Os adultos são muito legais, e vou te contar por quê. Porque você pode compará-los a um videogame. Se jogou esse videogame durante os últimos dois anos e é habilidoso nele, enquanto estou começando a jogar, na hora você vai me dizer: 'Ei, pai, a armadilha é ali. Quando chegar lá, você tem que fazer isso, isso, isso e isso'. Agora, se você não me contasse os passos todos, talvez eu levasse um ano para descobrir. Então um mentor fala o seguinte: 'Já fiz isso, então estou te ajudando a passar por essa dificuldade'."[2]

Ele tem razão. Conselheiros e mentores conhecem todos os macetes. Aqui está a parte louca: se os escutar, eles vão entregá-los a você.

Uma tarde, depois de fazer uma tranquila palestra para uma sala cheia de adolescentes, um grupo humorístico chamado Skit Guys me perguntou se eu queria saber qual tinha sido o problema ali. Eu disse que sim, porque queria melhorar meu jeito de falar em público.

---

1 Cal Fussman, "What I've Learned: Andre 3000", *Esquire* (set. 2014), p. 161.

2 Ibid.

Eles me disseram que as luzes do ambiente estavam muito fortes, e que ficavam com medo de rir da coisa errada. Afinal, não querem se sentir constrangidos ou parecer bobos. Então, se o ambiente está iluminado, eles não vão rir. (Os adultos são semelhantes, o que é parte da razão de espetáculos de humor serem em ambientes tão escuros.)

Três horas mais tarde, fiz outra palestra para o mesmo grupo de adolescentes. O conteúdo foi semelhante, minha apresentação foi semelhante e minhas piadas foram semelhantes. A única coisa diferente foi que o ambiente estava mais escuro. E a sala explodiu de tanto rir.

Não melhorei tanto assim nas três horas entre as palestras. Ocorreu que recebi os macetes de um conselheiro. É por isso que você e eu precisamos tão desesperadamente deles.

Quer incrementar rapidamente a parte das competências de sua *Career Savings Account*? Peça aos conselheiros os macetes!

DO QUE OS CONSELHEIROS PRECISAM?

Sabemos o que precisamos de um conselheiro (coragem, respeito e confiança), sabemos por que precisamos deles (macetes), mas o que eles precisam de nós?

Inimigos precisam de distância.

Amigos precisam de informação.

Conselheiros precisam de acesso.

Um conselheiro só é tão bom quanto a quantidade de acesso que se está disposto a lhe dar. O melhor conselheiro para uma carreira não pode fazer nada se você se mantiver em nível superficial com ele. Por essa razão, é necessário confiança. Eles não precisam dar conselhos para o "você perfeito", mas sim para o "você verdadeiro". Seria como arrumar sua casa antes de uma faxineira ir limpá-la. Você não está querendo impressionar seus conselheiros; está tentando aprender com eles.

É fácil escrever sobre acesso; difícil é permitir de fato que o relacionamento ocorra. Leva tempo. As três características – coragem, respeito e confiança – que se exigem dos conselheiros demandam tempo para serem reconhecidas. Vá devagar, você não pode usar um micro-ondas para acelerar as relações com seu conselheiro. Evite a tentação de compartilhar em excesso, rasgando sua camisa de abotoar, abrindo-a de cima a baixo com a raiva de um Michael Jackson, no meio de uma sala de descanso, proclamando: "Aqui está toda a minha carreira! Quem quer acesso a ela?".

Dê uma olhada nos seus cartões de relacionamentos. Quem você colocaria na categoria de conselheiro? Se selecionou alguns cartões, escolha algo que possa compartilhar com eles no que diz respeito à sua carreira. *Dica*: Não escolha o seu salário. Compartilhar números específicos sobre o quanto você ganha é um passo nível faixa preta. Comece devagar. Dê acesso a eles ao longo do tempo.

AMPLIE SEU CONCEITO DA PALAVRA "EXPERT"

Às vezes, é difícil encontrar um conselheiro, porque nosso conceito da palavra "expert" é superficial. Ouvimos dizer que precisamos de alguém sábio para nos fornecer orientação, e imediatamente pensamos em Splinter, o rato falante sensei de Tartarugas Ninja. Não é seu primeiro ponto de referência quando pensa em um expert? Somos diferentes.

Para trazer à tona alguns conselheiros em sua vida, amplie o conceito de expert com estas três categorias:

1. Experiência na indústria
2. Experiência de vida
3. Experiência com você

A primeira é bastante simples. Se você deseja obter bons conselhos sobre como ser um dentista melhor, deve encontrar um conselheiro que tenha mais de dez anos na estrada da odontologia. Fico contente por sua mãe ser boa ouvinte, mas, se ela nunca foi dentista, é uma tolice esperar que lhe dê feedback específico sobre os mais recentes tratamentos a laser utilizados para limpeza.

A segunda experiência que os conselheiros podem ter é a de vida. Tentando incrementar seu negócio dentário? Donos de empresas de atividades diferentes, que sejam quinze anos mais velhos que você, com o tipo de sucesso na carreira que você espera um dia ter, podem ajudá-lo muito com bons ensinamentos. Não importa que eles nunca tenham olhado para a boca de alguém manuseando ferramentas afiadas; o importante é que passaram anos entendendo os prós e os contras das coisas, como, por exemplo, encontrar novos clientes. Portanto, eles têm muito a ensinar. Não conceitue experiência de uma forma muito limitada também. Dave Barnes é um músico, o que parece diferente de ser um autor, mas ele passou doze anos crescendo em sua carreira por conta própria. Eu poderia aprender uma tonelada de coisas a partir dele sobre como vender produtos (álbuns ou livros) em eventos.

A terceira área de experiência pode lhe parecer um pouco boba, mas é tão interessante quanto as outras duas. Amigos íntimos que você conhece bem podem lhe fornecer feedback fundamental como conselheiros. Mesmo que tenham a sua idade, eles já passaram anos tornando-se experts em você. Sabem que seu desejo de abrir outro consultório odontológico é um produto do ego, não do seu tino comercial, e podem mostrar isso. Por essa razão, um cônjuge ou um melhor amigo pode ser um conselheiro.

Às vezes, é indistinta a linha que separa um amigo de um conselheiro. A outra grande diferença entre amigo e conselheiro é que o aconselhamento tende a ser uma rua de mão única, enquanto a amizade é recíproca. O trabalho de um conselheiro é dar conselhos. O seu trabalho é levá-los a efeito. É deliberadamente de mão única. A amizade, por outro lado, caminha num vaivém. Se você tratasse um amigo como um conselheiro, constantemente lhe pedindo feedback e conhecimento sobre carreira, sem retribuir em nada, seria tachado de egoísta. Amizades são sobre compartilhar a vida.

Com um conselheiro, porém, as expectativas são exatamente opostas. Tem um punhado de pessoas de quem recebo orientação. Nunca nos encontramos todos juntos, mas, quando saio com eles individualmente, estou lá para aprender. Não é egoísmo você ficar uma hora inteira fazendo perguntas sobre a situação de sua carreira. Esse é o ponto de se ter um conselheiro de carreira.

A autora Annie Downs se reúne trimestralmente com seu conselho de assessores. Ela selecionou e convidou cada membro do conselho durante meses. Annie prepara uma agenda e a encaminha a eles por meio dos desafios e das oportunidades específicos de carreira que ela está enfrentando. Perceba que ninguém ali, naquela sala, se surpreenderia se Annie falasse sobre Annie. Eles são conselheiros. Ela deixa claras as expectativas sobre o propósito da equipe, e seus membros ficariam surpresos se Annie dissesse de repente: "Já chega de falar sobre mim; contem-me quaisquer desafios que estejam enfrentando para criar seus filhos".

Não acredito que os membros da equipe dela sejam topetudos, mas deveriam. Annie é fantástica.

Não estou pronto para ser Annie, e você pode não estar também.

A primeira coisa que vamos construir é uma "equipe invisível" de conselheiros. Eles são invisíveis porque, no começo, o único que saberá que são conselheiros é você. Sem qualquer tipo de processo de seleção complicado ou mesmo uma cerimônia esquisita para ser alçado a um mentor, estamos saindo apenas para saborear um café com uma das pessoas que escolheu quando revisou seus cartões. Das sombras do "Será que o Jon Acuff vai me obrigar a fazer coisas estranhas no livro todo?", vamos montar calmamente uma equipe secreta. Eles nem saberão que estão nela, apenas que os convidamos para um café, e então lhes faremos algumas perguntas.

Não uma exibição. Apenas café. Isso vai ser difícil no início porque as pessoas usam a frase "Precisamos tomar um café" como pontuação de conversa. Não querem realmente dizer isso na maioria das vezes, sendo apenas um modo de falar. Você pode ter de pedir a um conselheiro em potencial para tomar um café mais de uma vez.

E SE VOCÊ NÃO TEM UM ÚNICO CONSELHEIRO EM SUA VIDA?

Antes de mais nada, você tem. Se definirmos conselheiro como "alguém mais experiente do que eu", e você pressupor que não conhece nenhum possível conselheiro, estará dizendo que é a pessoa mais inteligente que já viveu. Porém há uma chance de que você não seja; provavelmente nem mesmo saiba a profundidade da Fossa das Marianas, que citei no primeiro capítulo, ou quanta pressão ela exerce sobre você (10,9 quilômetros de profundidade e 108,59 kPa).

Se você não conhecia nenhum desses fatos, talvez não seja a pessoa mais inteligente que já viveu. Talvez a razão de não ter um conselheiro é que simplesmente você não sabe onde procurá-lo. E isso é fácil de corrigir.

Vá aonde eles vão.

Se você é um arquiteto em uma cidade que tem mais de um arquiteto, deve ser amigo desse outro cara. E é possível que ele seja um grande conselheiro. Você deve juntar-se à associação de arquitetura local ou a um grupo de arquitetos. Deve estabelecer a meta de conhecer uma pessoa na maioria das empresas na cidade. Será que vai trabalhar para elas? Talvez não, mas sei que não vai trabalhar para sempre onde está. Se não há um grupo desse tipo onde você vive, tanto melhor. Assuma o mercado e comece um. No mínimo, aja on-line.

Talvez esse seja o seu trabalho. Você não tem o tipo de carreira em que seja fácil conseguir aconselhamento. É um mecânico de automóveis e lhe parece inviável a ideia de se deitar de costas sobre aqueles carrinhos incríveis ao lado de outra pessoa para pedir conselhos sobre a carreira. Se você morasse em Nashville, no entanto, sei exatamente para onde o enviaria, para o Nashville Auto Diesel College. Naquele campus existe alguém que é um expert. Mesmo que eles não tenham domínio exatamente naquilo de que você precisa, possuem relacionamentos com outras pessoas que têm. Parece estranho ir atrás deles? Claro que sim, mas, se você queria evitar constrangimento, não deveria ter se lançado num *Reinicie*. Deveria ter se lançado num *popover*, uma deliciosa massa folhada servida com chá no Reino Unido. Isso não ajuda sua carreira, mas não há nada de estranho na maneira como essas coisas vão bem com geleia e manteiga.

Se você é introvertido e agora mesmo está rindo da possibilidade de algum dia fazer qualquer coisa assim, vamos começar com algo mais fácil. Montar um quadro de conselheiros de longa distância. Podem ser escritores, líderes ou heróis pessoais que talvez nunca encontre. Talvez nunca compartilhe um café com eles, mas os livros e as ideias dessas pessoas podem ter importância em sua carreira. Nunca o conheci, mas o autor Steven Pressfield impactou fortemente a velocidade do investimento da minha *Career Savings Account*. Eu nunca teria sido capaz de concluir meu primeiro livro sem o incentivo da obra *A arte da guerra*. Se conselheiros ou uma mesa de desconhecidos parece demais, inicie o processo com uma estante.

COMECE COM DUAS PERGUNTAS

Você ligou para um possível mentor, que realmente concordou em compartilhar um café ou uma massa folhada britânica, e, de repente, você cria um sentimento de superioridade, como se fosse muito viajado. E agora?

Pergunte-lhe duas coisas:

1. Que conselho você daria a um escritor como eu?

Ou mecânico ou seja lá o que for, você não está tentando exaurir o conselheiro com uma conversa do tipo "arrume toda minha carreira". Devagar com o nitro, Vin Diesel. Você está tentando iniciar uma conversa, fazer uma pergunta que o leve a algum lugar, e esta pergunta faz isso. Perguntei a Adrian Zackheim que conselho ele me daria durante a escrita deste livro. Ele é o editor da *Portfolio*. Trabalhou na área por trinta anos e já publicou lendas da não ficção, como *Empresas feitas para vencer*. Depois de alguma reflexão, ele me disse: "Lembre-se, ainda é sobre o livro. No meio de novas oportunidades e novas opções, é fácil esquecer que isso ainda é sobre criar um livro de alta qualidade. O livro ainda é o que mais importa". Para um jovem, um sujeito com cabelos prematuramente grisalhos como eu, tais palavras foram mesmo úteis. Os escritores sofrem hoje grande pressão para atirar em todas as direções. Desse modo, precisa-se estar ao mesmo tempo falando em eventos, blogando, vendendo produtos digitais, tuitando, construindo uma marca, sempre construindo uma marca. Coloca-se a maior parte da atenção na promoção do livro, não no aperfeiçoamento do trabalho. Adrian me aconselhou o oposto. Tudo porque lhe fiz uma pergunta.

2. O que você desejaria saber sobre o trabalho quando tinha minha idade?

Tenha cuidado ao formular essa pergunta, para não soar como “Agora que você está quase morto, do que se arrependeu que preciso evitar?”. Tente não dar a seu conselheiro um punhado de cálcio mastigável ao fazer essa pergunta. O objetivo dela é despertar alguma ideia para a outra pessoa, a ideia nascida do respeito. Você está dizendo: “Você tem experiência e sabedoria, coisas que não tenho; se você pudesse voltar no tempo e dar a si próprio um conselho, o que diria?”. Se a pessoa com quem está falando é mais jovem do que você, porque ainda é novato num determinado negócio, reformule a pergunta. Diga: “O que você procurou saber sobre este negócio quando estava começando?”.

Todo mundo tem um macete. Faça perguntas inteligentes aos conselheiros e receberá respostas inteligentes.

PERMITA QUE OS CONSELHEIROS LHE FAÇAM PERGUNTAS TERRÍVEIS

Dar acesso a um conselheiro significa mais do que apenas nos abrirmos a respeito de nossa carreira; significa também nos abrirmos para perguntas. Não apenas perguntas normais, mas as terríveis. O tipo de perguntas que, às vezes, farão com que você odeie um pouco seu conselheiro. Temos de dar acesso aos nossos conselheiros para que façam perguntas que talvez, de início, não queiramos responder, ou, do contrário, nunca vamos crescer.

Certa vez eu estava preso num trabalho. Um conselheiro me perguntou sem rodeios: “Que história que você quer ser capaz de contar um dia sobre este momento? Que história quer contar a seus filhos com esta decisão? Que optou pelo seguro, escolheu o caminho mais fácil e nunca assumiu quaisquer riscos? É essa história que quer contar?".

Meu primeiro pensamento não foi: "Estou muito contente por ter um conselheiro! Parabéns pelas perguntas provocativas!". Meu primeiro pensamento foi: "Eu gostaria que você calasse a boca com essas perguntas estúpidas que saem dessa sua cara estúpida!".

Em outra ocasião, eu disse a um conselheiro que estava preocupado com um produto que iria lançar. Ele me perguntou qual era meu objetivo. Respondi:

"Quero que o lançamento vá bem e seja ótimo!"

Ele retrucou:

"Que objetivo terrível. Como você vai avaliar isso? Como vai saber se conseguiu? Você é um perfeccionista, e a droga preferida dos perfeccionistas é o fracasso. Se nunca definir o objetivo, você sempre poderá falhar. Que previsão tem de quantas unidades venderá?"

Finalmente superei a audácia que esses consultores mostraram, tentando se preocupar com minha carreira e me desafiando a fazer mais com minha vida. A coragem. E permiti aos conselhos que desafiassem as decisões que eu estava tomando a respeito da minha *Career Savings Account*.

Deixar que os consultores lhe façam perguntas não só ajuda você a tomar a decisão certa, como também o impede de tomar uma decisão terrível. As pessoas que não conseguem ser questionadas muitas vezes acabam fazendo coisas questionáveis. Mostre-me um líder que caiu, e eu lhe mostrarei alguém sem quaisquer conselheiros autorizados a fazer quaisquer perguntas reais.

LEMBRE-SE:

- ✓ Amigo é alguém com quem você compartilha o seu dia. Um conselheiro é alguém com quem você molda a sua carreira.
- ✓ Conselheiros devem ser corajosos, respeitados e confiáveis.
- ✓ Macetes tornam o jogo muito mais fácil, e conselheiros os darão a você, se pedir.
- ✓ Quanto mais acesso à sua carreira você der a um conselheiro, mais ele poderá ajudá-lo.
- ✓ Procure conselheiros que tenham experiência no negócio, na vida ou em você.
- ✓ Inicie conversas com um conselheiro recorrendo às duas questões nas páginas anteriores e permita que eles lhe façam perguntas terríveis em troca.

7

NÃO QUEIME MUITAS PONTES

De fato, é raro que alguém se separe amigavelmente, pois se alguém é amigável não vai se separar.

MARCEL PROUST

"Não queime nenhuma ponte" é um conselho estúpido.

Algumas pessoas não vão gostar de você. Há pessoas em seu emprego agora que não gostam de você. Há pessoas do seu último emprego que não gostavam de você e não gostam. É impossível controlar o que as outras pessoas pensam a seu respeito. Seu *Reinicie* pode significar permanecer em um emprego e melhorá-lo de dentro para fora. Pode significar mudar de emprego, ir para outra empresa. Permanecendo ou mudando, você terá a oportunidade de queimar algumas pontes ao longo do caminho.

Imploro a você, como alguém com as mãos encharcadas de gasolina, que não queime muitas pontes.

Sua empresa é muito menor do que você pensa. Não importa o quanto pareça grande agora, na verdade é mesmo muito pequena. Você vai continuar a participar do mesmo grupo de pessoas de vez em quando. Em um momento de frustração, você abrirá o gás. A atitude de que falamos no Capítulo 2 vai torná-lo descuidado em reação a um chefe desrespeitoso, à empresa ou a um objeto inanimado como a impressora.

Adeus, inimigos, você diz, jogando um fósforo em uma ponte que nunca mais pretende ver novamente.

E, ainda assim, os bumerangues voltam. Bons e maus. A ponte que você pensou que tinha acabado de vez tem o estranho hábito de voltar para a paisagem. Assim, você trabalhará novamente com alguns dos sujeitos que queimou. Você irá encontrá-los em eventos profissionais. Serão chamados por futuros empregadores por recomendações. Serão amigos de outros empregadores. Você não está livre desses relacionamentos.

Algumas pontes precisam ser fechadas; são tóxicas e prejudiciais. Você não colocou fogo nelas; simplesmente se afastou das pessoas e terminou o relacionamento. Mas, juro, quanto menos pontes você queimar em sua carreira, melhor será para a sua *Career Savings Account*. É difícil construir novos relacionamentos, se no depósito você mantém alguns antigos que ainda estão fumegando.

MESMO PESSOAS ESTÚPIDAS SÃO PROMOVIDAS

Você não gosta da Brenda. Ela não é apenas uma inimiga; é sua arqui-inimiga. O Coringa do Batman. Você não aguenta o jeito como ela ri, não é muito boa no trabalho e é uma queimadora serial de pipoca de micro-ondas.

Seria muito mais fácil tratá-la com desdém. Talvez não com profundo desrespeito, mas seria divertido falar pelas costas. Aderir ao fã-clube "Brenda é um saco", ou, se houver não um, formar o seu próprio, presidido por você. Sua mãe sempre lhe disse que você era destinado ao cargo!

Mas aí é que está o problema: Brenda pode vir a ser sua chefe um dia. Talvez isso pareça impossível neste momento. Não há nenhuma maneira de a gerência promovê-la. Ela é a pior! Não conseguem ver isso? Eles não sabem que ela é uma ladra de créditos, uma espichadora de reunião, e tão burra que cria palavras piores que "espichadora" em seus e-mails? Não poderiam torná-la chefe sua. E, no entanto, é possível que isso aconteça.

Tenho visto pessoas muito piores do que Brenda serem promovidas. Você também. Argumentar o contrário é acreditar que só pessoas incríveis, nobres, talentosas e bondosas detêm posições de poder nas empresas. Você já trabalhou em uma empresa por mais de sete minutos? Então sabe que isso não é verdade.

Não vou lidar com a sua atitude, tentando transformá-lo em uma pessoa mais agradável, mais propensa a ajudar velhinhas a atravessar a rua. Vou ajudá-lo a evitar queimar a ponte com Brenda, porque mesmo as pessoas estúpidas são promovidas.

Na próxima vez que você estiver em uma reunião e quiser queimar algum relacionamento, quero que diga a si mesmo: "Essa pessoa pode ser meu chefe algum dia".

DEIXE OS EMPREGOS COM UM DEDO PARA CIMA: O POLEGAR

Quando deixei meu primeiro emprego na *Details Communications*, saí como se tivessem me ofendido profundamente. Dirigi de volta para casa em Massachusetts e parei na fronteira do Alabama para tirar fotos comemorando a minha saída triunfal.

Assumi o novo sonho americano: eu me demiti. Não apenas me demiti, fugi! Libertei-me dos grilhões do emprego. Viva! Tome essa, dia de trabalho!

O único problema é que a *Details* foi muito gentil comigo. Na verdade, fizeram um almoço de despedida. E, enquanto trabalhei lá, veja só, eles me pagaram o salário. A cada duas semanas. Pontualmente. Também não me enganaram com o cargo. Não fui pego na rua com um capuz que jogaram sobre minha cabeça, arrastado para dentro de uma van escura e transportado para um cubículo.

Mas, quando saí com essa atitude, incendiei a ponte.

Você também vai deixar um emprego. Isso vai acontecer. Talvez em breve. Quando o fizer, certifique-se de sair com um dedo para cima: o polegar. Com um "Valeu, pessoal, obrigado por me deixar trabalhar aqui. Estou saindo para uma aventura diferente, mas vocês, caras, são incríveis". Sei que é tentador sair gritando do estacionamento com outro dedo levantado, mas essa sensação temporária de felicidade não vale a perda de todos os relacionamentos de longo prazo que você vai sofrer fazendo isso.

Entendo que é mais fácil dizer do que fazer. Há alguns empregos ruins por aí, com chefes ruins e café ruim. Não estou lhe pedindo que seja falso e dê longos e calorosos abraços em pessoas que passaram o dia anterior agredindo-o verbalmente. Você não precisa fazer um brinde do tipo "casamento" quando sair, agradecendo à academia por acreditarem em seu sonho, lamentando ter de ser levado para longe de um ambiente tão incrível.

Não minta. Não seja falso. Por isso, levante apenas um polegar. Um polegar para cima. Quanto mais vezes você conseguir fazer isso, mais relacionamentos deixará intactos e menos amargura levará.

TAMBÉM MANTENHA OS FÓSFOROS DISTANTES DAS PONTES DIGITAIS

Há livros e livros sobre o assunto "não seja um idiota on-line", mas, uma vez que este não é um deles, vamos apenas nos restringir às ramificações de carreira de bobagens virtuais.

Se você tem atualmente um emprego, não critique on-line a empresa onde trabalha.

Seu chefe vai ver.

Se o seu chefe não vir, um colega de trabalho o alertará. E vão convidá-lo para se juntar ao clube "Odiamos nosso emprego" da empresa, que é o pior clube para se juntar, se quiser uma excelente carreira.

Se nem seu chefe nem seu colega de trabalho virem, outros empregadores verão. Como sei? Porque você vai ter novas oportunidades de emprego dos lugares que menos espera com alguns relacionamentos casuais que o seguem no Twitter.

Ninguém vê a sua reclamação sobre seu emprego e pensa: "Precisamos obter alguns destes para nossa empresa. A virulência está fora de questão! Imagine o que poderia acontecer com nossa equipe se tivéssemos aqui um câncer desse!". O pior de tudo é que pontes digitais queimam para sempre. Deletar um tweet, remover uma foto, não importa. A internet nunca se esquece, e o fogo que começou continuará em algum servidor ao qual você não tem acesso.

Se tiver acabado de sair de um emprego, também não poste festejos em nenhuma mídia social. Não faça nenhuma agressão passiva, como postar fotos sobre como se sente tão feliz por estar em um emprego melhor, no qual as pessoas o apreciam. Não se envolva em qualquer tipo de disfarce retórico. Todos irão perceber. E é um insulto para as pessoas que ainda trabalham na empresa de onde você saiu, pessoas que não acham que lá seja um inferno. É possível que sua intenção seja apenas criticar o último lugar em que trabalhou, mas a crítica recai sobre os ombros de qualquer um que ainda esteja lá. Você pode não estar dizendo: "Fui inteligente saindo da empresa, e quem permanece nela é um idiota", mas é desse modo que isso poderá ser interpretado. Discorda? Ah, é claro, ninguém nunca interpreta mal as declarações que outras pessoas fazem on-line.

E SE VOCÊ JÁ QUEIMOU ALGUMAS PONTES?

Deixar um emprego é uma arte imperfeita, mas em que atingi o nível de pintura a dedo. Não importa quão bem saiu da empresa, certamente pode haver alguns sentimentos feridos, sobre os quais, mais uma vez, você não tem nenhum controle.

Mas e as pontes que você já queimou? Devido à imaturidade, arrogância ou raiva? E em relação às vezes que você de fato saiu com um dedo levantado, mas não foi o polegar? E aí?

Peça desculpas.

Não porque isso vá reparar perfeitamente a ponte. Não porque você espera que eles se desculpem também por qualquer mal que fizeram. Não com qualquer expectativa que seja.

Desculpe-se porque é a única maneira de tirar a fuligem das mãos. Não precisa ser complicado; na maioria dos casos, um e-mail é o suficiente. Escrevi alguns, e eles nunca foram divertidos. Mandei notas manuscritas também, porque tendem a ser mais significativas para as pessoas e tiram a pressão da necessidade da outra pessoa responder.

Elas não o farão.

Um chefe com quem me desculpei me perdoou.

Um chefe usou meu e-mail com o pedido de desculpas para responder com críticas adicionais.

Preferi o primeiro, mas em nenhum dos casos a resposta foi meu objetivo.

Foi o pedido de desculpas. E isso eu fiz.

LEMBRE-SE:

- ✓ Quanto menos pontes você queimar, melhor será sua *Career Savings Account* em longo prazo.
- ✓ Sua empresa é menor do que você pensa. Trate a todos como se você fosse trabalhar com (ou para) eles novamente algum dia.
- ✓ Deixe os empregos com um dedo levantado: o polegar.
- ✓ Não seja um idiota on-line. Pontes digitais queimam para sempre.
- ✓ Desculpe-se se necessário, repare o que for possível e deixe para trás aquilo que precisa ser deixado.

8

A COMUNIDADE BRILHA MAIS NA ESCURIDÃO DE UM CHOQUE DE CARREIRA

Não podemos evitar tremer à beira da desistência, mas são nossos companheiros que nos dão coragem para saltar.

ALAN JONES

Como discutimos, carreiras não são tão complicadas. Há apenas quatro coisas que em geral acontecem:

1. Teto de Carreira
2. Saltos de Carreira
3. Oportunidades de Carreira
4. Choques de Carreira

Relacionamentos terão seu papel em todos os quatro, mas não vão realmente brilhar quando você vivencia um choque, alguma coisa negativa que lhe acontece e que está fora de seu controle.

No quadro *Reinicie*, essa situação na carreira estava no canto inferior esquerdo. Um choque é você ser demitido, perder o emprego ou se formar quando a economia está ruim e, assim, não consegue encontrar um emprego. O que o derruba é uma mudança inesperada e indesejada na carreira.

Quem vai estar lá para resgatá-lo?

Relacionamentos.

Em momentos difíceis da vida, serão os amigos e os conselheiros que irão ajudar na nossa recuperação. Ninguém diz: "Quando cheguei ao fundo do poço, foi minha energia que me ajudou". Em vez disso, contamos o caso daquele amigo que não nos deixou acreditar que nunca mais teríamos outro emprego. Compartilhamos os casos dos vizinhos que apareceram quando mais precisávamos deles. Olhamos para trás e nos perguntamos como o dinheiro surgiu na caixa de correio quando mais precisávamos dele para sobreviver. Suas competências não colocaram o envelope na caixa de correio. Seus relacionamentos fizeram isso.

Precisamos de relacionamentos nesses momentos porque há apenas duas coisas que realmente acontecem quando experimentamos um choque na carreira. Ou ficamos destruídos por ele ou o superamos.

PARA ALGUMAS PESSOAS, O FUNDO DO POÇO É UM TRAMPOLIM

Tendo atingido o ponto de ruptura, chegado a um limite ou a um bloqueio em sua vida nas mãos de outra pessoa, você tem algo poderoso nas mãos: um convite para reinventar seu trabalho.

Você já ouviu essa história mil vezes, em alguns momentos da vida. A famosa "Eu sabia que, se não parasse de beber depois que perdi o último emprego, perderia tudo". Ou então: "Quando a bolha imobiliária estourou em Atlanta, perdi meu emprego e tive que recomeçar minha carreira!".

O caldeirão de fragilidades tem um jeito engraçado de nos levar a uma vida incrível. Para alguns, o fundo do poço é um trampolim. Ele os impulsiona das profundezas de volta à luz, motivados pela decisão de nunca mais experimentar essa queda novamente. Ou de ajudar a garantir que outras pessoas não acabem lá.

Existe alguém que duvida que ser demitido de sua própria empresa não motivou Steve Jobs? Depois de perder seu bebê, depois de ter sido colocado para fora por seu próprio conselho em 1985, há alguém que não acha que ele lambeu suas feridas e começou a planejar um retorno triunfal? Será que a Apple teria sido a Apple sem esse momento de opressão sobre Steve, cujo ciclo se completou com sua volta à Apple em 1996?[1] É difícil dizer, mas o choque de carreira teve impacto nele e na empresa.

O fascinante é que mesmo os choques não relacionados a trabalho podem levar a novas aventuras na carreira.

O momento choque de Jeremy Rochford foi ele ter sido expulso de uma montanha-russa.

Um dia, Jeremy estava num parque de diversões com um grupo de amigos. Depois de esperar em uma longa fila para a montanha-russa, não conseguiu prender o cinto de segurança para o trajeto. O gerente do parque disse que não se preocupasse, pois tinham cintos de segurança extragrandes. O operador do brinquedo disse: "Eu já tentei. Esse é o extragrande". O gerente ficou tão irritado que tirou Jeremy do brinquedo e o colocou para fora do parque. Ele teve de passar por uma longa fila de adolescentes rindo – o garoto gordo que era grande demais para brincar.

Hoje, anos depois, Jeremy é personal trainer, autor de um livro sobre perda de peso e está noventa quilos mais magro. Ele não poderia

1 Jason Fell and *Entrepreneur* Staff, "Steve Jobs: An Extraordinary Career", *Entrepreneur*. Disponível em: <http://www.entrepreneur.com/article/197538>.

ter previsto que ser expulso de uma montanha-russa quando adolescente se tornaria um momento decisivo para sua carreira... mas foi.

O melhor de tudo é que isso não é apenas um absurdo motivacional do tipo "se o cavalo te derrubou, monte outra vez". Os cientistas têm estudado o impacto das situações negativas sobre a criatividade. Eles nomearam a ocorrência de "desenvolvimento pós-traumático", e encontraram cinco áreas que mostram o desenvolvimento como resultado da adversidade:

Relacionamentos interpessoais

Identificação de novas possibilidades para a vida de alguém

Força pessoal

Espiritualidade

Apreço pela vida

Em um estudo, Marie Forgeard, pesquisadora do Departamento de Psicologia da Universidade da Pensilvânia, descobriu até mesmo que "o número de eventos (adversos) relatados pelos participantes previu a autopercepção do desenvolvimento criativo, bem como da amplitude de criatividade".[2]

Por que isso acontece? Bem, Scott Barry Hoffman, psicólogo da Universidade de Nova York, passou anos estudando a criatividade. Ele acredita que "muitas pessoas são capazes de usar isso (adversidade) como o combustível de que necessitam para chegar a uma perspectiva diferente da realidade. Aconteceu que a visão de mundo deles como um lugar seguro, ou como certo tipo de

2 Scott Barry Koffman, "Turning Adversity into Creative Growth", *Scientific American* (6 maio 2013). Disponível em: <https://blogs.scientificamerican.com/beautiful-minds/turning-adversity-into-creative-growth/>.

lugar, foi alterada em algum momento de suas vidas, levando-os a ver as coisas sob uma nova perspectiva, o que é muito propício à criatividade".[3]

Mas nem todo mundo perde peso. Nem todo mundo salva a Apple. Nem todo mundo diz "Chega!" e se atreve a reinventar a carreira. Teríamos um mundo muito diferente se cada situação negativa nos jogasse automaticamente para uma positiva. Muitas pessoas, nossos amigos, nossos familiares – às vezes nós mesmos – não conseguem sair. Nós desmoronamos.

Quando você desmorona, desiste. Aceita o destino. Quem é você para sonhar? O medo cresce nesses momentos, oferecendo complacência e amargura como únicas opções. Depois de ter sido espancado com tanta frequência pelos caprichos involuntários da vida e de outros, deixamos pra lá. Não falhamos, somos falhos. Nunca vamos conseguir um bom emprego. Devemos simplesmente aceitar que o trabalho é uma coisa miserável e sempre será miserável.

Tendo vivenciado um choque, desmoronamos e juntamos nosso destino ao dos 70% dos americanos que estão desengajados do trabalho.

A menos que, e é um grande a menos, tenhamos relacionamentos.

Os outros investimentos na *Career Savings Account* são úteis nesses momentos, mas o que vai ajudá-lo a sair e não quebrar mais são os relacionamentos.

Se você permitir, Choques de Carreira lhe oferecem uma incrível maneira de avançar rapidamente e aprofundar seus relacionamentos de vida. Poucas coisas unem tanto amigos de verdade como uma crise. (E se este não é o momento perfeito para colocar o seu

3 Carolyn Gregoire, "18 Things Highly Creative People Do Differently", *Huffington Post* (3 mar. 2014). Disponível em: <http://www.huffingtonpost.com/2014/03/04/creativity-habits_n_4859769.html>.

orgulho de lado e pedir a ajuda de todos que conhece, incluindo aqueles relacionamentos bumerangue, não sei quando é.)

Você também vai descobrir algo interessante aqui. Quando vivencia um momento Choque de Carreira, alguns dos amigos que você pensou que iriam ajudá-lo somem. Uma parcela das pessoas que pensou que iriam apoiá-lo vai desaparecer ou, em alguns casos, simplesmente se opor a você. Alguns relacionamentos casuais com quem talvez não tenha contato há anos vão voltar das sombras para lhe dar um braço.

Um Choque de Carreira é como uma peneira. Cada relacionamento é como bolas de gude em um balde. Quando as coisas estão indo bem, você pode não ter uma boa ideia de quão fortes ou fracos são os relacionamentos. Você não tem mesmo como saber, porque tempos bons não testam a força de um relacionamento mais do que um mar calmo testa a resistência de um barco. Mas um Choque de Carreira vira o balde de cabeça para baixo.

De repente, todas as bolas de gude caem na peneira. Alguns relacionamentos cairão através dos furos, recusando-se a ficar perto da confusão de um *Reinicie*. Outros, porém, ficarão retidos na peneira, recusando-se a ir embora, independente de os buracos na peneira serem grandes o suficiente para que passem.

Se você passou o tempo investindo em relacionamentos, o volume do balde praticamente não será muito dramático. Novas oportunidades não deverão demorar, pois a primeira oportunidade em geral vem de relacionamentos.

Nossa comunidade facilita nossa levantada de novo, e, em muitos casos, nos ajuda, em primeiro lugar, a evitar a queda.

Encontrei uma grande quantidade de pessoas que deseja largar seus empregos. Creio que isso se deve ao fato de eu ter escrito um livro chamado *Quitter*. Muitas vezes sou o último bastião de negociação antes de fazerem algo drástico, como sair intempestivamente de uma empresa ou iniciar um novo negócio.

Independente dos detalhes e da especificidade das jornadas, sempre pergunto a mesma coisa: "O que sua equipe diz a respeito disso?".

Na maioria das vezes, não há uma equipe.

Não há nem um punhado de conselheiros ou até mesmo um círculo de amigos que possam carregar o peso da decisão com você. Não há nenhum grupo de pessoas torcendo pelas pequenas vitórias ou fazendo-lhe perguntas sobre grandes planos. Resta só uma pessoa olhando para um vazio na carreira, sentindo-se sozinha numa grande decisão.

Você não precisa estar sozinho. As carreiras são mais bem construídas no âmbito da comunidade. Uma tarde, durante meu último *Reinicie*, perguntei à minha esposa se poderia ir ao supermercado com ela. Eu não precisava de nada, só de companhia. Estava tão excessivamente concentrado na agitação do *Reinicie* que, quando parei, percebi minha solidão. Naquela noite, Jenny achou graça no meu desejo de ver o açougueiro e o cara abastecendo as prateleiras no supermercado. Cuidado com a tentação de se isolar ou se esconder durante seu *Reinicie*. Precisamos de outras pessoas.

Precisamos de amigos.

Precisamos de conselheiros.

Precisamos de relacionamentos como parte fundamental de nossa *Career Savings Account*.

INVESTIMENTO 2

COMPETÊNCIAS

O que você faz.

> "Todos querem ser alguém. Ninguém quer crescer."
>
> **JOHANN WOLFGANG VON GOETHE**

Se seu melhor amigo fosse um péssimo mecânico, você não lhe pediria que consertasse seu carro uma segunda vez.

Se o seu confidente mais próximo fosse um péssimo contador, você não lhe pediria que fizesse seus impostos.

Se o seu amigo de toda vida fosse terrivelmente irresponsável, você não lhe pediria que cuidasse do seu cão enquanto estivesse fora da cidade.

Será que ainda gosta dele? Claro, vocês mantêm um relacionamento forte, mas, sem melhores competências, você nunca iria contratá-lo novamente.

Relacionamentos o levam ao primeiro emprego; competências, ao segundo. Depois que um conhecido ajuda você, é hora de recorrer àquilo que sabe para afundar ou nadar. Em casos extremos, se a parte de competência de sua *Career Savings Account* está vazia, nenhum relacionamento vai conseguir recolocá-lo no mercado.

Quando competentes escritores desconhecidos me pedem um contato com um agente literário, dou a eles o nome do meu livro favorito sobre como se tornar um escritor melhor.

Competências são a ponte entre o amador e o expert. Você sabe quem ganha mais dinheiro, recebe mais promoções e possui vários cintos, não o cinto dupla face marrom de um lado e preto do outro que eu tenho? Os experts.

Quer ser um? Trabalhe em suas competências.

Competências também ajudam a dar objetivo à nossa energia, protegendo-nos contra uma fonte exaustiva de energia que não leva a nada, se não tiver um objetivo. A energia nos faz seguir em frente, ter competências específicas para nos concentrar e ter certeza de que estamos indo na direção certa.

Uma vez adquiridas as competências, elas são suas para sempre. Ninguém pode tirá-las de você. Quando sair de um emprego, as competências que aprendeu nele o acompanharão. Mantenha-as afiadas, pois uma competência colocada na *Career Savings Account* permanece lá.

Competências são habilidades. São talentos naturais que você obrigou a ir para a academia. São talentos não naturais que você conseguiu por meio de trabalho duro e nos quais se tornou melhor. Muitas vezes pensamos que carimbam competências em nossas certidões de nascimento na maternidade; ou se nasce músico ou não. Mas cada pedacinho de pesquisa fundamenta o contrário. Elas podem ser aprendidas, desenvolvidas, alteradas.

Quando se trata de competências, os cães velhos podem (e devem) aprender novas.

E cães jovens talvez economizem anos de frustração começando a aprendê-las do jeito certo.

Com toda essa agitação e metáfora canina, não vamos confundir determinação com competências. Adoro determinação, mas não quero que alguém corte o meu cabelo contando apenas com ela. Quando uma pessoa está rodeando minha cabeça com uma tesoura afiada, não será a determinação dele que levarei em consideração. Uma vez, meu companheiro de quarto tentou economizar dinheiro cortando o cabelo em um salão de barbeiro da faculdade, que, imagino, não era nem competente nem oficial. Ênfase em uma vez.

Meu colega voltou dessa experiência de economia de custos com o cabelo comprido dos lados e curto em cima. Ninguém vai a um salão e pede um corte deste tipo: "Corte em cima bem curto, como se eu estivesse ficando careca antes da hora, e não toque as laterais; eu estou deixando o cabelo crescer aí". Competências são importantes.

Tanto em salão de barbeiro como em cubículos, elas são fundamentais.

Se você tem toneladas de caráter, energia e relacionamentos, mas nenhuma competência, será como eu na NBA ou Michael Jordan no beisebol.[I]

Nesta seção, vamos descobrir por que você já tem mais competências do que pensa, como dominar aquelas que são invisíveis, como evitar ser um dinossauro e como encontrar novas. Você também vai aprender que elas são a chave para se libertar. Quando se chega a um Teto de Carreira, o quadrante superior esquerdo do nosso quadro *Reinicie*, representa uma transição negativa e voluntária, e as competências serão o martelo para quebrá-lo.

I Minhas desculpas a Michael Jordan por usá-lo duas vezes como um mau exemplo. Ele foi muito bom no basquete. Não tenho certeza se você sabe disso.

9

VOCÊ TEM MAIS COMPETÊNCIAS DO QUE IMAGINA

Se alguma vez compartilhássemos um café e eu lhe perguntasse quais as suas competências, depois de usar a fala de Liam Neeson no filme *Busca implacável*, você provavelmente me diria uma dessas duas coisas:

1. Não sei que competências tenho.
2. Não tenho muitas.

É possível que a primeira resposta se dê pelo simples fato de você nunca ter pensado a respeito dessa questão. Uma vez tive um emprego que nos obrigava a fazer autoavaliações de nossas competências, exercício que parecia um convite para inventarmos novas maneiras de dizer como éramos incríveis. Agíamos assim porque sabíamos que nossos aumentos dependiam disso, mas tínhamos dificuldades de preparar uma lista de competências. Os meus colegas e eu coçávamos a cabeça e escrevíamos coisas do tipo "números".

Minhas competências são os números. Isso não é uma competência, é a paixão do Conde da *Vila Sésamo*. É um substantivo.

A segunda resposta, a crença de que não se tem muitas, é provavelmente porque você é humano. Nós, seres humanos, temos grande dificuldade em ver nossas próprias competências como competências. Roy H. Williams, autor e expert em marketing, diz: "É difícil ler o rótulo quando se está dentro da garrafa".[1] Nós não a consideramos competências, mas apenas coisas que fazemos.

Assim, durante esse café fictício entre nós, a primeira coisa que eu faria seria tentar ajudá-lo a descobrir as competências que já tem. Eu mesmo puxaria uma pilha de cartões de anotação, o que provavelmente faria você se retrair um pouco, porque, mais uma vez, estamos prestes a cruzar o limiar entre sonhar e fazer.

Sonhar é divertido. É agradável falar sobre resultados futuros. De esforço no presente não é. Mas eu o impulsionaria por meio de toda a esperança que algum dia você depositou e tentaria da melhor forma possível levá-lo a se concentrar na parte de competências de sua CSA atual.

Temos a tendência de nos concentrar, primeiramente, em "como conseguir mais competências", o que é compreensível. "Ter mais" conversas convida ao sonho. Avaliar o que já se tem força à sinceridade. Uma delas é claramente mais prazerosa.

Mas esse é um ponto fundamental nesta seção. E agora vamos trabalhar.

O objetivo é criar uma lista de nossas competências atuais para que possamos saber em que pontos temos de trabalhar, o que pode estar faltando e o que queremos melhorar. Não se preocupe, não vamos usar cartões de anotação nas seções de energia e caráter, mas, quando

1 Roy H. Williams, *The Wizard of Ads: Turning Words into Magic and Dreamers into Millionaires* (Austin, TX: Bard Press, 1998).

se trata de competências, precisamos de um método para descobrir onde estamos, a fim de nos dirigir para onde queremos estar.

Vamos nos basear no conceito que usamos em relacionamentos. Naquela seção, havia apenas uma etapa: escrever o nome de alguém que você sabe que pode ajudar no seu *Reinicie*. Competências exigem um pouco mais de detalhe, mas garanto que o processo é tão simples como o primeiro exercício que você já detonou.

O QUE ESTAMOS PRESTES A FAZER

Existem apenas duas etapas para este exercício:

1. Escreva as ideias.
2. Procure padrões.

Para meus amigos altamente detalhistas, isso é como uma espécie de sonho tornando-se realidade. Você provavelmente já tem uma gaveta de cartões de anotação classificada por cor e tamanho. Para os meus amigos que não ligam para detalhes, você está entre amigos. Percebo sua falta de organização, mas garanto que sua carreira vale a pena.

PASSO 1: ESCREVA AS IDEIAS

Tenho uma pilha de cartões na minha mesa.

Um deles diz apenas: "Naps". Não faço ideia do que isso significa agora. É possível que num certo ponto eu estivesse criando uma lista de coisas incríveis, ou talvez dedicado a atividades de *brainstorming* do tipo que o Ursinho Pooh gosta. É difícil dizer, mas o importante é o seguinte: isso não interessa.

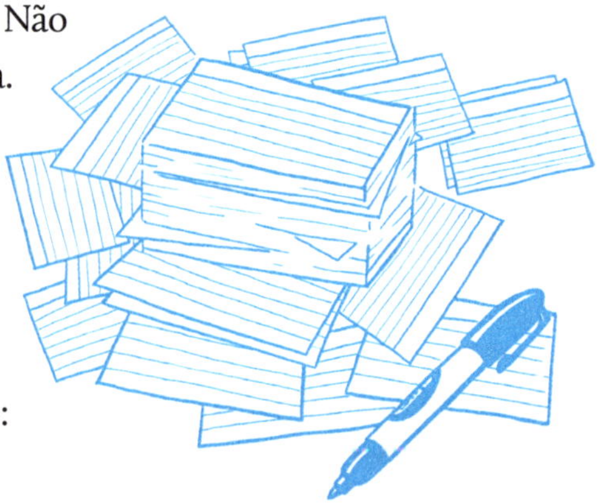

Não quero que seus cartões sejam perfeitos. Só quero que você escreva. Quero que trabalhe seu caminho na liberdade de listar todas as competências de que você gosta. Digo que trabalhe nisso porque, como a maioria das pessoas, você foi ensinado para ficar seguro. Em algum ponto no percurso para a vida adulta, decidimos que os sonhos eram estúpidos. Abandonamos a ideia de ser bombeiros e astronautas e resolvemos ser acomodados e previsíveis. Aceitamos a mentira de que a segunda-feira tem de ser chata.

A etapa 1 é toda sobre quantidade. Uma competência por cartão, independentemente de quantos cartões você conseguir imaginar. Este não é o momento para editar. Agora, estamos preocupados com volume. Não pergunte a si mesmo: "Isso é estúpido?". Pode ser, mas tudo bem. Tudo o que quero que faça é escrever uma competência atual por cartão. Não tente encher um único cartão com um monte de ideias.

Para começar, aqui estão algumas perguntas a que pode responder sobre suas competências:

1. Em que você é bom?

Que se dane a humildade. Não é hora de ser humilde. Esta é a lenta caminhada do herói num momento de explosão. Diga algo em que você é bom, e eu até ouso dizer, o máximo. Você cria grandes propostas de marketing? Ninguém consegue equilibrar um orçamento como você? Também não estou falando apenas do seu emprego atual. Volte no tempo. Se você foi um entregador de jornal fantástico, anote "pontualidade na entrega". Com relacionamentos, consideramos todos os casuais que nos vierem à mente, porque não há como dizer aonde eles podem levar. O mesmo vale para as competências. Considere todas!

2. O que vem naturalmente?

Essa questão vai gerar alguns "Ah, essa?" e habilidades em que você nem precisa pensar, porque vêm muito naturalmente. Você acha que todos podem fazer o que você faz, mas não podem. Os jantares elaborados que você promove com tanta facilidade, como Sarah e sua mesa de vizinhos, são indicativos de que você é incrível no planejamento de eventos e em conectar-se com os outros. Isso, uma coisa normal para você, é difícil para o restante da população. Só porque é fácil não significa que não é uma competência.

3. O que as pessoas me pagam para fazer?

Se você já teve nem que seja um único emprego, essa questão vai gerar pelo menos um cartão de anotação. Quais foram suas responsabilidades em seu emprego favorito? Anote-as! Um cartão por competência. Por exemplo, se você era responsável pela garantia de qualidade para lançamentos de softwares, anote "garantia de qualidade". Complemente os cartões perguntando: "O que as pessoas me pagariam para fazer?". (*Dica*: A resposta é "Quase nada.")

4. Do que você tem medo?

Ursos, obviamente, mas além desses representantes peludos da morte há uma abundância de competências importantes escondidas dentro de nossos medos. A razão é que grandes paixões geralmente são acompanhadas de grandes medos. Você sabia que devia fazer alguma coisa já há muito tempo, mas foi evitando porque tinha medo. Escreva isso. Por exemplo, eu iria listar "escrever" como um dos meus medos. Não é estúpido ter medo de fazer a coisa que me sinto mais chamado a fazer? É, mas nunca ninguém acusou o medo de ser inteligente. Isso pode parecer contraintuitivo porque estamos sempre dizendo para responder à pergunta "O que adoro fazer?" quando se trata de descobrir nossos sonhos e nossas competências. Eu a considero uma pergunta importante e acho que você certamente deveria fazer este exercício, mas também aprendi que podemos ter medo das coisas que realmente importam para nós.

Seja sincero consigo mesmo. Você realmente teme falar em público ou tem medo e está preocupado porque pode não ser bom, e isso é algo que você secretamente deseja fazer?

5. Se você escrevesse um e-book, qual seria o tema?

Os tempos estão difíceis. O prazo das contas venceu. Seus pais estão prestes a perder a fazenda de beterraba. A única maneira de salvar a situação é escrever um e-book de vinte páginas que ensina clientes ansiosos a fazer algo em que você é bom. Você é famoso por sua capacidade de embalar dez dias de roupas em uma pequena bagagem de mão para viagens de negócios? Pessoas já se maravilharam no passado com suas competências na criação de estratégias de marketing para lançamentos de livros? Já imaginou uma forma inédita de montar uma oficina de carpintaria totalmente funcional em sua garagem, mas sempre pensou nisso como um hobby bobo? Se você tivesse que criar um e-book hoje, qual seria o tema? Se tivesse que escrever uma série de três, sobre o que seria sua trilogia?

PASSO 2: PROCURE PADRÕES

Agora que identificou algumas competências, você vai notar que algumas das ideias estão relacionadas. Podem não dizer a mesma coisa, mas são, pelo menos, primas na árvore genealógica da criatividade.

Quando perceber algumas que são semelhantes, agrupe-as. Junte todas de forma que possa bater os olhos e ver um pedaço do que está escrito sobre cada ideia. Se você juntar umas sobre as outras, exceto a de cima, não será capaz de ver todas de uma vez, e talvez perca alguma coisa importante.

Agrupe os cartões da melhor forma para você. Talvez queira agrupá-los por “Competências que adoro fazer”, “Competências pelas quais me pagam melhor”, “Competências que quero melhorar” ou “Competências que não uso há muito tempo”.

Não se preocupe se não perceber de imediato alguns padrões. Se é sua primeira vez com uma atividade como essa, é possível que ainda não seja muito bom nela. Tente aprimorar este exercício para fazer o trabalho da melhor maneira possível.

Por favor, não se prenda usando uma ferramenta que é projetada para ajudá-lo a se libertar. O processo perfeito não deve ser perfeito. Na verdade, espero que não seja. Inicialmente você só deve gastar alguns minutos nele, e depois seguir adiante. Construir uma *Career Savings Account* é um processo para toda a vida; você tem tempo.

Coloque seus cartões em um lugar onde seja fácil vê-los no dia a dia. Quero que tope com eles quando for para a cozinha ou para a garagem. Algumas ideias (a maioria) são fugidias. Elas não entram em nossas cabeças e se anunciam; temos de capturá-las. E, muitas vezes, não vão aparecer até que tenham certeza de que não estamos tentando encontrá-las. Não acredita em mim? Ok, então por que as suas melhores ideias vêm no chuveiro? Você entra no chuveiro e diz a si mesmo: "Hoje vou lavar meu cabelo e tentar ter ideias para resolver esse problema no trabalho"? Claro que não! Isso nem passava pela sua cabeça e, ainda assim, no meio de um "repetir a lavagem se necessário", a solução aparece.

Não acho que deva levar cartões à prova d'água para o chuveiro, mas precisa manter por perto uma pilha de cartões normais. O medo adora adicionar a inconveniência de procurar alguns cartões para evitar que uma ideia veja a luz do dia. Acabe com ele mantendo uma pilha de cartões em alguns locais da casa. E alguns no bolso. Isso pode parecer um pouco estranho, mas qualquer um que o julgue por anotar uma ideia e tente ser mais esperto em relação a como guardar ideias é um idiota. (Você sempre pode fazer isso usando um aplicativo no telefone, mas, lembre-se, ainda há algo poderoso no ato de escrever manualmente uma ideia.)

O objetivo de procurar padrões é tornar mais claras suas competências. Se tiver anotado dez competências, por exemplo, e nove delas se enquadrarem na categoria "Competências que não uso no meu trabalho atual", será necessário corrigir isso. Precisaremos encontrar um novo emprego em que você use mais competências, usar mais competências em seu trabalho atual ou aprender as competências realmente necessárias em seu emprego.

Se você acabou com dois cartões de anotação e um padrão de "Não tenho habilidades, eu te odeio Jon Acuff", talvez seja hora de telefonar para um amigo. Tome um café com alguém e pergunte diretamente: "Que competências você acha que tenho?". Se o sujeito for como meus amigos, será tentado a dizer algo sobre sua capacidade de pagar "a continha", mas logo em seguida irá ao extremo e lidará com a situação de forma eficaz e impressionante, surpreendendo-o com as competências que você se esqueceu de escrever.

Esta conversa certamente irá ajudá-lo, mas também será desgastante. Ela soará como se estivesse pedindo ao amigo para listar tudo em que você é incrível. Mesmo que coloque isso da maneira certa e peça uma competência e não um elogio florido, ainda assim acabará se contorcendo enquanto eles respondem. Esprema-os. Você é bom em alguma coisa. Negar isso é um desperdício de tempo.

São dois os objetivos do exercício com os cartões de anotação, ou seja, que você obtenha:

1. Esperança
2. Conscientização

O primeiro objetivo é simples: partir para um *Reinicie* traz uma quantidade enorme de esperança. No início de uma jornada desse tipo, é muito fácil desanimar e achar que atualmente você não possui muitas competências profissionais.

Espero que, vendo-as pela primeira vez em um punhado de cartões de anotação, isso o estimule a pensar que, assim como ocorre com os seus relacionamentos, você é melhor do que pensava.

O segundo objetivo, conscientização, também aparecerá mais detalhado na seção energia. Na parte de competências, a finalidade do aumento da consciência é ajudá-lo a ver as novas competências que você pode querer adquirir. Se você quer uma situação melhor no seu emprego atual ou mesmo encontrar um novo, vai precisar de novas competências. Visualizar nos cartões de anotação aquelas que você tem atualmente, muitas vezes, não só o ajuda a aumentar a consciência sobre o que está faltando, mas também lhe revela as novas competências de que pode precisar para um novo emprego ou para romper um Teto de Carreira.

LEMBRE-SE:

- ✓ Relacionamentos possibilitam que você consiga o primeiro emprego; competências lhe darão o segundo.
- ✓ Você tem mais competências do que pensa. Escrevê-las e procurar por padrões é uma ótima maneira de descobrir isso.
- ✓ Não deixe o medo esconder uma competência que você sempre teve ou quis obter. Só porque está com medo de fazer alguma coisa não significa que não deva fazê-la.
- ✓ Se tem dificuldade para preencher cartões de anotação, escolha um amigo para ajudá-lo.

10

DOMINE AS COMPETÊNCIAS INVISÍVEIS

Quando se trata de trabalho, a maioria das pessoas define a palavra "competências" de modo muito minucioso. Elas supõem que signifique "assunto no qual se é diplomado", ou "alguma coisa cujos pontos principais não são facilmente resumidos". Será que isso é competência? Certamente, mas, em vez de reinventar a palavra, você precisará, primeiro, reinventar sua própria definição da palavra "competência".

Qual é a nova definição? Tudo.

Tudo é uma competência.

Tudo o que você faz no trabalho é uma competência. Não apenas as competências que se destacam em relatórios que avaliam o progresso ou, então, em arquivos de RH. Não apenas as ações para as quais você recebe um aceno de cabeça em sinal de aprovação de um chefe numa reunião importante. Tudo é uma competência.

O modo como você fala com as pessoas durante uma pausa no trabalho é uma competência.

Sua habilidade de lidar com o atolamento de papel da impressora é uma competência.

Lembrar-se do aniversário de um colega de trabalho é uma competência.

Manter o carro do trabalho limpo é uma competência.

Manter a caixa de entrada do e-mail sob controle é uma competência.

Essas podem até parecer ações pequenas e insignificantes, mas as pequenas competências tendem a se somar a grandes carreiras. Pense nisso como juros compostos. Não é atraente guardar pequenas quantias de dinheiro. Ao longo do tempo, entretanto, os juros compostos crescem muito mais do que você esperaria que fosse a soma desses investimentos. O mesmo acontece com as competências invisíveis que, na maioria dos dias, ignoramos.

Elas não são chamativas. Muitas vezes, nem sequer são divertidas, mas, se as ignorarmos, concentrando-nos apenas nas grandes, brilhantes e óbvias competências, perderemos uma grande parte do que significa ter uma CSA forte.

E talvez você seja como eu. Ler sobre aprender novas competências e aprimorar as antigas parece um pouco intimidante no começo. E se pudéssemos apenas ajustar algumas ações que já fazemos todos os dias? E se existem várias competências nas quais já somos bons e pudéssemos nos tornar excelentes apenas focando um pouco nelas?

Esse é o poder das competências invisíveis. Elas são fáceis e invisíveis, o que significa que a maioria das pessoas não as percebe. São ignoradas e, com o tempo, transformadas em fraquezas.

Eu queria que alguém tivesse me dado este capítulo para ler nos meus primeiros sete anos no mercado de trabalho. Cada chefe que tive nesse período também desejava o mesmo. Cometi o erro de pensar que se conseguiria o emprego dos sonhos após se formar. Não se consegue. O objetivo do primeiro emprego é ensiná-lo a ter um emprego. Você não sabe como trabalhar quando se forma na faculdade. Troca três meses de férias por oito dias de folga no ano. Não acha que lidar com essa transição requer algum esforço? Você começa a frequentar reuniões e a trabalhar com pessoas que podem ser difíceis em projetos que podem durar um ano inteiro, não apenas um semestre. Há muitas competências invisíveis quando se começa a trabalhar.

Muitas pessoas irão aprender a trabalhar durante o primeiro ou o segundo ano no mercado. Eu? Demorei sete anos. Aprendo devagar. Não quero ser você. Use-me como um conselheiro a distância com as ideias que estou prestes a compartilhar. Portanto, independentemente de você ter acabado de entrar no mercado de trabalho ou de estar trabalhando há quinze anos e ter desenvolvido alguns hábitos ruins, precisamos evidenciar as competências invisíveis.

Iremos começar com a mais fácil, pois sou muito generoso.

VÁ PARA O TRABALHO

Se pesquisar no Google "Por que as pessoas são demitidas", receberá uma coletânea dos mais óbvios conselhos que já leu. Uma lista mencionava que as pessoas normalmente perdem o trabalho porque usam drogas no emprego. É se comportar como George Costanza, em um episódio de *Seinfeld*: "Era errado? Preciso alegar ignorância no assunto. Não tinha a mínima ideia de que usar drogas no local de trabalho fosse algo reprovável".[1] Porém, como você é mais esperto que o George, vou pular essa pérola da sabedoria.

1 *Seinfeld*, temporada 3, episódio 12, "The Red Dot" (11 dez. 1991), dir. Tom Cherones.

O mais revelador na pesquisa sobre a razão de as pessoas serem demitidas foi aquela única coisa presente em quase todas as listas: a palavra "falta".

Cada vez mais, os experts profissionais lamentam o fato de que os empregados que não aparecem no trabalho são demitidos.

Então, começaremos nosso passeio pelas competências invisíveis com a mais óbvia: vá para o trabalho.

Se já está fazendo isso, parabéns, você é único. É um sentimento encantador. Aprender novas competências. Aperfeiçoar as antigas, o que demanda energia. Mas aparecer no trabalho? É loteria!

Todos nós podemos fazer isso.

Alguém, entretanto, não o faz. Alguém possui muitos atestados médicos desonestos. Alguém se atrasa. Alguém abusa da política de férias. Alguém é continuamente demitido porque não aparece no trabalho.

Não seja esse alguém.

Vá para o trabalho.

Eles esperam você lá todos os dias.

Não se atrase. Quando perguntam a Anthony Bourdain, famoso chef e apresentador da CNN, qual o melhor conselho que ele já recebeu, a resposta é: "Não se atrase. Essa é a base de tudo".[2] Esqueça aquilo de aparecer na hora; apareça uns minutos antes. Se já trabalhou duro na empresa durante todos os quatro dias, não se sinta terrivelmente insultado quando seu pedido de uma semana de férias for recusado. Se dispõe de trinta minutos de horário de almoço, use trinta minutos para almoçar. Se deve começar às onze horas, comece às onze horas.

Talvez as ideias pareçam ofensivamente simples, mas todos nós já trabalhamos com pessoas que lutaram fortemente em relação a

2 Sean Woods, "The Last Word", *Men's Journal* (out. 2014), p. 118.

tudo que está no parágrafo acima. Você possui um colega de trabalho que acharia tudo que eu disse revolucionário. Lá no fundo, há um lado seu que deseja tirar uma cópia deste capítulo e colocá-la na cadeira do colega, mas ele precisaria estar lá para vê-la. Não estou de maneira alguma defendendo o cara que aparece no trabalho com gripe porque não quer usar um dia de férias para ficar em casa doente. Não suporto esse cara.

Mas, se você quer começar com uma vitória fácil, se quer dominar a primeira competência oculta que uma grande quantidade chocante de pessoas perde, vá para o trabalho.

AGREGUE VALOR

Meu irmão é advogado. O trabalho dele se baseia no conceito de horas trabalhadas. Se ele não é continuamente capaz de registrar as horas faturáveis pelas quais os clientes pagam, os sócios da firma vão começar a questionar por que o contrataram. É um simples barômetro de como ele agrega valor.

A maioria dos empregos não tem algo tão evidente assim, sobretudo aqueles administrativos nos quais nada tangível é construído. Nesses casos, parece mais difícil responder à pergunta: "Será que estou agregando valor?", mas não deve ser assim.

Cada trabalho possui um valor. Independentemente de você estar trabalhando em uma grande corporação, uma pequena startup ou perseguindo seu próprio sonho, há um sistema de valores. Algo que é mais importante para esse trabalho específico. Quando trabalhei no Home Depot, o valor do meu cargo estava em escrever anúncios convincentes, entregues a tempo, comunicando o que meu chefe queria. Se estávamos produzindo um catálogo de venda de cortinas, o valor naquele mês era criar um exemplar surpreendente sobre cortinas e manter a pessoa que dirigia esse departamento feliz.

Se eu fizesse as duas coisas, estava agregando valor e meu CSA crescia. Quando tentei criar um anúncio sobre granito com o título "Don't call it a comeback" (Não chame isso de retrocesso), eu estava jogando com meu valor pessoal de ocultar as letras do LL Cool J[3] nas coisas. Fui prontamente interceptado por meu chefe.

Se você nunca se perguntou: "Será que estou agregando valor?", comece com uma pergunta mais fácil. Pergunte: "Qual é o valor da minha empresa?". Se você trabalhou na Southwest Airlines, uma resposta a essa pergunta pode ser "Fornecer uma experiência aérea de alta qualidade a um baixo custo". Então, uma vez que pensou sobre isso, pergunte: "Qual é o valor do meu cargo?", isto é, "de que maneira o que faço todos os dias agrega importância para o valor global da empresa?". Se você fosse um comissário de bordo da Southwest, o valor poderia ser encantar os clientes.

É por isso que, quando voei com eles para Las Vegas, acabaram se dirigindo ao intercomunicador conforme decolávamos. Na inclinação mais acentuada do avião, a aeromoça disse: "Nós estamos indo para uma cidade de festa, então vamos começar a festa mais cedo". Em seguida, ela e os membros de sua equipe esvaziaram grandes caixas de aperitivos pelo ar, os sacos voando em cascata pelos corredores em virtude de nossa subida íngreme. As pessoas explodiram em risos e gritos de alegria quando os aperitivos voaram pelo ar. Foi um momento incrível, que preencheu perfeitamente o valor de diversão da Southwest. A menos que você tenha alergia a amendoim, então, nesse caso, seria o seu pior pesadelo: ver sacos da morte, levemente salgada, voando em direção ao seu rosto.

Se estas duas perguntas – qual o valor da minha posição e o da minha empresa? – parecem insuperáveis, faça algo louco e pergunte a seu

3 Rapper americano. O verso "Don't call it a comeback" é de uma de suas canções mais famosas, "Mama Said Knock You Out". (N.E.)

chefe. Diga: "Tenho pensado muito no melhor jeito de eu continuamente agregar valor a esta empresa. Adoraria ouvir como você acha que posso fazer isso". Seu chefe não irá responder: "Não! Você quer servir melhor à empresa? Monstro!". É mais provável que ele se sinta muito feliz com sua tentativa de ser um empregado melhor.

A outra razão pela qual gosto de formular essa questão é que ela é o antídoto para o direito. Por anos não me perguntei: "Estou agregando valor à empresa?". Eu perguntava: "Como essa empresa está agregando valor a minha carreira?". Fazia a relação inversa. Exigia que eles melhorassem minha vida e, quando não o faziam, eu disparava a máquina da amargura.

É fácil ver isso quando alguém quer ir a uma conferência. Escolhe-se algum destino de férias, como Las Vegas ou São Francisco. Pede-se então à empresa que pague o voo, a conferência e o hotel. Quando a empresa pergunta: "Como sua presença lá se traduzirá num valor maior para o departamento em que você trabalha?", o funcionário fica indignado e apenas grita: "Vegas, baby!".

Certa vez, fui a uma conferência em Nova Orleans, hospedando-me no Ritz Carlton. Meu maior aprendizado dessa experiência foi como convencer meu chefe a dizer sim para coisas que eram caras e não acrescentariam muito à empresa, mas seriam divertidas para mim. Desperdicei o dinheiro deles e certamente não me sinto feliz com isso.

Você jamais agiria assim? Iria a conferências apenas com valores claros, palpáveis e tangíveis? Seria aquele que preparou uma explicação compreensível da maneira que utilizaria esse novo conhecimento na empresa, tornando-se um funcionário melhor, e apresentaria isso a seu chefe? Veja, você está ganhando de novo. Eu lhe disse que as competências invisíveis eram fáceis!

Se você não está empregado no momento, utilize o mesmo exercício com as companhias nas quais está se candidatando. Talvez não consiga perguntar a alguém que trabalha lá, mas pode perguntar à internet por meio de pesquisas. Sua habilidade de unir suas competências ao valor com o qual uma empresa se importa irá ajudá-lo mais a se destacar no processo de contratação.

Funcionários que somam acabam se tornando valiosos. Trabalhe com esse objetivo.

TENHA ATITUDE PRÓPRIA

Já fui demitido e digo sem sombra de dúvida que o fato foi um resultado direto de minhas atitudes. Eu tinha senso de direito, ideias já bem estabelecidas de que eu estava fazendo um favor à empresa pelo simples fato de estar lá. Tinha a crença boba de que era trabalho deles cumprir meus desejos profissionais. O trabalho não deveria ser divertido e enriquecedor o tempo todo?

Quando não era assim, eu me entediava e me sentia frustrado, e, então, era demitido. Normalmente é assim que as coisas acontecem. Quando você tem uma atitude ruim, ela se insere em cada parte de seu desempenho. Não há competência visível ou oculta que se salve desse tipo de veneno, que tem o potencial de destruir toda sua *Career Savings Account*. O direito fere seu investimento relacionado à energia e também às competências. No momento em que age como se já tivesse conseguido, sua vontade de trabalhar se esvai.

Acredito que você mudou completamente sua atitude no Capítulo 2, quando o encorajei, mas, para todos aqueles preguiçosos, vou lembrá-los de algumas coisas:

Fazer com que você aprecie seu trabalho não é tarefa da empresa. É sua.

Resgatar a segunda-feira não é tarefa da empresa. É sua.

Ter uma carreira significativa não é tarefa da empresa. É sua.

Nós – não a nossa empresa – somos responsáveis por nossas atitudes. O que acontece a cada dia no trabalho não determina minha atitude; sou eu quem a estipula. Atitude é decisão. E é uma decisão que temos que tomar todo dia. Às vezes a cada hora, se aquele dia em especial está de doer.

A melhor maneira de verificar sua atitude rapidamente é perguntando a um amigo. (Você está percebendo que os relacionamentos são importantes? Muito bom!) E não pergunte a um amigo que tem a pior atitude em relação ao emprego dele. Esse amigo irá lhe dizer: "Você tem uma excelente atitude, apenas trabalha com um bando de idiotas!". Procure aquele amigo que é honesto o bastante para lhe dizer palavras duras. Melhor ainda, encontre um conselheiro a quem você possa fazer perguntas terríveis. Quando ele lhe der bons conselhos, seja humilde para aceitá-los.

Atitude é uma competência. Ela pode ser mudada. Pode ser aperfeiçoada, e isso começa tendo atitude. Você determina sua atitude, não o seu dia, o seu emprego, a situação. Você! Tenha atitude.

Se quer um emprego melhor, comece com uma atitude melhor.

Se quer um novo emprego, comece com uma nova atitude.

Se quer perseguir um sonho, comece com... bem, uma "atitude sonhadora" parece meio estúpida quando você a escreve, mesmo que seja verdadeira.

Atitudes impactam tudo. Comece por elas.

COMPETÊNCIAS INVISÍVEIS FAIXA PRETA

Você já domina as três primeiras competências invisíveis? Já está batendo o pé por algo mais desafiador do que "Vá para o trabalho"? Ótimo! Aqui estão nove competências invisíveis bem menos evidentes que aprendi nos quinze anos em que trabalhei em escritórios, com alguns exemplos reais de como colocá-las em prática:

1. Competência = Exceda as expectativas

Exemplo do mundo real – Se você precisa de mais coisa para fazer, ache mais trabalho. Terminar o trabalho no qual seu chefe pensou que você gastaria 40 horas em apenas 25 horas não significa que você acabou de ganhar 15 horas extras naquela semana. Um jovem advogado que conheço tem o hábito de perguntar a seus colegas de trabalho se ele pode ajudá-los nos piores casos com os quais não querem mais lidar. Os casos o ajudam a crescer e fazem com que seus colegas saibam que ele não tem medo de um trabalho mais pesado.

2. Competência = Seja diplomático

Exemplo do mundo real – Não estacione na vaga daquele rapaz que se importa muito com ela. Nem use a caneca de café predileta daquela moça. Nunca se engaje em uma luta pela questão de poder sem sentido. Perca essas batalhas de propósito, e ganhe um relacionamento.

3. Competência = Expresse gratidão

Exemplo do mundo real – Não reclame da qualidade do almoço gratuito que a empresa lhe comprou. Eles lhe pagaram um almoço. Seja agradecido.

4. Competência = Mostre consideração pelos outros

Exemplo do mundo real – Não esquente frutos do mar na copa do local de trabalho e não tente mentir e dizer às pessoas: “Comprei bacalhau, mas ele não fede”. Ele fede. É a criatura da lagoa preta mais servida em restaurantes que realizam magníficas montagens com manteiga em câmera lenta, não na copa do serviço. Ele fede.

5. Competência = Concentre-se no que importa

Exemplo do mundo real – Torne-se obcecado pela qualidade de seu trabalho, não pela qualidade de seu cargo. Um é bom para seu cartão de apresentação; o outro, para sua carreira.

6. Competência = Atue com seus pontos fortes e com os dos outros também

Exemplo do mundo real – Não marque reuniões que exijam alta criatividade na sexta-feira, às 16 horas. A criatividade das pessoas já acabou nesse período, e as ideias também.

7. Competência = Seja flexível

Exemplo do mundo real – Não reclame constantemente de suas condições de trabalho. (É muito claro, é muito escuro, é muito frio, eu queria que tivesse mais cheiro de canela.) Uma regra simples de ouro é: "A menos que haja uma cobra no escritório, ficarei bem".

8. Competência = Respeite o material da empresa

Exemplo do mundo real – Apenas porque a empresa lhe deu um telefone, um iPad ou um laptop, não significa que você tenha um telefone, um iPad ou um laptop. Não acesse sites, não instale programas e não faça downloads de aplicativos sobre os quais você não deseja conversar com seu chefe.

9. Competência = Continue a estudar

Exemplo do mundo real – Tire o máximo proveito de qualquer ajuda de custo para estudo de que a empresa disponha. Esses são recursos em extinção, e, se sua empresa quer gastar dinheiro para torná-lo um funcionário melhor, aproveite a oportunidade.

Cada vez que você cria uma lista de nove itens em vez de dez, um anjo recebe amarras adultas, mas isso tem de ser feito. Se você sofre de TOC e precisa de um décimo item para se sentir completo, aqui está: "Não imprima um documento de cem páginas e depois saia andando, acreditando que outra pessoa irá completar a bandeja de papel quando ele inevitavelmente acabar".

Você perceberá que algumas competências parecem beirar os traços do caráter da pessoa. Elas estão relacionadas, porque uma competência bem executada e aprimorada incorpora a habilidade de se transformar em um traço de caráter. A competência de ser agradecido, por exemplo, pode se tornar algo automático em que você não precisa mais pensar com tanta consciência; você apenas a vive. É por isso que, no quadro *Reinicie*, as competências e o caráter estão próximos um do outro.

Independente de como você tenta melhorar seu desempenho, saiba isto: funcionários melhores recebem mais, têm mais oportunidades e concretizam sonhos melhores.

Faça tudo isso e se tornará um funcionário melhor.

LEMBRE-SE:

- ✓ Tudo é uma competência e pode ser dominado.
- ✓ Vá para o trabalho na hora certa.
- ✓ Agregue valor a seu emprego por meio do entendimento de quais valores importam mais a sua empresa, a seu chefe ou a sua indústria.
- ✓ Atitude também é uma competência. Se você quer um emprego melhor, comece com uma atitude melhor.

11

NÃO SE TORNE UM DINOSSAURO

Gosto de ser um novato. Gosto do momento em que olho para todos e digo: "Não tenho ideia de como fazer isso, vamos descobrir".

Baseado nessa citação, parece que há, neste momento, pelo menos duas coisas que eu e o Justin Timberlake não temos em comum: não consigo usar aqueles minúsculos chapéus que ele usa e não amo aprender novas competências.

Acredito que haja mais pessoas como ele por aí.

Elas provavelmente arregaçam as mangas no início de um novo desafio, gritam "U-hu!" e depois se dirigem direito ao trabalho, sorrindo o tempo todo e assobiando uma música alegre para ajudá-las a passar o dia.

Não sou uma dessas pessoas, embora sempre encontre pessoas que me lembram de que eu deveria ser.

Em um período de 36 horas, sentei-me perto de três sujeitos diferentes, com três carreiras bastante diferentes, e os três me disseram como o mercado de trabalho está mudando depressa.

O primeiro foi um representante farmacêutico ao meu lado em um voo. Ele disse que toda sua indústria estava de cabeça para baixo. O que mais o preocupava era o fato de cirurgiões estarem abrindo empresas. Eu lhe perguntei o que aquilo significava, e a resposta foi: "Eles estão no topo da cadeia alimentar. Por décadas, se você chegasse lá, estaria tranquilo. Porém, se eles estão vendo necessidade de abrir um negócio extra, o que sabem que caras do meu nível não sabem?".

A segunda pessoa era um designer gráfico que me levou até o aeroporto após uma palestra. Ele me disse que, quando estava na faculdade, design digital era uma matéria que se poderia estudar se quisesse, pois não era importante. Porém, de um dia para o outro, parecia que, se você não fosse capaz de trabalhar com design on-line, era um dinossauro. Ele disse: "Os projetos costumavam passar por um diretor de arte, um tipógrafo, um fotógrafo, um designer gráfico e por várias outras pessoas. Entretanto, de repente, se meu MacBook Pro podia fazer a maioria dessas etapas, esperava-se que eu também pudesse. Tornei-me um designer".

A terceira pessoa que encontrei foi um analista de rede. Ele comandava a rede de uma grande empresa e me disse: "Se eu ignorar a tecnologia por um mês, sou carta fora do baralho. Algum dia, uma caixa de software irá me substituir, e por isso estou tentando ficar no topo".

A velocidade da mudança está cada vez maior. Se nós não queremos nos tornar dinossauros, lamentando os bons e velhos tempos, precisamos continuar atualizados. Continuar relevantes. Continuar na empregabilidade, e o melhor jeito é aprendendo competências.

Em vez de aprender novas competências, gosto da abordagem de avestruz, na qual apenas se coloca sua cabeça em um buraco e se espera que o restante do mundo, de uma forma mágica, concerte-se.

Tentei essa abordagem durante um voo doméstico de Los Angeles, mas não funcionou muito bem. Odeio detalhes. Ter de perceber os detalhes me coloca em um pequeno estado de pânico. Então, inclino-me a não prestar muita atenção neles. Por anos, fui capaz de sobreviver com essa abordagem porque trabalhava em grandes empresas, onde outras pessoas talentosas cuidavam da maioria dos detalhes. Quando decidi trabalhar para mim, de repente estava no comando de cada minúscula parte de informações. Minha recusa em lidar com os detalhes veio à tona no dia em que perdi um voo.

Num sábado de manhã, minha esposa me ligou quando eu estava em Los Angeles, no topo de uma montanha, a duas horas do aeroporto. Ela me perguntou:

"Por que você ainda não está voando?"

Respondi:

"Meu voo só sai às 14h45."

Ela ficou em silêncio e depois disse:

"Então você espera sair de Los Angeles às 14h45, no horário do Pacífico, e aterrissar em Nashville às 16h45, no horário Central? Por qual rasgo no tecido do tempo está esperando que o sudoeste passe?"

O motivo quase me fez vomitar.

Eu tinha olhado para o horário do meu voo de conexão fora de Dallas, não o horário a partir de Los Angeles, que era 7h05. Em minha defesa, apenas perdi o voo por míseras sete horas. Foi por pouco.

Claramente não me adentro na noite nebulosa de uma nova competência de bom grado. Agarro-me pra valer na ponta das antigas. Mesmo que alguma nova oportunidade me obrigue a crescer e a desenvolver competências diferentes, cerro os dentes e giro meus punhos como uma criança. Faço declarações altas e apaixonadas sobre a loucura da nova competência e afirmações ousadas sobre a excelência da maneira antiga. Não é uma competência antiga, é uma clássica. A nova é uma moda passageira.

Se tivesse nascido em outra época, eu seria aquele à beira da estrada escovando as rebarbas do meu cavalo enquanto o modelo T passaria zunindo.

Essa é uma abordagem infeliz de seguir porque as novas competências abrem as portas para muitas coisas maravilhosas.

Assim como novos empregos. Novos empregos sempre exigem que se aprendam novas competências, mesmo que isso signifique apenas aprender um modo diferente que uma nova empresa prefere para realizar algo. Eles preenchem as folhas de arquivo de um modo com o qual você não está familiarizado. Adivinhe só, você deve aprender uma nova competência.

Novas competências sempre levam a melhores currículos. Se você é um programador, ter Ruby on Rails em seu currículo irá ajudá-lo a se destacar em trabalhos que exigem competência em Ruby on Rails. Se a possui, essa parcela do mercado de trabalho acabou de se abrir para você. Se, por outro lado, você está confuso sobre o porquê de uma senhora chamada Ruby ter um fascínio perigoso por ferrovias (*rails*, em inglês), há uma chance de não conseguir o emprego.

Novas competências levam a melhores oportunidades no emprego em que você já está. Ninguém diz: "Você sabe quem nós devemos demitir. É aquele rapaz que está sempre aprendendo a realizar seu trabalho de modo melhor". Antes mesmo de você ter aprendido a nova competência, apenas o ato de se matricular na aula, digladiar-se com um novo software ou ler um livro envia a seu chefe a mensagem de que você se importa com seu emprego.

Perseguir um sonho sempre requer o aprendizado de novas competências. Não me tornei palestrante sem falar em público. Precisei aprender essa competência. Eu não sabia viajar muito bem. Nem sequer já havia feito coisas simples, como alugar um carro por conta própria. Se tentar me dizer que dirigir ao longo daqueles picos durante o retorno do carro alugado no aeroporto não é horrível, você estará mentindo. (Eu sei, olhe pra mim fazendo coisas como alugar um carro por conta própria agora que trabalho por conta própria!) Há aproximadamente mil novas competências que aprendo enquanto persigo meu sonho.

O contrário também é verdade. É possível que aprender uma nova competência revele um novo sonho. Como você pode saber se ama algo se não tentar? A abordagem popular para descobrir uma vocação se assemelha a sentar-se em uma cabana na floresta e ficar esperando a vocação aparecer. Ridículo. A paixão geralmente é encontrada na severidade do trabalho. Às vezes é preciso sujar as mãos antes de saber o que é paixão. Alex Atala lhe diria isso, se você comesse no restaurante dele em São Paulo, o D.O.M., que está em sétimo lugar na lista do S. Pelegrino dos cinquenta melhores restaurantes do mundo.

A revista *Time* o colocou na capa de uma edição e o rotulou como o "Deus da comida". Alguém com uma *Career Savings Account* tão profunda e rica sabia durante todo o percurso que nasceu para ser chef? Não. "Atala encontrou sua vocação enquanto arrecadava dinheiro em um mochilão indo de bar em bar pelas cidades, de Berlim até Milão." Nunca planejou ser um dos melhores chefs do mundo. "Ele começou a trabalhar nas cozinhas porque esse era um emprego que um brasileiro conseguiria na Europa. Então descobriu que era muito bom com uma faca."[1]

Aprender algo novo sempre leva a um lugar novo. Tem de ser assim, essa é a natureza do novo. Não se aprende algo novo e se termina em um lugar antigo.

1 Dara Moskowitz Grumdahl, "Rain Forest to Table", *Sky* (julho 2014), 73.

Conclusão: se você quer um emprego novo, um emprego melhor ou o emprego dos seus sonhos, precisa aprender novas competências.

Se nós sabemos que isso é o melhor que podemos fazer por nossas carreiras, por que não fazemos? Porque isso é também o pior.

OS MUITOS, MUITOS ABORRECIMENTOS QUANDO APRENDEMOS ALGO NOVO

Para os novatos, você parece um amador. Não é uma ameaça, é uma promessa. Ao aprender algo, o sujeito fica parecendo um amador porque, de fato, é. Quando as pessoas que moram em Cleveland, Ohio, visitam Paris, na França, elas parecem turistas. Está certo. São turistas. É assim que deveriam parecer. Você não precisa usar uma pochete, ninguém de fato usa uma, mas não se espantaria por não ter um conhecimento complexo da cidade. Você se perderia. Mesmo com um smartphone, acabaria na Rue alguma coisa. Iria a todos os pontos turísticos como a Torre Eiffel e faria tudo que os turistas fazem. Porque nunca esteve lá antes. Por alguma razão, nós temos medo de agir como turistas quando iniciamos novas competências, o que é uma pena, pois é um ótimo início.

Pense nisto: o que os turistas têm em comum? O fato de fazerem muitas perguntas. Não fingem ser algo que não são. Não sentem a pressão de saber tudo. Permitem-se o entusiasmo de viver o novo. E se divertem! Não é fácil aprender alguma coisa nova, mas abordar isso como um turista facilita bem o aprendizado.

Outro problema ao aprender uma nova competência é que o processo demora muito. Quão "muito" significa exatamente? Mais do que você pensou. Tendemos a estabelecer prazos insuportavelmente curtos para aprender novas competências. "Você quer que eu programe uma linguagem completamente nova? Legal, estará pronta esta tarde." Quando demora mais, e demorará, porque se tornar bom no que quer que seja demora, ficamos bravos com nossa falta de progresso.

Também parece que todos ao nosso redor são mais rápidos em aprender novas competências. Isso não é chato? O cara que escreveu aquele livro novo? Provavelmente levou 15 minutos para escrevê-lo. E aquela moça que acabou de ser promovida por causa de sua inteligência tecnológica? Ela demorou um fim de semana inteiro para desenvolver aquela caixa completa de maravilhas.

Também não é legal aprender algo novo. O *depois* é que é maravilhoso. Fazer algo desafiador e depois olhar para trás e ver o que se foi capaz de fazer é fantástico. É como um comercial da Coca Zero. Mas e o durante? Pode ser terrível. Não apenas porque somos preguiçosos, mas também porque nosso cérebro conspira contra nós, com suas vias neurais bem gastas que tornam melhor a velha maneira de fazer as coisas. É mais familiar. As ações que tomamos são mais automáticas. Começamos a seguir o fluxo. Estudos sobre nossos maus hábitos revelaram que "o cérebro cria mecanismos de defesa para nos impedir de mudar o que é automático e inconsciente".[2] Somos impulsionados a seguir o fluxo por ímpeto durante meses, se não por anos.

Aprender uma nova competência não é legal, mas é importante e possível. Aquele mesmo cérebro que trabalhou contra você pode trabalhar a seu favor graças à neuroplasticidade. O cérebro está em constante crescimento e mudança, um processo não acaba na adolescência. "Cada vez que você tem um pensamento novo, está criando novos caminhos em seu cérebro. E cada vez que tem o

2 Ray B. Williams, "Why Old Habits Die Hard: What Managers Need to Know", *Psychology Today* (2 mar. 2010). Disponível em: <http://www.psychologytoday.com/blog/wired-success/201003/why-old-habits-die-hard-what-managers-need-know>.

mesmo pensamento, ou se lembra de uma recordação, você torna esse caminho mais forte e mais denso."[3]

Se podemos alterar nosso cérebro, certamente podemos reinventar nosso trabalho, mas para isso precisamos aprender novas competências.

Se você quer ter um *Reinicie*, tem de fazer isso. Muito, regularmente, de modo constante, de vez em quando.

Então parece que estamos em discordância. É importante, mas terrível. A melhor pior coisa. A solução é parar de lutar contra a necessidade de aprender novas competências. Ignorar essa necessidade não a faz ir embora. Apenas nos transforma em dinossauros que não conseguem pegar um avião. Precisamos achar um jeito de manipular as probabilidades a nosso favor. A *casa* nem sempre precisa triunfar se no próximo capítulo procurarmos novas competências no último lugar que se poderia imaginar.

O passado.

LEMBRE-SE:

- ✓ Sua carreira se extinguirá a menos que aprenda novas competências.
- ✓ Se quer aprender uma nova competência, permita-se ser um turista, não um expert imediato.
- ✓ Novas competências o tornam "à prova de encalhes". É difícil encalhar em uma situação antiga quando você prioriza investir em novas competências.

---

3 Ibid.

12

VENÇA DO MODO QUE JÁ VENCEU ANTES

Você aprendeu uma nova competência no passado.

Concorda?

Ok, e provavelmente sabe dirigir um carro.

Não? Aposto que consegue andar de bicicleta.

Não de novo? Então aposto que consegue amarrar os cadarços.

Três strikes? Sério? Como você comprou este livro? Quem o deu a você? O *Reinicie* que eles estavam esperando que você abraçasse era o de se livrar de seus sapatos de velcro desde que se recusou a aprender como amarrar cadarços? Quantas perguntas.

Na realidade, todos nós aprendemos a fazer algo novo no passado. (Por exemplo, você aprendeu a ler.) Não estamos começando do zero. A porção de competências de sua *Career Savings Account* não está vazia apesar do que o medo e a dúvida devem estar lhe dizendo agora. Você já venceu antes, e agora vamos vencer mais uma vez.

QUE COMPETÊNCIA VOCÊ APRENDEU NO PASSADO?

Seria maravilhoso se o seu ponto de referência estivesse relacionado à sua carreira, mas não precisa estar. Talvez parar de fumar tenha sido uma de suas maiores vitórias e guarde a chave para a próxima. Você escolhe, não eu.

Já foi promovido? Será que um gerente já o reconheceu numa reunião por algo grandioso que você fez? Já perdeu cinquenta libras? Terminou um projeto que o restante da equipe achava impossível de concluir? Em algum lugar de sua história há uma vitória. Vá encontrá-la. Eu espero. Entendeu? Anote-a na margem desta página.

POR QUE ISSO FUNCIONOU?

Por que aquilo em que obteve êxito funcionou para você? Quais eram as circunstâncias que conspiraram a favor?

Talvez você tenha sido motivado por um prazo. Você sabia que seu chefe esperava o relatório na segunda-feira de manhã e isso fez você trabalhar durante o fim de semana inteiro. (Sempre pensei que o papo de dizer "Eu quero isso na minha mesa às 8 horas da segunda-feira, Johnson!" fosse apenas alguma coisa que os chefes diziam em filmes. Mas não é. Também acontece na vida real.) Sem um prazo, você teria se enrolado durante a execução do projeto e levaria semanas para completá-lo. Talvez a pressão do prazo tenha lhe dado o combustível para passar pelo medo de aprender algo novo. Se esse é o caso, você precisará de um prazo com essa nova competência também.

Talvez você tenha tido uma plateia que impulsionou o desenvolvimento de sua nova competência. Estar no palco sem material antes de uma palestra deve ser muito motivador para que eu melhore minha oratória. Comecei a cronometrar minhas palestras e a praticá-las porque sabia que o público estaria presente quando eu de fato me apresentasse. Houve alguma pressão positiva que fez você continuar?

Se sim, é melhor encontrar uma nova plateia para essa nova competência. Não precisa ser uma multidão, a menos que já tenha sido uma antes. Se você aprendeu alguma competência no passado porque seu antigo chefe lhe pediu que fizesse uma apresentação sobre ela, encontre uma nova multidão com a qual compartilhar a nova competência.

Houve algo completamente ridículo que o ajudou a aprender a competência? Você precisou inventar algum sistema de recompensa muito bobo? Se tivesse praticado violão por uma semana inteira, você se concederia um presente no final. Isso soa como se tivesse um biscoito de cachorro, mas, se você é um cachorro que toca violão, e está lendo este livro agora, há forças maiores em jogo. Havia uma recompensa envolvida? Uma consequência? Um mantra? Um cartão de anotação? Algum tipo de jogo?

Pessoalmente sou motivado por contagens regressivas. Ao longo dos anos, sempre que preciso fazer algo de que tenho medo ou acho difícil, ajusto o despertador no meu telefone para dali a 60 minutos. Acho que posso fazer qualquer coisa nesse curto período de tempo. O que eu descobri é que, uma vez que comecei, é muito mais fácil continuar. Os 60 minutos muitas vezes se transformam em 120 minutos, que se transformam em 180 minutos, conforme ganho impulso.

O truque do despertador me ajuda a "quebrar o gelo" da tarefa em mãos, por assim dizer. Para trabalhar com as edições deste livro, todas as centenas dele, decidi vencer do jeito que havia vencido antes. Como foi uma grande tarefa, em vez de 60 minutos, anotei 100 horas no topo de um pedaço de papel de caderno. Eu sabia que isso poderia levar mais tempo, e levou, mas me deu um lugar para começar. Toda vez que eu passava horas na edição do livro, realizava uma contagem regressiva. Dia após dia, ao longo de um período de três meses, eu reduzia minhas horas. No final do processo, eu estava realmente animado para chegar a zero. É uma bobagem? Claro, mas funcionou. Não tenha medo de ser ridículo quando busca novas competências.

O objetivo de entrevistar uma vitória antiga é trazer o que funcionou no passado para o presente, de modo que se tenha um grande futuro. Claro, você não pode fotocopiar o passado e esperar que ele funcione num ambiente totalmente novo. Minha capacidade de trançar um rabo de cavalo provavelmente não teria me servido muito para aprender a nova competência de dirigir um Modelo T. Não se trata de repetir o passado, mas, sim, de aprender com ele e se preparar para a maior chance de sucesso. É por isso que utilizei o truque dos 60 minutos com o qual já tinha trabalhado antes e criei uma versão de um de 100 horas para me ajudar a terminar este livro.

Você já fez isso antes. Já possui uma vitória em algum lugar da sua história. Se também quer ter uma em seu futuro, reúna as probabilidades a seu favor e seja poderoso.

Prazos.

Espectadores.

Check-lists.

Você precisa de várias competências novas para chegar ao seu destino, mas já está muito melhor em aprender novas competências do que quer admitir.

LEMBRE-SE:

- ✔ Se você quer vencer no futuro, às vezes precisa olhar para o passado.
- ✔ Entreviste uma vitória do passado. Por que ela funcionou? O que, naquela situação, a tornou mais bem-sucedida que as outras?
- ✔ Não perca tempo. O que você pode fazer hoje para ajudar a recriar algumas circunstâncias que o ajudaram a vencer ontem?

13

COMECE SUAS NOVAS COMPETÊNCIAS COM ALGO DIVERTIDO

"Então, amigos, todo dia façam alguma coisa que não irão contabilizar."

WENDELL BERRY

Precisamos de novas competências porque elas levam a novos empregos, novos sonhos e novas oportunidades. Já vencemos antes e estamos prontos para vencer de novo.

Então, qual é a nova competência que queremos aprender?

Há dois critérios simples de escolher: por necessidade ou por curiosidade.

A necessidade, além de ser a mãe de todas as invenções, é também a origem de várias competências novas. O designer gráfico sobre o qual falamos no Capítulo 11 estava aprendendo novas competências porque seu sustento dependia disso. É o que chamamos de "competência de dever", como na frase "Eu deveria fazer isso se quero ter dinheiro para coisas como calças e maçãs". Também sou fã desses dois produtos.

A curiosidade é justamente o oposto disso. É uma competência nascida de um desejo. É alguma coisa que você se interessa em tentar. Talvez tenha pensado em fazer isso por anos, mas nunca reuniu coragem. Talvez seja uma nova esperança que você nutriu por apenas algumas semanas. Não é uma competência de dever, é uma "competência de possibilidade", como na frase "Quer dizer que posso gastar meu tempo aprendendo aquilo? Mesmo? Eu?". Isso é também o que as avós que querem outro biscoito dizem no Sul para disfarçar o que, de fato, desejam: "Ah, eu não poderia".

Os dois tipos de competências são importantes para nossa carreira, mas iremos começar com a questão do lado curioso das coisas. Você já tem uma longa lista de deveres em sua vida. Por exemplo, eu devo me exercitar mais. Devo prestar atenção ao que como. Não devo ficar tão zangado com meu percurso. Mesmo quando falávamos sobre novas competências relacionadas ao trabalho, você provavelmente pensou em algumas que deveria estar aprendendo.

No âmago deste livro está a crença de que o trabalho não deve ser infeliz. Podemos resgatar a segunda-feira e fazer um trabalho significativo se construirmos uma *Career Savings Account* significativa. Conforme pesquisamos uma nova competência para acrescentar à nossa conta, se crescermos com a crença deteriorada de que o trabalho é ruim, acabaremos nos sentindo tentados a escolher uma nova competência que perpetue essa crença.

Quando desafiei os leitores do meu blog a aprender uma nova competência, a que escolhi para mim foi propaganda por e-mail. Eu odiava isso. Era como comer nabo cru. Sabia que deveria fazer, mas era terrível. Estraguei tudo inúmeras vezes e acabei me metendo em uma leve confusão na internet por causa de spams. Não estava fazendo nada de mau; não sou esperto o suficiente para saber como usar spams. Mas centenas de pessoas me reportaram como spam porque eu era desinformado. Esse novo exercício de competência me deixou cansado, frustrado e com vontade de jogar *Plants vs. Zombie*. Por que escolhi justamente propaganda por e-mail? Por que você escolherá a mesma coisa se não é cuidadoso? Porque, se você aprendeu que o trabalho é tedioso, escolherá novas competências que também se encaixem no mesmo *modus operandi*.

Prefiro que venhamos a escolher uma abordagem mais inteligente e comecemos com algo divertido e fácil, uma competência de curiosidade. Devemos ter mais chance de sucesso porque, se é possível aprender uma pequena competência, isso talvez crie um impulso para uma competência um pouco maior. Vamos escolher uma vitória fácil e trabalhar nela. Vencer numa competência de curiosidade primeiro pode lhe dar a energia para assumir, em seguida, uma competência de necessidade.

Haverá bastante tempo na vida para o dever. Agora, vamos descobrir um poder. Se você pudesse adicionar qualquer pequena competência a sua carreira, qual seria?

MANTENHA O PROCESSO SIMPLES

Na maioria das vezes, aprender algo novo requer cinco coisas diferentes: tempo, material, dinheiro, acesso a experts e conhecimento.

Para nosso propósito, focaremos em dois desses: tempo e conhecimento. Se você disparar para todos os lados, criará obstáculos entre você e a competência.

Imaginemos que você é um professor de arte no ensino médio. Assim, deseja acrescentar uma nova competência a sua CSA para aumentar a segurança de trabalho e ter acesso a mais empregos. E sempre pensou em cerâmica.

Se você foca no aspecto errado da cerâmica, está numa competência difícil para começar porque não é barata. Precisa então acessar experts, o que custa dinheiro. Você deve se inscrever num curso, o que custa dinheiro. E também não terá muito controle sobre o calendário de aulas. Você não pode praticar em casa, a menos que tenha sua própria roda, e, mesmo depois de tê-la, você precisará fazer toda aquela cena do filme *Ghost*, que é bastante bagunçada e estranha. Você deve pagar o material, como argila e os direitos autorais pela música dos Righteous Brothers. Isso já está soando como um grande problema. Melhor desistir agora. Talvez seja melhor aprender algo novo depois. Quem sabe no ano que vem. Ou nunca.

Para evitar esses sentimentos, vamos quebrar esse aparentemente grande obstáculo da competência sobre "cerâmica" em pedaços menores. Encontraremos as pequenas competências escondidas dentro das grandes. Em vez de focar nos aspectos caros e complicados da cerâmica – material, dinheiro e experts –, vamos focar nos aspectos aos quais temos acesso instantâneo: tempo e conhecimento.

O último é fácil, existe conhecimento gratuito disponível na livraria e nesta outra coisa sobre a qual tenho ouvido bastante: a internet. Apenas ganhar conhecimento pode não parecer esforço suficiente no começo, mas lembre-se de que esse é o começo da competência, não a conclusão. Estamos tão ansiosos para chegar à parte do forno que nos apressamos "lendo um livro sobre cerâmica" ou "visitando lojas de antiguidades e esboçando formas de cerâmica que nos inspiram". Essas duas atividades são divertidas, gratuitas e fáceis.

Mas... e a questão do tempo? Precisamos dele porque, se você quer se tornar melhor em algo, isso sempre demanda tempo. Se você não tem tempo algum, roube um pouco do *The Bachelor*. Ou do Facebook, ou de qualquer coisa que esteja demandando essa fonte sem pagar nada a você em troca.

QUANDO VOCÊ IRÁ TRABALHAR NESSA COMPETÊNCIA?

A maioria de nós trabalhará nas competências em algum momento. Pergunte a qualquer um que tenha sido pego de surpresa por um Choque na Carreira, e ele lhe dirá que achava que teria mais tempo. Mas a vida é ocupada. Aprender uma competência nova, aprimorar uma antiga, ambas as coisas são bastante tranquilas. Elas não exigem muito tempo de nós, por isso, tendemos a acreditar que vamos trabalhar sobre elas em algum momento. É por isso que se veem pneus carecas em carros caros.

O dono daquele carro provavelmente tem dinheiro para pneus novos. Ele tem o conhecimento de que você deve conseguir cobrir a cabeça de Abe Lincoln em uma moeda de um centavo no rastro do pneu como um simples teste para ver se ainda estão bons. Talvez até tenha comprado o carro por causa das muitas, muitas características de segurança.

Mas não troca os pneus porque está muito ocupado ou porque não percebeu. Não possui o "quando". (Isso pareceu uma fala do filme *Pocahontas*.)

Nós, entretanto, precisaremos fazê-lo, pois o tempo é o maior custo pelo qual iremos pagar em nossa nova competência.

Se você realmente quer aprender algo, tem de decidir quando irá começar. Caso contrário, reduzirá dramaticamente seus impulsos de realmente começar.

Há dois modos pelos quais precisamos olhar para o quando:

1. Macro
2. Micro

Vamos falar sobre o macro, que é o ato de olhar amplamente para o que está à frente no próximo mês. Ajo desse modo imprimindo meu calendário mensal. Além disso, também tenho um enorme calendário anual que montei em uma placa de espuma no meu escritório. Macro significa larga escala, então é assim que abordo a questão. Fazer isso lhe permite ver quanto tempo realmente precisa dedicar a alguma coisa. O Natal sempre parece muito longe até uma loja lhe dizer: "Apenas mais dezenove dias de compras". Reformular a informação lhe confere uma nova visão e permite que faça perguntas importantes como:

De quanto tempo realmente disponho no próximo mês?

Há coisas insignificantes disputando meu tempo e que preciso cancelar?

O ano está moldado de uma maneira que me oferece a maior chance de sucesso ou preciso ajustar minhas expectativas em virtude das outras coisas com as quais já me comprometi?

O engraçado sobre ter um olhar macro de uma vez é que ele sempre revela duas verdades conflitantes:

Você tem mais tempo do que pensa.

Você tem menos tempo do que pensa.

O primeiro acontece porque o medo lhe diz que você não tem tempo suficiente. É muito velho, está muito ocupado e perdeu sua oportunidade. Uma professora da Universidade Estadual Frostburg, em Maryland, me disse que se sentia velha quando voltou a estudar para fazer mestrado. Perguntei-lhe quantos anos ela tinha na época, e ela respondeu: "Vinte e nove!". Agora, em seus quarenta e tantos anos, ela ri do que ela costumava definir como "velha".

Estou convencido de que o medo bate o tambor do "você não tem tempo suficiente" porque ele nunca quer que você invista na carreira. Ele sempre nos diz que não temos tempo suficiente para ser as pessoas que sempre sentimos que deveríamos ser. Isso é mentira, e ver seu calendário inteiro de um modo macro vai revelar a verdade, assim como você perceberá quanto tempo, de fato, há em um mês ou em um ano.

Ao mesmo tempo, você vai perceber que tem menos tempo do que pensa. Depois de acrescentar compromissos, fins de semana, férias e todas as coisas legítimas que ocupam lugar em seu calendário, sentirá que há menos tempo do que pensa. Não desanime. Ao ver o que vem pela frente, você pode chegar antes; um calendário realista o ajuda a evitar que se prenda a grandes expectativas extenuantes.

Você também pode se programar de modo contrário ao da data do prazo. Se escolheu aprender um particular procedimento de cumprimento como competência porque gostaria de fazer uma apresentação usando-a em 13 de agosto, comece por aí. Coloque um grande "X" vermelho no dia 13 de agosto e, em seguida, planeje de trás pra frente. O que terá de realizar nas semanas antes dessa data para se certificar de que está pronto?

Agora vamos olhar para o micro, o que significa simplesmente descobrir em que momentos e dias específicos você vai trabalhar em sua competência. Quanto mais consistente você for com seu tempo, mais fácil será fazer com que o relógio trabalhe com você, e não contra você. Seu dia é muito importante para deixar as coisas significativas chegarem até você por acaso.

As duas melhores maneiras que conheço para encontrar tempo durante um único dia são ser honesto em relação a onde meu tempo está indo e começar com o que importa em primeiro lugar. Quando se trata de gerir nosso tempo num nível micro, a maioria de nós é como pessoas que fazem dieta e querem perder peso, mas comem com os olhos vendados. Não temos ideia alguma de para onde nosso tempo realmente está indo. Como este é um livro relacionado à carreira, em vez de lhe perguntar quantas calorias está consumindo diariamente, vou perguntar-lhe: o que está consumindo o seu calendário diário?

Em um outono, pensei que eu era muito ocupado enquanto falava em uma dúzia de eventos, mas de alguma maneira consegui assistir a uma temporada inteira de uma série chamada *Blacklist*, no Netflix. Em uma semana, eu era capaz de assistir a 22 episódios de um programa de 45 minutos, o tempo todo lamentando como estava sobrecarregado. Pior de tudo, cometi o adultério Netflix, deixando minha esposa sem saber da série enquanto eu galopava sem ela. Acontece que sou menos ocupado do que pensava, e você também pode ser. Seja sincero sobre seu dia; para onde suas horas estão indo?

A segunda abordagem para gerenciar o tempo é começar com o mais importante. Transformei as corujas noturnas em inimigas com os livros anteriores que escrevi porque defendo a tese de que devemos levantar cedo. Vou poupar-lhe de uma palestra extra sobre os méritos de se levantar cedo. Vamos dizer que você gosta de dormir na maioria dos dias. Talvez minhas 5 horas da matina corresponda às suas 8 horas. Sem problema; apenas me prometa que vai começar o dia com o que mais importa.

Os dias são como bolas de neve rolando por uma colina. Não me importo com o quão perfeitamente o planejou, algo inesperado vai aparecer conforme seu dia rola ladeira abaixo. Um cliente que você não estava esperando vai telefonar. Uma emergência vai surgir. Uma reunião de última hora será agendada. No final de um dia normal, a bola de neve estará coberta de coisas que você não poderia ter previsto quando a rolou pela primeira vez colina abaixo naquela manhã. Se você tem algo importante a fazer, em primeiro lugar, encontre uma maneira de fazê-lo, antes que o inesperado aconteça.

QUEM IRÁ AJUDÁ-LO A APRENDER UMA NOVA COMPETÊNCIA?

Parte da diversão sobre a *Career Savings Account* é o fato de todas as peças trabalharem em conjunto. E nós estamos discutindo-as em uma determinada ordem propositalmente. Começamos com relacionamentos, porque cada investimento subsequente exigirá pessoas que nos ajudem. Competências certamente não são uma exceção.

Quem irá ajudá-lo a aprender uma nova competência? Isso não se trata de ter acesso aos experts, mas, sim, de ter acesso a amigos. É mais fácil aprender uma nova competência quando se conta com alguém para ajudar. A maioria de nós ama o lobo solitário mentalmente. Somos nós contra o mundo! Vamos fazer isso sozinhos. Que porcaria.

Os grandes sonhos incluem outras pessoas. Assim como as pequenas competências.

Então, quem é o seu *quem*?

Quem vai retirá-lo de suas desculpas?

Quem vai celebrar seus sucessos?

Quem vai monitorar o progresso com você?

Tais sujeitos não precisam ser o melhor amigo, o cônjuge ou o companheiro de vida. Não coloque essa pressão sobre si mesmo. Seu *quem* poderia ser apenas alguém que você conheceu por mensagem há poucos dias. Eu diria que a pessoa que se encaixa nessa posição provavelmente virá da categoria amigo casual de seus relacionamentos. Um conselheiro também poderia ser, mas, como temos tão poucos, não tenha medo de pedir a um amigo. Olhe os cartões de anotação que contêm seus relacionamentos para encontrar alguém.

Aqui está um aviso: em alguns dias, você vai meio que odiar essa pessoa. Nos momentos em que quer ser preguiçoso, elas se aproximarão de você e perguntarão como as coisas estão indo. Terá vontade de ignorá-las, ou responder de modo curto e grosso. Se você já teve um personal trainer, sabe que isso é verdade. Gostamos de dizer que vamos mudar, mas, quando alguém nos empurra para fora da nossa zona de conforto, às vezes nos frustramos. Não há problema nisso. Mas continue.

Um parceiro de responsabilidade com o qual você só entra em contato quando está ganhando não é um parceiro de responsabilidade, é uma líder de torcida.

Também é importante definir as expectativas. Não diga a alguém: "Ei, preciso que você cheque comigo todos os dias durante o ano que vem". Especialmente se a pessoa com quem está falando é um amigo casual. Não sobrecarregue alguém e nem lhe diga mil palavras explicando seu objetivo se ele é o tipo de pessoa pouco detalhista. Comunique-se na linguagem dele.

Tive a maior sorte de contar com amigos duas vezes por semana, uma na segunda-feira e outra na quinta-feira. Também descobri que minha taxa de sucesso caía significativamente dependendo do quão ocupada a pessoa estava. A tentação é procurar alguém que esteja trabalhando duro num projeto, alguém cujo esforço atual na própria vida seja inspirador. Isso não é terrível; apenas entenda que as pessoas ocupadas são, bem, ocupadas.

Em alguns casos raros você pode até não precisar conhecer o seu *quem*. Certa vez, fui muito motivado por um cara que costumava treinar na academia no mesmo horário que eu. Isso vai me fazer parecer um pouco louco, mas sempre tentei correr mais do que ele na esteira ou levantar mais peso do que ele nos dias em que nossos exercícios coincidiam. Talvez, se sua nova competência é prontidão, o que lhe permite começar a trabalhar antes da maioria das outras pessoas, o seu *quem* é a mulher que continua chegando antes de você. É possível que nunca realmente fale com ela sobre a competência em que está trabalhando, mas ela ainda o mantém na jornada.

Se isso parece bobo, por favor, vá ao Pinterest e conte o número de quadros que as pessoas dedicaram a fotos de estranhos que as inspiraram. Em seguida, escreva-me um cartão de desculpas.

Ainda acho que é melhor que o seu *quem* seja alguém com quem você realmente mantém um relacionamento. Mas não vamos fingir que é sempre fácil. Odeio quando os livros me dizem: "Sem um amigo bem próximo, esta próxima tarefa será impossível. Escolha alguém de seus cinquenta melhores amigos, blá-blá-blá...". Ter um amigo para caminhar nessa jornada a deixa mais fácil, mas, se você não consegue pensar em uma única pessoa, ainda assim tente a competência. Às vezes, precisa começar a aprender a nova competência antes que um amigo do tipo bumerangue apareça para ajudá-lo. É incrível como postar algo simples no Facebook, do tipo "Estou pensando em aprender ______, alguém tem experiência com isso?" pode trazer as pessoas de volta à sua vida.

Aprender uma nova competência não precisa ser terrível, especialmente se você começa com algo divertido e fácil. Como você saberá quando encontrou a correta competência de curiosidade para aprender? Quando parecer que ela "não conta".

Quer fortalecer seu vocabulário? Não compre um livro chato sobre "palavras poderosas"; assine o *The New Yorker* e leia apenas sua seção favorita. Isso conta.

Parece que você quer conhecer mais pessoas fora de seu ramo? Aproveite sua competência com bicicletas e junte-se a um clube de ciclismo. Isso conta. Está curioso sobre se tornar um orador melhor? Vá a um clube de comédia local na Noite do *Open Mic* ou então faça uma aula de improvisação. Isso conta.

Somos tão condicionados a acreditar que aprender algo novo deve ser como comer um vegetal que, quando alguém nos oferece um pedaço de fruta, ficamos apreensivos. Tem certeza de que isso conta? Tem certeza de que algo agradável pode promovê-lo na carreira? Tem certeza de que um *Reinicie* pode ser divertido?

Tenho.

LEMBRE-SE:

- Há dois modos de escolher uma nova competência para aprender: necessidade e curiosidade. Escolher uma baseada na curiosidade no começo de um *Reinicie* é a maneira mais fácil de impulsioná-lo.
- Aprender uma competência nova requer cinco coisas: tempo, material, dinheiro, acesso a experts e conhecimento. Comece com o mais barato primeiro: tempo e conhecimento.
- Olhe para seu tempo de duas formas diferentes: macro e micro. A forma macro lhe proporciona uma visão de seu mês e ano. A micro, uma visão de seu dia.
- Grandes sonhos envolvem outras pessoas. Assim como aprender algo novo. Encontre alguém de seus cartões de anotação para ajudá-lo.

14

COMPETÊNCIAS SE APRIMORAM DEVAGAR E DIMINUEM DEPRESSA

Novas e antigas competências têm uma coisa em comum: ambas irão diminuindo se não as usar.

Se você não as aprimorar, serão inúteis. Mais do que isso, acabarão se tornando um pouco assustadoras porque, sem uso, o medo cria raízes.

Minha maior competência é escrever.

Cada dia que opto por não escrever é como um broto que despenca em meu jardim.

Se eu perder um ou dois dias, essa pequena árvore não terá muito tempo para crescer. Quando a ousadia ou a curiosidade me levam de volta para o teclado, sou capaz de puxá-la do solo com facilidade. Não receio não ser mais um bom escritor; só se passaram 48 horas. A competência mal diminuiu. Mas, a cada dia que me recuso a trabalhar, as raízes vão se aprofundando.

Depois de uma semana sem escrever, já não consigo retomar com facilidade o trabalho. Preciso das duas mãos para arrancar do meu jardim a muda do medo.

Depois de um mês, preciso de uma pá.

Depois de seis meses, uma retroescavadeira.

Agora, na verdade, não posso voltar para o jardim. Preciso me preparar mentalmente antes. Preciso de um tremendo incentivo dos amigos. Preciso encontrar um lugar que alugue equipamento agrícola metafórico. Há muito mais obstáculos entre mim e o desenvolvimento dessa habilidade.

A árvore está com raízes profundas agora. Não tenho apenas medo de usar as competências que ando ignorando; sinto vergonha. Sei que deveria ter começado mais cedo, para não deixar a competência diminuir. Não deixar o medo se enterrar e criar raízes. Mas deixei, a vida ficou muito atribulada e, a cada dia que não escrevia, ficava mais fácil acreditar que eu não era um escritor.

É difícil desenvolver competências, entretanto tenho notícias maravilhosas.

Hoje é o dia mais fácil que você jamais terá. Hoje, as raízes do medo são as menores que vai enfrentar. Hoje, você dispõe de mais tempo em sua vida do que disporá novamente.

Vamos para o jardim!

A COMPETIÇÃO MAIS DIFÍCIL QUE VOCÊ ENFRENTARÁ

Nunca joguei na NFL (National Football League, a liga de futebol americano dos Estados Unidos). Isso pode surpreendê-lo, já que a reação da maioria das pessoas após a primeira reunião comigo se resume a: "Aposto que ele jogou futebol profissional", mas é verdade, nunca joguei.

Nunca cresci o bastante para jogar futebol americano; em vez disso, eu me contentei com o futebol, dado o meu corpo tipo "inseto". Eu não sabia o que "inseto" significava até que ouvi um lutador profissional descrever dois outros lutadores igualmente magros. Ele quis dizer que eram leves e capazes de fazer um monte de movimentos acrobáticos ao pular corda. Soa muito mais legal do que "magro". Então, daqui pra frente, por favor, refira-se a mim dessa maneira.

Apesar da minha falta de experiência com o futebol americano, uma vez tive de falar em um evento com dois jogadores de futebol profissional. Um deles era um *quarterback* chamado Rusty Smith; o outro, um *safety* chamado Bernard Pollard.

A carreira média na NFL dura muito pouco. O sindicato afirma que é de dois a três anos; a NFL diz que é de cerca de seis anos.[1] De qualquer forma, não é longa. Vamos falar de *Reinicie*; imagine a carreira para a qual você trabalhou toda a sua vida, no futebol americano, desde o infantil até a faculdade, acabar após seis anos, e você estar com apenas 27 anos? Você ainda tem cinquenta e tantos anos de expectativa de vida, e precisa começar uma nova carreira!

Naquela ocasião, Pollard estava iniciando seu nono ano como jogador, o que o torna único.

Perguntei a ele qual era o segredo para ter uma carreira longa na NFL.

De bate-pronto, ele respondeu: "O segredo é ter controle sobre si mesmo. Ter uma rotina como jogador. As coisas que você sempre faz. Fora da temporada, durante a temporada, precisa de sua lista. É

1 NFL Staff, "What Is Average NFL Player's Career Length? Longer Than You Might Think, Commissioner Goodell Says", *NFL Communications* (18 abr. 2011). Disponível em: <https://nfllabor.wordpress.com/2011/04/18/what-is-average-nfl-player%E2%80%99s-career-length-longer-than-you-might-think-commissioner-goodell-says/>.

por isso que toda semana sei em que dias farei trabalho com pesos, aeróbicos, sauna, banho de gelo etc. Cuido do meu corpo. Alguns caras não conseguem lidar com a disciplina mental disso, principalmente quando já ganharam algum dinheiro".

Você provavelmente não vai jogar na NFL. Se este livro ajudá-lo a fazer isso, por favor, me tuíte em @JonAcuff. Mas o que Pollard disse sobre jogar futebol por mais tempo do que a maioria das pessoas é verdadeiro para garantir que o *Reinicie* tenha uma vida útil mais longa do que a média das resoluções de Ano Novo também.

Desenvolver competências se relaciona a aprender a ter controle sobre si mesmo, o que significa lidar com as nossas "primeiras vezes".

O PROBLEMA COM AS PRIMEIRAS VEZES

A primeira vez que você faz alguma coisa deve ser o momento mais difícil que vai enfrentar fazendo isso.

Pense na primeira vez que seu pai tentou ensiná-lo a como trocar de marcha. Você arranhou o câmbio, deixou o carro morrer em uma subidinha de nada e chacoalhou o veículo para frente e para trás, para grande desgosto de seu pai.

Você era péssimo em mudanças de marcha.

Por quê?

Porque era a primeira vez.

Pense na primeira vez que tentou usar um novo sistema de gerenciamento de projeto num novo emprego.

Você era profissional nesse tipo de coisa em seu último emprego. Poderia discorrer sobre projetos e acompanhamento de serviços com a maior facilidade. Então, mudou de emprego. Entrou num sistema diferente do último que usou. Foi difícil e demorado. Você sentiu vergonha de falar com os colegas de trabalho sobre suas dúvidas mais simples. No entanto, seis meses depois, já não pensa muito nisso; o que antes era um sistema confuso agora se tornou absolutamente natural.

Também não é só em trabalhos ou tarefas que vemos isso acontecer. Durante anos, usei iPhones e iPads. Num Natal, minha filha, leitora ávida, ganhou um Kindle. Eu nunca tinha usado um. Imediatamente o peguei e tentei deslizar o dedo como se fosse um iPad. O modo de utilizá-lo é bem diferente, e foi frustrante. Senti-me como um homem das cavernas batendo no aparelho com uma pedra tentando encontrar o livro que estava escondido lá dentro.

As primeiras vezes devem ser os piores momentos, quando se trata de aprender alguma coisa nova.

E a razão por que temos tanta dificuldade no controle sobre nós mesmos e no aperfeiçoamento de nossas competências está escondida nesse ponto.

Quando se trata de nossas carreiras, a maior parte de nós considera cada vez como a primeira.

Chame isso de casualidade da pressa, ou apenas de falta de autoconsciência, afinal, sempre abordamos cada tarefa e oportunidade como se fosse a primeira vez.

Discorde se quiser, mas, se você viaja a negócios, por favor, pegue a lista que fez dos itens que sempre coloca na mala para cada viagem.

Não me refiro à lista em sua cabeça; essa não se revela confiável e é provável que se distraia com um vídeo incrível de um gato na internet. Refiro-me à lista física, ou digital, de itens que sempre leva consigo.

Você provavelmente não tem uma. Voei umas trezentas vezes nos últimos dois anos, em diferentes companhias aéreas, para garantir que nunca adquiri qualquer tipo de status, e não tinha nenhuma lista.

Na noite anterior a cada voo, essencialmente, eu me sentava e dizia a mim mesmo: "Vou agir como se esta fosse a primeira vez que vou voar para falar em um evento! É a melhor maneira para ter certeza de que não aprendi nada da última vez e, assim, poder tornar esta experiência tão miserável como ela pode ser!".

Então, misturava um monte de coisas, inevitavelmente esquecendo algo importante. Comprei shorts de corrida na maioria das grandes cidades. E gravata uma ou duas vezes. Você faz isso também. Talvez não na arrumação das malas, mas em alguma outra coisa em sua vida. Você faz cada vez ser a primeira, e nunca se preocupa em aprender com a última vez.

Isso é desenvolver uma competência, aprender algo novo e, em seguida, construir sobre o que se aprendeu. Cada repetição é como colocar mais um tijolo na fundação: vai se subindo cada vez mais. Mas a maioria de nós nunca empilha os tijolos. Começamos cada fundação como se fosse nova, nunca progredindo.

Isso é maior do que apenas competência. Agimos como se cada novo emprego fosse completamente novo. Não é. Há grandes competências que você aprendeu no último emprego e que precisa descompactar no próximo. É por isso que nos concentramos, no Capítulo 12, na ideia de "vença do modo que já venceu antes". (Há também maus hábitos que você precisa deixar para trás.)

E se pudéssemos prestar atenção nas primeiras vezes que fizemos alguma coisa? E se pudéssemos pagar o custo inicial do esforço no começo de uma competência? É por isso que não aprendemos, pois parece muito trabalho à primeira vista.

Peguemos a situação relacionada a mim e à arrumação da mala. Se eu fosse sincero comigo mesmo, poderia me sentar com um pedaço de papel e me lembrar de 90% das coisas de que preciso em toda viagem. Isso talvez exija uma hora de atenção. Mas não quero investir essa hora no processo. Então, cada vez, levo 20 minutos fazendo as malas, multiplicados pelos trezentos voos nos últimos dois anos, o que dá um total de 6 mil minutos desperdiçados.

Mas, se eu reservasse algum tempo antes, teria capacidade mental de descobrir os padrões para o sucesso e eliminar o máximo de desperdício possível. Não precisaria de 20 minutos para fazer as malas; com a minha lista confiável, bastariam 5 minutos. Eu economizaria 15 minutos, em 300 vezes diferentes. Isso dá 4.500 minutos, 75 horas, ou quase duas semanas de trabalho. Eu deveria ter negociado 60 minutos no início pelos 4.500 minutos globais? Deveria.

Se tivesse usado o tempo no início, poderia ter melhorado minha competência de fazer a mala a um ponto tal que já não precisaria pensar nisso. Você acha que o chef brasileiro Alex Atala, de quem falei no Capítulo 11, ainda tem de pensar quando corta vegetais? Ele já desenvolveu tanto essa competência que virou uma ação automática. Como Heidi Grant Halvorson, PhD, escreve no livro *Succeed*: "Trabalhamos melhor quando o máximo possível do que estamos fazendo pode ser delegado ao nosso inconsciente".[2]

Se conseguimos fazer as atividades que devem ser automáticas, deliberadamente automáticas, liberamos uma quantidade enorme de espaço cerebral, tempo e energia para fazermos de fato coisas novas pela primeira vez. Quanto mais conseguimos tornar algo rotina e paramos de gastar poder cerebral com isso, mais

2 Heidi Grant Halvorson, *Succeed: How We Can Reach Our Goals with the Nine Things Successful People Do Differently* (Nova York: Plume, 2012), p. 43.

fácil será aplicarmos essa inteligência em outro lugar de nossa vida. Não inventei essa ideia também.

No Natal, em 1876, o escritor Gustave Flaubert escreveu para Gertrude Tennant: "Seja regular e ordenada como um *bourgeois* em sua vida, de modo que possa ser intensa e original em seu trabalho".[3] Tenho quase certeza de que "*bourgeois*" é um termo francês para "pessoas que usam perucas empoadas", mas esse não é o ponto. O ponto é que a disposição em disciplinar uma parte da vida cria liberdade para a outra.

Esta é uma técnica que líderes ao longo da história assumiram. Como um cara chamado Albert Einstein. De acordo com a *Forbes*, "relatou-se que o famoso físico comprou vários modelos do mesmo terno cinza, porque não queria desperdiçar recursos intelectuais com a escolha de um modelo a cada manhã".[4]

O presidente Barack Obama explicou melhor a ideia em um artigo de Michael Lewis publicado na revista *Vanity Fair*, que dizia: "Você também precisa remover da sua vida os problemas diários que absorvem partes significativas do dia da maioria das pessoas". "Você vai ver que só uso ternos cinza ou azuis", disse Obama. "Estou tentando agilizar decisões. Não quero tomar decisões sobre o que eu como ou visto. Afinal, preciso tomar muitas outras decisões."[5]

---

3 Jamie Chavez Blog, "Be Regular and Orderly in Your Life so That You May Be Violent and Original in Your Work" (15 set. 2011). Disponível em: <http://www.jamiechavez.com/blog/2011/09/be-regular-and-orderly-in-your-life-so-that-you-may-be-violent-and-original-in-your-work/>.

4 Jacquelyn Smith, "Steve Jobs Always Dressed Exactly the Same. Here's Who Else Does", *Forbes* (4 out. 2012). Disponível em: <http://www.forbes.com/sites/jacquelynsmith/2012/10/05/steve-jobs-always-dressed-exactly-the-same-heres-who-else-does/#77d79448 1ff9>.

5 Michael Lewis, "Obama's Way", *Vanity Fair* (out. 2012). Disponível em: <http://www.vanityfair.com/news/2012/10/michael-lewis-profile-barack-obama>.

Se você acha que desse jeito não funciona, eu gostaria de apresentá-lo aos "jeans de discurso" que tenho. Durante os últimos dezoito meses, usei a mesma calça em todos os lugares em que palestrei. (Naqueles em que calça jeans era aceitável no palco.) Isso é uma coisa a menos em que pensar quando arrumo a mala.

SUA CARREIRA NÃO É XAMPU

O objetivo de repetir algo da melhor maneira, do jeito certo, é que se acaba fazendo sem pensar. Quanto mais você conseguir transformar uma competência importante em um hábito repetitivo, mais poderá confiar no poder do piloto automático.

Quando mudei para os escritórios da empresa Home Depot, em Atlanta, eu não tentava um caminho diferente para casa todas as noites, o que teria sido um uso estúpido de capacidade intelectual. Em vez disso, descobri um caminho perfeito e, então, dirigia sem pensar. ("Perfeito" é um termo relativo, dado o inferno do tráfego de Atlanta.)

Saber como chegar em casa me liberou o espaço mental tão necessário para outros pensamentos e ideias. Mas e se a competência que você deseja trabalhar não é repetitiva? Ou, pior ainda, e se repeti-la continuamente, recusando-se a alterá-la, a torná-la maçante?

Foi o que aconteceu comigo e o ato de blogar. Descobri como escrever blogs em 2008 e, depois, tentei colocar a atividade no piloto automático. Grande erro.

O restante do mundo dos blogs seguiu em carros velozes e me vi para trás, no acostamento da estrada, escovando meu cavalo. Estas crianças de hoje, com seus endereços de e-mail opt-in e contas Pinterest! Fiquei parado no jeito antigo, porque era o único que conhecia. Recusei-me a usar fotos. Escrevi posts enormes com comentários críticos de mais de mil palavras, apesar das evidências de que os leitores queriam textos mais curtos. E, o pior de tudo, eu não admitia que o vídeo tinha virado um componente importante dos blogs.

A resposta, claro, não é jogar fora o bebê junto com a água do banho e apenas ficar mudando o tempo todo, abandonando as antigas competências que são importantes para ir à procura das novas. Em vez disso, é necessário que se entre na tendência das competências. Deve-se repetir o que precisa ser repetido e também inovar o que precisa ser inovado.

Algumas competências não podem e não devem ser colocadas no piloto automático. Ao contrário, devem ser colocadas no modo piloto de caça. Cada dia precisa trazer uma nova missão: alguma coisa maior, mais desafiadora e mais difícil. Você aprendeu com uma vitória anterior, então não pode tentar exatamente a mesma coisa de novo. Sou fantástico em jogar basquete contra crianças de 6 anos. Juro que bloqueio muitos dos lançamentos delas. Mas não tenho mais 6 anos. Se eu não fizer competições mais difíceis e tentar oportunidades mais difíceis, minhas competências não irão evoluir.

Elas enferrujam, e a empresa onde estou passa por mim.

Não deixe que a próxima geração passe por cima de você. Não use um cavalo. Carros estão aqui para ficar. A mídia social tem lugar para você. O mundo muda rapidamente, mas também podemos mudar. Coloque algumas competências no piloto automático e algumas no piloto de caça. Se sempre tem dúvidas sobre qual é qual, fale com alguém em sua empresa que possua dez anos a mais de experiência do que você, e com alguém que possua dez anos a menos.

As pessoas mais experientes serão capazes de lhe dizer que competências são mais adequadas para o piloto automático. Terão o insight de quais delas não mudaram ao longo do tempo, e é melhor aprendê-las uma vez e depois repeti-las. Se você é um higienista dentário, por exemplo, as competências das pessoas serão sempre importantes. Assim, precisa aprender como se dedicar e motivar os clientes cujos dentes você limpa durante o seu primeiro ano no trabalho. Todos sempre vão querer ser tratados com respeito e carinho.

A pessoa menos experiente, que muitas vezes será mais jovem do que você, pode ajudá-lo a aprender as inovações na empresa. Continuando com nosso exemplo dentário, uma nova higienista que aprendeu novas ferramentas de trabalho, como reserva pela internet e consultas no Skype, poderá ajudá-lo a se tornar consciente de novas competências de que talvez precise.

Para ter a melhor *Career Savings Account* possível, deve-se continuamente aprender novas competências e aprimorar as antigas.

LEMBRE-SE:

- ✓ Quando você se recusa a praticar uma competência hoje, torna-se mais difícil praticá-la amanhã. As ervas daninhas do medo crescem de modo mais intenso quanto mais esperarmos para arrancá-las. Vá ao jardim hoje!
- ✓ As primeiras vezes devem ser os piores momentos, quando se trata de aprender uma nova competência. Aprenda-a bem uma vez, coloque-a no piloto automático e, então, aplique os recursos intelectuais que poupou em algo mais importante.
- ✓ Para se manter atualizado, aprimore suas competências atuais recorrendo à repetição, e desenvolva novas por meio da inovação.

15

PEGUE O TIPO CERTO DE MARTELO PARA SEU TETO DE CARREIRA

O pai de cada bom serviço é o descontentamento, e sua mãe é a diligência.

LAJOS KASSAK

Você precisará mais de competências quando estiver estagnado. Quando atingir um Teto de Carreira, você estará entalado na parte esquerda superior do nosso quadro *Reinicie*. Estará caminhando voluntariamente para uma experiência negativa de trabalho. Talvez o teto seja real. Você subiu até o fim da escada no emprego e agora tem de tomar uma decisão. Talvez o teto seja aquele que você definiu para si mesmo, mas a vida ficou atribulada. Você prometeu a si mesmo que não estaria mais no mesmo emprego na próxima primavera. Mas isso ocorreu três primaveras atrás, e um emprego temporário tornou-se permanente. Talvez o seu teto seja por medo. O de Matt Wilson é.

Matt é um técnico de raios X. Seu chefe é horrível, um sujeito miserável. A clínica para a qual trabalha é mal administrada e todo mundo odeia o trabalho. Mas ninguém sai. Um dia questionei Matt a esse respeito. Queria saber por que ele não procurava outro emprego. Ele disse: "Jon, há um grande número de técnicos de raios X desempregados no momento".

Tecnicamente, Matt estava certo. Há mesmo. Tenho certeza de que neste momento há um monte de técnicos como Matt que não têm empregos. Este não é o melhor momento econômico para algumas profissões. Mas sejamos sinceros quanto a essa lógica. Você alguma vez já ficou num emprego ruim só porque outras pessoas em seu campo não tinham emprego? O que está realmente dizendo? Que até que todos em seu campo de atuação estejam empregados você não pode ir para outro lugar? Que não pode ter outro emprego até que todo mundo tenha? Essas palavras não fazem o menor sentido.

Sempre haverá técnicos de raios X desempregados, mas Matt está decidido a usar essa desculpa como parte da prisão em que vive. Este é o significado de estar estagnado, construir a sua própria gaiola e depois ficar batendo a frustração contra as grades que você mesmo arquitetou.

Precisamos de competências para este momento porque, quando estamos empacados, na verdade só nos restam duas opções. Podemos escolher permanecer no mesmo ou podemos mudar.

Quando escolhemos permanecer, inconscientemente decidimos que essa é a nossa sorte na vida. É isso e pronto. Construímos mirabolantes desculpas que justificam estarmos ali. Enganamo-nos dizendo que a culpa é de outra pessoa, ou que talvez estar naquele lugar não seja tão ruim assim. Não é um emprego horrível, até que é razoável. Se ficarmos lá por muito tempo, acabamos esquecendo até que nos é permitido mudar.

É como a cena do filme *Um sonho de liberdade* [alerta de spoiler], quando o personagem de Morgan Freeman é finalmente libertado da prisão depois de passar a maior parte de sua vida lá. Uma das cenas mais tristes de um filme cheio de cenas tristes acontece no momento em que ele pergunta ao gerente de uma mercearia em que trabalha se pode ir ao banheiro. Irritado com o pedido, o chefe lhe diz que não precisava perguntar cada vez que quisesse ir ao banheiro e lhe diz: "Basta ir. Entendeu?".[1]

Embora muitos de nós não tenhamos ido para a prisão, todos tivemos amigos aos quais gostaríamos de dizer: "Basta ir!". Os erros que eles estavam cometendo, os lugares onde ficaram estagnados, o mau emprego que nunca melhoraria ou suas atitudes ruins que estavam tornando ruim cada emprego... Nós vimos tudo isso e, finalmente, nossa compaixão tornou-se frustração pelo fato de a verdade ser tão óbvia. Eles estavam escolhendo ficar estagnados.

E todos fazemos isso às vezes. Fiquei estagnado durante seis meses depois do meu último *Reinicie*. Havia tomado a grande decisão de sair do meu emprego, mas, de repente, não sabia o que fazer depois. Não sabia que direção seguir. Queria um plano de trinta anos que me levasse perfeitamente à direção correta com 100% de garantia. Apesar de muitas vezes dizer a outras pessoas "Você não precisa prever toda a sua vida antes de dar alguns passos", estava recusando tocar o barco de minha própria vida. Engordei mais de dez quilos, a maior parte do peso em queijo, ouvia músicas depressivas e me acomodei empacado. Finalmente, porém, decidi explorar a segunda opção que temos quando topamos com Tetos de Carreira. Decidi mudar.

Não posso prever o futuro, mas posso mudar o presente.

Não posso dizer que daqui a dez anos vou escrever mais cinco livros. Mas posso dizer que este ano vou escrever um.

---

1 *The Shawshank Redemption*, 1994, dir. Frank Darabont, USA Castle Rock Entertainment, DVD.

Não posso dizer que daqui a dez anos o meu blog terá cinco milhões de leitores, mas posso escrever um novo post hoje.

Não posso dizer que daqui a dez anos estarei fazendo palestras TED (Tecnologia, Entretenimento, Design), mas posso escrever um discurso para um evento local na próxima semana.

Uma vez decidi que não iria escolher ficar estagnado, que era capaz de procurar competências nas quais poderia trabalhar. Acho que desenvolvemos a maioria de nossas competências quando deparamos com Tetos de Carreira. Competências são um martelo. Elas nos ajudam a romper limites. Antes desse momento, nunca tivemos uma razão para desenvolvê-las até que ficamos presos.

Atingir um teto não é falha; é treinamento. Os limites são concebidos para testar sua perícia e ver se você realmente sabe aquilo de que precisa para concluir alguma coisa e passar para o próximo nível.

Na verdade, o limite é a selva que mantém a maioria das pessoas longe do tesouro escondido. E, se você está pronto para desenvolver a categoria de competências de sua *Career Savings Account*, este é um tremendo presente. O escritor Seth Godin chama isso de "Dip". Ele diz: "Dip é o conjunto de cenários artificiais criados para manter pessoas como você para fora. Se você teve química orgânica na faculdade, você já experimentou o Dip. A universidade não quer que pessoas desmotivadas tentem a faculdade de medicina, então montam um cenário. A química orgânica é o curso assassino, o cenário que separa os médicos dos psicólogos. Se você não consegue lidar com a química orgânica, bem, então não pode ir para a faculdade de medicina".[2]

2 Seth Godin, *The Dip: A Little Book That Teaches You When to Quit (and When to Stick)* (Nova York: Portfolio, 2007), p. 18.

Regra de Godin: Os limites são projetados para filtrar o preguiçoso e o não comprometido.

Tenha cuidado quando você topar com um limite. A amargura pode crescer rapidamente nos cantos tranquilos de um. Uma vez, quando cheguei a um limite num emprego, em vez de desenvolver minhas competências, desenvolvi meu mau humor. Em vez de reconhecer a realidade e decidir quais competências usaria para superá-lo, fiquei com raiva. Tornei-me um chato para as pessoas ao meu redor, culpando-as pela limitação em vez de fazer alguma coisa a respeito. Eu deveria ter me concentrado em minhas competências e, afinal, ido para outro emprego. No entanto, em vez de me empenhar nas competências, empenhei-me na amargura. Foi como se eu tivesse ligado propulsores de foguetes em uma sala fechada, queimando todas as pontes ao meu redor.

Romper um limite não significa que seja necessário sair do emprego. Se você quiser usar a sua CSA para ter uma carreira surpreendente em uma grande empresa, busque isso. Você pode fazer um trabalho importante, de repercussão mundial, em grandes empresas também, não apenas em pequenas startups.

Se você não está estagnado agora, ótimo. Continue a aprender novas competências, mantenha atualizadas as antigas e esperemos que nunca fique empacado. No entanto, se está pressionado contra algum limite, não fique só batendo a cabeça. Não perca tempo lamentando a situação. Não ignore a rigidez do seu pescoço nem por mais um segundo.

Pegue os cartões de anotação de competências que você fez e pense em cada um como um martelo. Pergunte a si mesmo: "Por que encontrei um limite de carreira e quais são minhas competências atuais que me ajudarão a rompê-lo?".

Se, ao olhar para os cartões, você descobrir que ainda não tem o martelo certo, pergunte: "Que nova competência preciso aprender?". Se responder a ambas as perguntas parece difícil, volte a um dos amigos que você identificou nos exercícios de relacionamentos e peça-lhe ajuda. É incrível o que outras pessoas podem descobrir sobre nossos Tetos de Carreira e competências.

Pensei que tinha encontrado um limite inquebrável quando trabalhei na Bose, empresa de equipamentos estéreos em Framingham, Massachusetts. Porém, se tivesse maturidade para consultar um amigo, ele talvez visse, naquela época, o que vejo agora: a Bose era uma empresa incrível para se trabalhar; eu não tinha atingido um limite máximo; a empresa estava cheia de novas oportunidades a ser exploradas. Na minha frustração, fiquei estagnado porque não peguei o martelo certo.

Espero que você o pegue.

Cada competência pode ser um martelo.

Comece a bater.

Tetos de Carreira existem para ser quebrados.

INVESTIMENTO 3

CARÁTER

Quem você é.

"É no silêncio que se educa o talento, e na torrente do mundo, o caráter."

JOHANN WOLFGANG VON GOETHE

Se relacionamentos são quem você conhece e competências são o que você faz, o caráter é quem você é.

Como a religião, a ciência e a filosofia têm tentado chegar ao fundo dessa questão há milhares de anos, pensei em ir em frente e refletir sobre ela em nosso benefício nesta próxima seção. Seja bem-vindo.

Ou, em vez disso, eu poderia dizer como o caráter influencia o trabalho e por que se precisa dele na *Career Savings Account*.

O caráter é a argamassa entre todas as outras partes da *Career Savings Account*. É o que mantém as outras coisas juntas. Relacionamentos lhe dão o primeiro emprego. Competências lhe conseguem o segundo. O caráter é a razão pela qual as pessoas ainda vão querer lhe dar outra chance, se a primeira oportunidade falhar. É também a razão pela qual, quando tudo acontece, você não desmorona, embriagado com o ego ou o sucesso.

Se você tem competências incríveis, uma energia tremenda, muitos relacionamentos, mas nenhum caráter, você acaba como inúmeros atletas que caíram em desgraça. Ou políticos. Ou estrelas do rock. Assista a TMZ por 19 segundos e escolha o seu exemplo preferido.

Sem caráter, você também não terá relacionamentos fortes. É possível que tenha quantidade, mas não qualidade, pois caráter firme é um pré-requisito para relacionamentos fortes. Não há dois itens na *Career Savings Account* ligados entre si tão intensamente como caráter e relacionamentos. Se você não tem caráter, as pessoas não desejarão estar próximas de você. Podem trabalhar com você, porque precisam de alguma competência sua, mas, no momento em que encontrarem um lugar diferente ou melhor para si mesmas, vão abandoná-lo.

Por que é importante o caráter pessoal quando se trata da carreira? Porque tudo é pessoal no trabalho. Culturalmente, tendemos a acreditar que, quando se trata de nossas carreiras, "não é pessoal; são só negócios".

Essa lógica funciona bem se você está conversando com seu computador, explicando-lhe por que o está trocando por um novo, mas, se está realmente interagindo com outro ser humano, ela cai por terra. Tudo o que fazemos desencadeia consequências pessoais. Quanto mais acreditamos que são apenas negócios, mais fácil fica cometer coisas bem injustas um com o outro.

O caráter é uma vantagem competitiva. Quando as pessoas dizem: "Todos os candidatos têm as competências de que precisamos, mas existe alguma coisa nesse último que não me agradou", estão falando sobre caráter. Caráter, embora difícil de medir, é muitas vezes impossível de ignorar.

O caráter é também aquilo de que mais se precisa no momento em que se faz uma transição de carreira voluntária e positiva, ou o que estamos chamando de "Salto de Carreira". É quando mais se precisa dele, porque ele será testado ao máximo quando você "simplesmente vai" ou "persegue um sonho". Assim que der um salto, você será tentado a cortar caminho, a sair quando as coisas ficarem difíceis e a perder a paciência quando os resultados esperados não acontecerem de imediato. Nesses momentos, quando os amigos pensam que você está louco por tentar, mas suas competências não parecerem suficientes e sua energia acabar, é o seu caráter que irá impulsioná-lo.

Talvez o melhor de tudo seja o fato de o caráter ter as fronteiras indistintas e espalhar-se para outras áreas quando você se concentrar nele em sua carreira. As lições de caráter que estamos prestes a dominar irão influenciar positivamente sua família e seus amigos. Sua porta de entrada para elas pode acontecer por meio de um *Reinicie* na carreira, do espaço que possui no emprego para sua prática, mas traços de caráter são contagiosos. O caráter é viral.

Se você está estagnado em um emprego, sem emprego, perseguindo um sonho ou de frente para uma segunda carreira, nunca haverá uma situação de trabalho que não se beneficie do caráter. (A menos que você esteja na Máfia. Na verdade, eu deveria ter dito isso no início do livro. Espero que você esteja lendo esse tempo todo com o filtro "a menos que você esteja na Máfia".)

O objetivo desta seção é ajudá-lo a se tornar o tipo de pessoa com quem os outros querem trabalhar. Vamos fazer isso com o plantio de um pomar e sendo generoso, compreensivo e presente.

ESPERE, ESPERE, ESPERE. CARAS MAUS NÃO GANHAM ÀS VEZES?

Ganham. Não só às vezes, mas muitas vezes.

É fácil você se lembrar de pessoas nos noticiários ou mesmo de pessoas que conhece e estão se dando bem, apesar da falta de caráter. Você já teve um chefe que vivia sendo promovido apesar de não ter qualquer caráter. Ou, talvez, em alguns casos, já trabalhou para alguém que foi promovido porque lhe faltava caráter e, para se dar bem, estava disposto a fazer coisas que ninguém faria.

Não vou defender que um caráter firme é a única maneira de vencer. Não é.

É apenas o melhor caminho. Aquele que mantém os relacionamentos intactos. O único que protege seu nome e sua reputação. Aquele que torna fácil dormir à noite. Claro, caras maus se dão bem, mas eles são muitas vezes bastante infelizes durante o processo. E a vitória é sempre temporária. Como sei? Tenho presenciado seus funerais.

Quer saber quem na antiga empresa tinha caráter e quem não tinha? Vá a um funeral. A prova geralmente se vê pelas pessoas que lá estão e pelo que falam. Será que as falas serão curtas ou longas? Será que as pessoas que mal o conheciam vão murmurar o equivalente a sentenças de banco de imagens sobre a vida dele, ou será que amigos queridos vão rir e chorar juntos, celebrando uma vida plenamente vivida? Seu caráter, e o que você fez com ele, será determinante mais que qualquer outra coisa na vida.

16

CULTIVE UM POMAR

O futuro é comprado no presente.

DR. SAMUEL JOHNSON

O caráter é o pior. Sei que disse que era o melhor e fiz toda uma propaganda de serviço público acerca de funerais, mas é também o pior. A razão pela qual ele me incomoda muito é que dura para sempre.

Os outros três investimentos na *Career Savings Account* têm resultados mais imediatos. Você pode chamar um amigo com quem não fala há algum tempo e trabalhar no relacionamento entre ambos hoje. Você pode se inscrever num curso para melhorar uma competência ou levantar-se cedo e cheio de energia. Mas e o caráter? Fica aquecido em banho-maria. O caráter é dia de exercício de perna na academia, quando na verdade se quer mesmo fazer peito e bíceps. Ninguém gosta de dias de perna. Não é nem mesmo como plantar um jardim, que me disseram ser um processo bem lento. O caráter leva ainda mais tempo do que essa atividade.

Além do mais, o assunto também é incrivelmente confuso. Existem mil maneiras de defini-lo, analisá-lo e debatê-lo. Para os nossos propósitos, vou usar uma metáfora simples para descrevê-lo.

O caráter é um pomar.

O que os pomares têm? Árvores, ervas daninhas e agricultores.

Você é o agricultor. Como 92 "zilhões" de pessoas que já tiveram fazendas virtuais on-line com aplicativos populares, você deve se sentir em casa. E as pessoas lhe contaram que o cultivo de falso milho digital nunca iria lhe render nada! Para todos vocês, não se preocupem, não haverá macacões ou forquilhas reais envolvidos neste capítulo.

As árvores são os traços de caráter. Precisam ser plantadas, cuidadas e deliberadamente cultivadas.

As ervas daninhas são tudo aquilo que ameaçam destruir o pomar. O desafio é que elas tendem a crescer muito, mas muito mais rápido do que as árvores. Inclusive, podem surgir aparentemente do dia para a noite.

Árvores fortes? Maduras? Leva um tempo. Você não vai ver tantos resultados quanto deseja no início.

Portanto, não terá nenhuma maçã no primeiro ano do pomar. Não terá quantidades de frutas deliciosas rolando pelas colinas. No segundo ano, não terá muita coisa também. É possível que demore uns cinco anos para você conseguir o suficiente para uma torta, que provavelmente vai deixar cair no chão, de tão animado por ter maçãs para fazer uma torta.

É por isso que existe um velho ditado: "A melhor época para plantar uma árvore foi há vinte anos. O segundo melhor momento é agora".

Não podemos voltar vinte anos no tempo, mas temos o agora, e, por isso, vamos começar com uma única árvore.

A PRIMEIRA ÁRVORE

Qual o traço de caráter relacionado à sua carreira que você gostaria de desenvolver melhor?

Não escolha três ou cinco. Como tudo que fiz neste livro, escolha um. E não escolha seu traço de caráter mais forte. Se você é conhecido no mundo inteiro pela sua paciência, isso é ótimo. Você tem uma sequoia forte, madura, cheia de melancias plantada em seu pomar. Estou chegando ao fim de meu conhecimento sobre árvores.

Não quero que você adicione um ramo extra em uma árvore que já é forte; quero que plante uma muda. Algo pequeno, que você gostaria que crescesse. Lembre-se, estamos acrescentando uma nova árvore ao nosso pomar porque, quando fazemos um Salto de Carreira, o que será testado ao máximo será o nosso caráter. Queremos o maior pomar possível para momentos desse tipo.

Às vezes, fazer essa pergunta a nós mesmos é suficiente; outras vezes, temos de cavar para conseguir a resposta.

Se não quiser explorar essa questão sozinho, convide um amigo para um café. Se já fez tudo que foi sugerido no livro até agora, esse será o quinquagésimo café com esse amigo. Ou você pode apenas ter um grande encontro para um supercafé do tipo "ajude-me a descobrir minha carreira" com um conselheiro com quem vai discutir tudo. Na verdade, isso é com você.

Seja corajoso e pergunte a ele em que traço de caráter, baseado em sua carreira, você poderia trabalhar um pouco. Por favor, saiba que, se meu amigo me dissesse algo diferente de "Você é perfeito do jeito que é", minha reação inicial seria sair furioso da mesa num acesso de raiva, possivelmente acertando alguém comendo um bolinho quando abrisse a porta do lugar com um chute. Embora eu seja imaturo, e um bolinho tenha matado um tio meu, você provavelmente vai reagir melhor ao feedback sincero de um amigo.

Talvez o perfeccionismo seja uma falha de caráter que você precise trabalhar. Colegas estremecem quando são colocados em um projeto com você, porque sabem que você vai acabar com cada pedacinho de prazer pelo trabalho na busca da perfeição.

Talvez você deva trabalhar a questão da confiança em seu emprego. Embora pareça temporariamente bom fofocar sobre alguém, isso corrói a confiança das pessoas em nós. Se quiser aumentar a confiança, vai ter de diminuir as coisas negativas que diz sobre outras pessoas.

Concentre-se em assumir a responsabilidade por seus erros, se esse é um traço de caráter que deseja corrigir. É mais fácil culpar os outros pelas nossas falhas, mas temos de fortalecer as coisas pelas quais assumimos responsabilidade.

Se não consegue encontrar um traço de caráter relacionado ao trabalho que deseja desenvolver, por já se considerar perfeito, então basta escrever "honestidade", porque você é claramente um mentiroso.

OLHE O POMAR COMO UM TODO

Se você não está pronto para olhar para um traço de caráter específico, tenha uma visão mais ampla do seu pomar. Se você o sobrevoasse com um helicóptero, que padrão, com relação à sua carreira, iria surgir?

Eu costumava pensar que o meu padrão era simples:

1. Ser contratado para um novo emprego.
2. Aproveitá-lo durante seis meses.
3. Sentir tédio.
4. Amargurar-me.
5. Sair.
6. Repetir todo o processo num novo emprego.

Porém, enquanto escrevia este livro, comecei a perceber que esse não era o padrão completo. Ele era o seguinte:

1. Ser contratado para um novo emprego.
2. Aproveitá-lo durante seis meses.
3. Sentir tédio.
4. Amargurar-me.
5. Quase ser demitido.
6. Preparar uma recuperação épica.
7. Fazer a empresa cair de amores por mim por meio de trabalho duro.
8. Sair.
9. Repetir o processo num novo emprego.

Às vezes, se pesei a mão no passo 5, nunca cheguei aos passos 6 e 7 e, em vez disso, fui demitido. Examinar e perceber que fiz isso revelou que a questão principal do meu caráter não era tédio ou amargura. Era caos. Em cada emprego eu criava algum tipo de caos. Se as coisas estavam indo bem, eu jogava uma granada nelas, muitas vezes sabotando a mim mesmo.

Essc padrão já começava a se manifestar em meu *Reinicie*. Quando deixei meu último trabalho, minha filha mais nova disse:

"Papai não tem mais um trabalho."

Minha filha mais velha respondeu imediatamente:

"Sim, ele tem. Na verdade é ficar por aqui agora."

A resposta foi um pequeno soco no meu estômago, mas ela estava falando a verdade. Parte da razão pela qual eu deixara meu último emprego foi porque estava viajando muito. Quando minha filha me disse isso, prometi a mim mesmo que faria um trabalho melhor ficando em casa.

Depois de um ano, eu passava mais tempo viajando a trabalho para mim mesmo do que quando estava no meu último emprego. Por quê? Porque gosto do caos das viagens. Gosto de encher minha agenda até lotar e ficar caótica. Falar em Myrtle Beach, na Carolina do Sul, Omaha, em Nebraska, e Lancaster, na Pensilvânia, tudo em 96 horas, é o caos. Não era meu último emprego ou meu último chefe que me mantinha viajando, mas o fato de eu ser viciado no caos, e já encontrei uma nova maneira de alimentá-lo, trabalhando para mim mesmo.

Reconhecer isso e pegar aquele dom da consciência de que tanto falamos neste livro, me permite começar a trabalhar nele. Continuarei sempre viajando como parte do meu trabalho, e adoro falar para os clientes, mas, quando faço isso sem o caos, meu caráter se desfaz.

Se você já teve mais de um emprego, desenvolveu um padrão também. Da mesma forma que buscamos consistência em nossas competências, precisamos buscar consistência no nosso caráter.

Todos temos padrões. Eles tanto vão nos levar pelo bom caminho, permitindo que os traços de caráter criem raízes profundas para grandes resultados, como vão nos levar pelo mau caminho, permitindo que as ervas daninhas dominem todo o pomar.

Recorde-se de sua carreira e dê uma olhada no que seu padrão pode estar tentando lhe dizer. Para fazer isso, teste estas quatro etapas em um notebook, uma vez que prometi não falar mais em cartões de anotação:

1. Anote os postos de trabalho que você teve.

Inclua quaisquer serviços de tempos parcial e integral.

2. Descreva resumidamente seu desempenho no trabalho.

Foi promovido? Recebeu boas avaliações anuais? Foi advertido?

3. Liste o modo como deixou cada emprego.

Foi demitido? Mudou de cidade? Recebeu oferta melhor de outra empresa?

4. Descreva a força dos relacionamentos que deixou para trás.

Seria estranho deparar com ex-colegas de trabalho em um café? Será que lhe pediriam para fazer um trabalho freelance para eles, mesmo que você não trabalhasse mais lá? Será que seu chefe daria boas referências sobre você?

As respostas não precisam ser longas. As minhas seriam assim:

1. Trabalhei para Bose.
2. Fui promovido e me foi dada uma alta posição, mas me advertiram por má atitude e falta de esforço às vezes. (Como falei, de forma errada pensei ser um Teto de Carreira).
3. Mudei de Massachusetts para a Geórgia, o que me obrigou a deixar a empresa.
4. Os relacionamentos permaneceram intactos. Eles me ofereceram a possibilidade de trabalhar em Atlanta em tempo integral, se eu quisesse, e depois me deram trabalho freelance após eu ter saído.

Faça isso para cada emprego que você teve e depois verifique o que essas experiências têm em comum. Se a resposta à pergunta 3 for sempre “Recebi uma oferta de trabalho melhor de outra empresa”, isso é ótimo. Seu desempenho no trabalho e sua capacidade de construir relacionamentos fora da sua empresa devem ser árvores que você plantou com firmeza no pomar. Se a resposta à questão 4 para cada emprego que você já teve é “Estão todos mortos para mim”, talvez seja hora de tirar algumas ervas daninhas.

TIRE AS ERVAS DANINHAS O MAIS RÁPIDO POSSÍVEL

O restante da seção sobre caráter será uma discussão sobre as três árvores que terão o maior impacto na sua *Career Savings Account*.

Antes de falarmos sobre plantio e cultivo, precisamos ter certeza de que você se livrou de algumas ervas daninhas. O caráter é complicado. Muitas vezes você não o nota até que o tenha perdido. Se eu lhe pedisse a indicação de cinco pessoas com quem trabalhou e que tinham um caráter firme, isso iria exigir de você muito mais tempo do que se eu lhe pedisse a indicação de cinco pessoas que não têm caráter. Tendemos a nos lembrar mais facilmente das facas do que dos tapinhas em nossas costas.

Aquelas pessoas com quem você não aguentaria trabalhar tinham todas uma coisa em comum: falta de caráter. Portanto, seus pomares foram sufocados por estas ervas daninhas do local de trabalho:

1. Narcisismo

Percebo perfeitamente a ironia de alguém que tem a própria fotografia na capa de um livro e fala com você sobre narcisismo. A vida é irônica. Quando se trata de caráter, a erva daninha do narcisismo é a crença de que se é o único ser importante da empresa. A empresa está lá para seu benefício e a frase "sacrificar-se pela equipe" é a sua kriptonita. É com esse tipo que brigo mais, possivelmente agravado pelo fato de que os serviços de transporte me pegam ao menor sinal na retirada de bagagem quando voo para um evento. Recentemente, enquanto ia para a limusine, pressionei o botão # 2 no elevador para o piso em que o carro estava estacionado. O motorista disse: "Senhor, por favor, não faça isso. O senhor é um convidado". Ele está certo! Meus dedos são para digitação, não para apertar botões de elevador. Não posso ficar usando minhas mãos dessa maneira! Sou Jon Acuff! Estas são mãos sem calos de um escritor. Não posso sujá-las como as pessoas comuns! (Não posso tirar as ervas daninhas do narcisismo de meu pomar com as mãos; normalmente tenho de usar um lança-chamas, devido à quantidade delas).

2. Desonestidade

Essa erva daninha surge numa quantidade enorme de variedades. Desonestidade no trabalho pode significar simplesmente mentir. Alguém diz que outros fizeram alguma coisa que não fizeram. Encobrem um pequeno erro com uma mentira ligeiramente maior. Desonestidade também pode assumir a forma de fofoca. Quando você fala mal de alguém pelas costas, estará mentindo na cara dele se for amigável quando o encontrar. Desonestidade também pode significar prometer demais e entregar de menos. Posso fingir que me esforçarei para fazer porque não quero desapontar as pessoas, mas, quando prometo um prazo e sei que nunca vou cumpri-lo, estou mentindo. Em minha defesa, isso pode ter sido causado pela quantidade enorme de botões de elevador que estive pressionando sozinho ultimamente.

3. Pessimismo

Oh, pequena nuvem negra. O burro Igor do Ursinho Pooh iria esbarrar em você e pensar: "Entendo por que estou triste. Alguém prendeu minha cauda com uma pistola de pregos, mas qual é o problema desse cara?". Não é agradável trabalhar com pessoas que só conseguem ver o lado negativo das coisas e ainda têm o dom de espalhar isso. A situação pode se transformar em paranoia também, quando um colega de trabalho começa a agir a partir de uma perspectiva de "estou sob ataque". Às vezes, quando recebo mensagens de voz, meu primeiro pensamento é: "É alguém chamando para me dizer que fiz alguma besteira". Não consigo explicar por que vivo sob um ponto de vista de "chamado à sala do diretor", mas vivo. Se eu não tomar cuidado, a erva daninha do pessimismo cresce até que não conseguirei mais pensar e sonhar – duas atividades que exigem o otimismo da criatividade.

4. Apatia

As pessoas que não se preocupam com seus empregos não precisam se preocupar em ter empregos por muito tempo. Esta é uma das ervas daninhas mais fáceis de ver em alguém. É o caso do mau atendimento do serviço telefônico, da falta de atenção aos detalhes e do "tanto faz" geral que encharca cada ação de um colega de trabalho. Mais destrutivo ainda é que a apatia aleija sua capacidade de dar um Salto na Carreira. Ninguém que é apático tem a energia ou o coração para tentar uma transição de carreira voluntária, positiva. Esse quadrante inteiro está fora da mesa quando ervas daninhas desse tipo já cresceram em seu pomar.

O frustrante nessas quatro coisas é que todas se aplicam a mim. As ervas daninhas que não suportamos nos outros são, muitas vezes, aquelas que ignoramos em nossos próprios pomares.

Antes de começar a plantar generosidade, empatia e companheirismo, certifique-se de que você deu um jeito em suas ervas daninhas.

Se você está com dificuldade de encontrar alguma, gaste sessenta segundos pensando em alguém com quem você realmente não gosta de trabalhar. Que ervas daninhas estavam presentes no pomar dessa pessoa? Assim que você tiver noção disso, inverta a situação e pergunte: "Tenho essas ervas daninhas também?".

Uma vez trabalhei com um sujeito que era terrivelmente pessimista. Cada minuto que passei com ele, eu me senti como se estivesse com um vampiro que se alimenta de alegria. Eu estava muito feliz por não ser como ele. Até o momento em que fiz minha esposa chorar enquanto pensávamos na comercialização deste livro. Eu estava derrubando cada uma das ideias dela com argumentos elaborados da razão pela qual elas não iriam funcionar. Quando ela sugeriu que eu tuitasse canções de que gosto para as pessoas, como parte de uma ideia de trinta dias de incentivo, eu disse: "Não possuo os direitos autorais. Não poderia enviar um e-mail com o link para uma música sem antes obter permissão do Sting". Não sei se você está ciente dessa regra. Para tuitar um link de uma música de que você gosta no YouTube, é necessário ligar para o Sting. Imagino cada pequeno suspiro.

Acontece que tenho algumas ervas daninhas. Se você também as tem, comece a arrancá-las. Precisamos partir para o plantio de algumas árvores!

LEMBRE-SE:

- ✓ Relacionamentos lhe garantem o primeiro emprego, e as competências, o segundo. Caráter ajuda a garantir que, se você falhar, terá outra chance e, se tiver sucesso, não vai se embebedar no ego.
- ✓ Caráter precisa de tempo. Comece com um único traço (ou árvore) que gostaria de plantar hoje. Pomares não são cultivados do dia para a noite.
- ✓ Olhe além de uma árvore e veja se a sua carreira tem um padrão. A partir de árvores individuais e indo para momentos de sobrevoo por todo o pomar, precisamos saber o que realmente está acontecendo em nossa carreira.
- ✓ Ervas daninhas no local de trabalho arruínam muitos pomares. Fique alerta em relação ao narcisismo, à desonestidade, ao pessimismo e à apatia.

17

A GENEROSIDADE É UM DIVISOR DE ÁGUAS

Servir é renovador. Quando servimos, o próprio trabalho nos sustentará.

RACHEL NAOMI REMEN

Na sexta do bem, um dia importante para pastores como ele, meu pai reorganizou seu dia inteiro para uma viagem de cinco horas a fim de me ouvir falar por trinta minutos numa faculdade. Depois, ele ainda esperou por uma hora enquanto eu conversava com os estudantes após a palestra.

Em seguida, voltamos para Chapel Hill, na Carolina do Norte, para que meu pai realizasse os serviços da Sexta do Bem. Mais tarde, naquele dia, ele comentou que estava indo realizar um serviço particular de Páscoa para um rapaz de 17 anos num hospital.

O jovem em questão havia entrado em coma, acometido por alguma coisa que os médicos não conseguiam identificar. Haviam retirado dele os aparelhos de respiração artificial, a fim de que o jovem retomasse a consciência. Nas semanas seguintes, ele passou por um transplante de coração e, aos poucos, se recuperava.

A família havia pedido a meu pai que levasse a Páscoa à UTI para aquele garoto.

"Você quer ir comigo amanhã, Jon?", ele perguntou. "Acho que esse pode ser um momento bem especial."

Sem nem pensar, respondi:

"Provavelmente não, mas vou pensar nisso."

Eu basicamente disse não.

Então, minha esposa me lembrou:

"Bem, seu pai dirigiu cinco horas para assistir à sua palestra."

Ai.

A generosidade, ou ainda mais comum, a cortesia, geralmente não é minha primeira resposta nas situações. Não consigo começar um capítulo sobre generosidade como se isso fosse uma árvore grande que tenho em meu jardim. Não é.

Então, escrevo esta parte não como alguém que dominou o assunto e retornou com conhecimento extraordinário para compartilhar com a massa gananciosa. Escrevo como alguém inclinado à cobiça, preso no meio da lama, tentando agarrar o caminho de volta à generosidade.

Porém, talvez devêssemos começar olhando por que a generosidade importa na carreira.

GENEROSIDADE CRIA LEALDADE

Quando realizei meu Salto de Carreira em 2013 e deixei o time Dave Ramsey, um grande amigo entrou em contato imediatamente. Dentro de dias, ele havia me oferecido um plano para o futuro que iria assegurar que Acuffs não precisariam dançar por dinheiro nas ruas de Nashville em 2014. Isso foi incrivelmente generoso, e não poderia ter ocorrido em melhor hora.

Um ano depois, ele me ofereceu um novo contrato para 2015. Perguntei ao meu sogro quanto deveria cobrar pelo próximo ano. A quantidade de trabalho havia subido entre 2014 e 2015, assim, achei que deveria aumentar o preço.

Meu sogro, que ajuda a comandar uma empresa de um bilhão de dólares, me surpreendeu com sua resposta: "Diga-lhe que o quanto ele achar justo estará bom para você".

Ele não disse isso como uma forma de negociação ou manipulação. Ele disse isso porque o amigo havia sido generoso comigo. Em tempos de ganância, meu amigo havia me estendido a mão com grande generosidade. Em troca, o mínimo que eu poderia fazer era ser leal por outro ano. E, mais ainda, em virtude de sua generosidade inicial, eu podia confiar que ele não estava esperando para montar uma armadilha de ganância.

Generosidade gera lealdade. Você vai passar o bastão para as pessoas que lhe têm mostrado generosidade. Seus funcionários vão trabalhar mais. Seus clientes vão voltar mais vezes. Quando você estiver por baixo, as pessoas vão procurar oportunidades para levantá-lo. Quando você fizer algo arriscado, como um Salto de Carreira, as pessoas vão arrumar desculpas para encontrar maneiras de apoiá-lo.

O número de pessoas que aparecerá para ajudá-lo será proporcional à quantidade de caráter que você investiu em suas relações antes de seu Salto de Carreira. Mais caráter leva a mais amigos, o que leva a mais ajuda quando você realiza um Salto de Carreira. O mais complicado é que *durante* um Salto de Carreira é tentador ser ganancioso. Lançar-se em uma transição profissional positiva e voluntária é assustador.

O medo vai dizer-lhe que aperte o cinto. O medo vai dizer que este não é o momento para generosidade. Este é o momento de segurar seus recursos e guardar seu tempo dos outros, pois você fez algo arriscado. Você pode inicialmente ter saltado com a mão aberta, mas o choque de realidade, conforme os pés batem no chão após um salto grande, convida-o a fechar seus punhos com força.

A crença na escassez entra em jogo conforme tememos que não haja oportunidades suficientes para todos nós. É melhor pegar o que pudermos!

Podemos achar fácil julgar saqueadores que roubam TVs após tempestades, mas muitos de nós jogamos latas de lixo metafóricas das janelas quando sentimos que as oportunidades estão se esgotando. Foi assim que me senti quando este livro foi lançado.

Eu não queria ser generoso e ajudar os outros a promover os próprios livros, inclusive meus amigos. Com certeza, espero vender 100 mil cópias deste livro no primeiro ano, e há mais de 200 milhões de pessoas que sabem ler nos Estados Unidos. Mas e se outro autor conquistar exatamente essas 100 mil pessoas para as quais eu estava tentando vender?

Quando eu chegar à porta da sua casa, você dirá: "Oh, que pena, eu não sabia que você tinha esse livro novo, Jon. Agora já comprei um de outro rapaz, e foi o último que planejei comprar até o dia de minha morte". Então, irei embora da varanda, confuso com o porquê de estar vendendo livros de porta em porta, mas finalmente percebendo que isso não importa. É muito tarde. Nunca venderei outro livro; ao realizar um Salto de Carreira e escrever um livro, aprendi que não há leitores suficientes para satisfazer a demanda. Terei de mudar com minha família para um trailer próximo ao rio. Terminaremos comendo meu cinto dupla face de couro do T. J. Maxx para nos sustentar. (O lado marrom no jantar, e o preto para ocasiões especiais, como o Dia de Ação de Graças.)

Isso acontecerá? Provavelmente não, mas você ficaria surpreso com as imagens vívidas e loucas que o medo usa para tornar você ganancioso quando realiza um Salto de Carreira. Lute contra ele sendo generoso.

Antes de realizar esse Salto, ceda generosamente seu tempo, seu talento e seus recursos sem marcar pontos. Se você guardar um registro das pessoas com as quais foi generoso com a expectativa de que elas irão retribuir o favor, acabará criando transações, não relações.

Durante um Salto de Carreira, doe-se generosamente como um modo de derrotar a erva daninha da ganância. Ela lhe custará mais do que você imagina.

A GENEROSIDADE É SEMPRE MAIS BARATA QUE A GANÂNCIA

Há poucas coisas no mundo que irão mudar a opinião de alguém a seu respeito tão rapidamente como sua generosidade.

Sua vontade de ser mão aberta com as pessoas no decorrer de sua carreira vai trazer consequência positivas por anos e anos e anos. O problema é que, quando se trata de nosso trabalho, muitas vezes pensamos que outras pessoas precisam perder para que nós ganhemos.

Roy H. Williams, o expert em marketing sobre quem falamos anteriormente, aborda esse fenômeno no livro *The Wizard of Ads*. No decorrer de uma reunião envolvendo negócios, alguém insistiu tanto em seu próprio favor que o cliente estava prestes a desistir de tudo. O valentão na reunião disse: "Eu só queria ter certeza de que estava tirando o máximo proveito da situação".[1]

---

1 Roy H. Williams, *The Wizard of Ads: Turning Words into Magic and Dreamers into Millionaires* (Austin, TX: Bard Press, 1998), p. 172.

A resposta de William para isso é: "Acredito que há ocasiões em que não é certo tirar o máximo proveito. Quando você espera fazer negócio com alguém de novo, não tire o máximo proveito. Quando você quer que uma pessoa fale bem de você, não tire o máximo proveito. Quando você quer tornar alguém seu aliado e amigo, tenha certeza de que cada acordo é bom para ele também, e altere o acordo quando não for".[2]

Essa é a chave para a generosidade. Pode não parecer uma grande jogada de curto prazo, mas prometo que é um incrível jogo de longo prazo. O desafio é o fato de a ganância não ser alguma coisa que você pode ligar e desligar. É uma toxina que acaba contaminando todas as interações, independente do que realmente está em jogo.

Bill – não seu verdadeiro nome porque eu não queria cortar relações com ele – Smith trabalhava para uma empresa multimilionária. O chefe estava prosperando muito, e tinha um avião particular, uma frota de empresas que eram dele e provavelmente seu próprio falcão. Não sei sobre o falcão, mas essa seria provavelmente uma das primeiras coisas que eu compraria se me tornasse absurdamente rico. Acho que você prefere pegar um coelho com as próprias mãos, mas cada um na sua.

Um dia, no quinto ano em que Bill trabalhava para essa pequena empresa com trinta pessoas, ele pediu a seu chefe ingressos para um grande jogo de futebol da faculdade. Sua alma *mater* estava jogando, e ele sabia que o patrão tinha alguns bilhetes que não planejava usar. Bill queria comprá-los e perguntou ao chefe o preço.

O chefe de Bill enviou-lhe um e-mail de resposta e disse: "Claro, tenho ingressos! O valor é 200 dólares, mas vi pessoas vendendo on-line por 400. Por que não me faz uma oferta?".

Ganância.

2 Ibid.

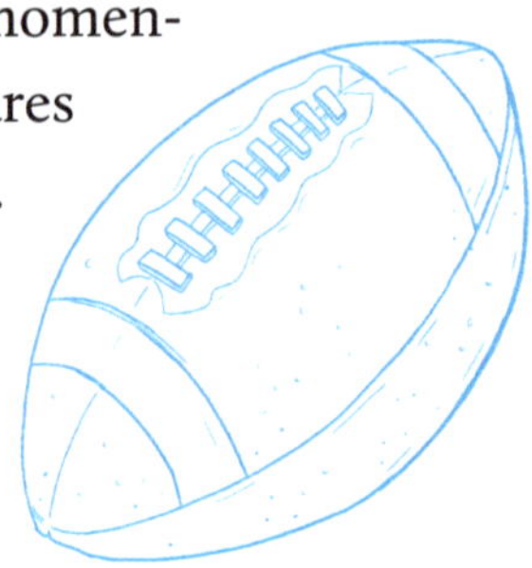

O chefe de Bill é milionário. Naquele momento, ele esperava faturar de 200 a 500 dólares vendendo os ingressos para seu funcionário. Você não pode abastecer um avião particular com isso.

Bill, por outro lado, produziu por volta de 45 mil dólares no ano. Ele havia dedicado àquela empresa cinco anos de sua vida. Era um dos melhores funcionários. Eu disse "era" porque ele se demitiu há alguns meses. Afinal, odiava trabalhar para alguém tão ganancioso, e os ingressos foram a gota d'água para o copo transbordar.

Pela possibilidade de ganhar 200 dólares extras por ingresso, o chefe de Bill perdeu um bom empregado. Um funcionário que, por sinal, geria centenas de milhares de dólares todos os anos para a empresa. Essa é uma aposta cara, especialmente quando se considera que Bill não estava pedindo a seu chefe que lhe desse os ingressos. O chefe teria ficado em ponto de empate, pois não perderia um dólar e não perderia o empregado. Em longo prazo, a ganância sempre custa mais do que a generosidade.

Conforme você trabalha em seu *Reinicie*, enfrentará situações como a de Bill. Toda carreira tem momentos assim. O chefe de Bill não é ruim; quando muito, ele talvez seja apenas ocupado. Assim, não parou para perguntar algo poderoso sobre sua decisão: "O que está realmente em jogo agora?".

Se ele tivesse feito essa pergunta, jamais teria trocado um empregado valioso pela oportunidade de ganhar 500 dólares.

Em seu emprego atual, em seu próximo emprego também, pare e faça esta pergunta: o que realmente está em jogo agora? É uma relação que vale mais do que 500 dólares? Ajudar um novo colega de trabalho a se ambientar vale 4 horas de seu mês? Ou, em outras palavras, 2,5%? Parar para calcular o valor real pode esclarecer que decisão você está realmente enfrentando. Acrescentar generosidade em seu pomar pode agregar um valor tremendo em sua *Career Savings Account*.

AS PESSOAS NÃO IRÃO SE APROVEITAR?

Sim. Algumas irão.

O mundo está repleto de pessoas gananciosas. Há menos duas agora que eu e você concordamos em ser generosos, mas encontrará pessoas que interpretarão seu ato de generosidade erroneamente como um convite para se aproveitar de você. Quando encontrar pessoas assim, faça o seguinte:

1. Tenha certeza de que você não possui um dedo no gatilho.

O colega de trabalho em questão está verdadeiramente tentando tirar vantagem de você, ou você define "ganancioso" como "alguém que me incomoda no trabalho enquanto claramente estou usando fones de ouvido enormes"? Talvez o rapaz que precise de um favor ocasional não seja ganancioso; você que está apenas supersensível. Não se esqueça de retirar seus óculos de proteção contra inimigos.

2. Defina alguns limites.

Ser generoso não significa ser bobo. É perfeitamente possível estabelecer alguns limites em sua vida para ajudar a criar relacionamentos saudáveis. Não pense que a generosidade é uma fraqueza. Ela é, na verdade, uma força. Às vezes, recusar-se a ajudar alguém e permitir que essa pessoa aprenda a própria lição é a melhor coisa a se fazer. Na oitava série, enquanto todos os outros estudantes estavam fazendo relatórios enormes sobre John Quincy Adams e Abraham

Lincoln para o evento da nossa escola chamado "Dia da História", escolhi escrever sobre "A história do rap". E que ideia terrível. Você ficaria surpreso com o nível de desapontamento dos juízes com meu conhecimento de Kool Moe Dee e Big Daddy Kane. Meus pais poderiam ter interferido e feito o projeto para mim, mas não o fizeram. E essa recusa em ajudar não foi ruim. Aprendi uma infinidade de lições dessa experiência. (Para mais informações sobre o tema limites, leia o livro *Limites – Quando dizer SIM, quando dizer NÃO*, de Henry Cloud e John Townsend.)

3. Evite-os.

Lembra-se do que devemos dar aos inimigos? Distância! Se uma pessoa abusa com frequência de sua generosidade, evite-a. Se essa pessoa for seu chefe, releia a página 62.

Precisa de mais uma prova de que a generosidade é importante para sua carreira? Leia essa lista novamente e imagine que você é que está em discussão sobre ser ganancioso. Por fim, os colegas de trabalho e as oportunidades que eles têm vão evitá-lo, caso não seja generoso.

AMPLIE SUA DEFINIÇÃO DE GENEROSIDADE

Na maioria das vezes, quando pensamos em ser generosos, pensamos em dar dinheiro às pessoas. Isso nem sempre pode funcionar no contexto de um *Reinicie* de carreira. Imagino você andando pelos corredores do trabalho, apertando as mãos das pessoas e escorregando-lhes dinheiro. Lubrificando algumas mãos! De pé, na porta da frente de um lugar onde você deseja trabalhar, entregando a cada funcionário um dólar conforme eles chegam ao trabalho.

Jogando dinheiro da varanda de um bar a céu aberto. Mesmo que todos esses exemplos pareçam encantadores, não os recomendo.

Embora a generosidade possa ser monetária – sob a forma de salário, aumentos e preços –, seu trabalho atual talvez não lhe ofereça a oportunidade de ser generoso em nenhum desses aspectos. Felizmente, há duas coisas que você tem com as quais pode ser generoso: tempo e competências.

Entretanto, essa abordagem vem associada a seu próprio conjunto de bagagem. Quando pensamos em dar nosso tempo, assumimos que isso será bem ruim. Vamos em frente e sejamos sinceros sobre isso. Quando pensamos a respeito de servir, imaginamos fazer algo horrível por algumas horas sem sermos obrigados.

Mas onde está escrito que ser generoso precisa ser alguma coisa infeliz?

Sou um escritor. Escrever é o que faço. É aquilo em que sou melhor. Então por que, quando penso em ser generoso, nunca penso em como usar minha escrita? Por que meu primeiro pensamento é: "Melhor eu encontrar uma serra circular e uma família que precisa de mim para construir para ela um novo conjunto de escadas"? Sou horrível em construção. Não entendo nada de madeira. Então, quando defino ser generoso como passar muito tempo fazendo algo em que sou péssimo, é claro que vou odiar a ideia de ser generoso perdendo o meu tempo. E alguma pobre família provavelmente irá adquirir um conjunto de degraus mal construídos que, por fim, acabará matando-os enquanto eles saíam de casa para ir ao supermercado.

E se fôssemos capazes de igualar nossas competências e nossa convicção com nossa generosidade? E se ser generoso significasse mais do que apenas dinheiro ou tempo, mas, na verdade, talento? Talvez ajudar as pessoas a escrever seus currículos seja o que preciso fazer enquanto meu cunhado, que trabalha com construção, é a pessoa certa para construir aqueles degraus.

Ainda vou pintar casas e limpar o bairro se é disso que minha comunidade precisa? É claro que sim, caso contrário, acaba-se como o personagem de Steve Buscemi no filme *O incrível mágico Burt Wonderstone*, dando kits mágicos para pessoas que, em vez disso, precisavam de alimentos.

Para aplicar as ideias a um *Reinicie*, pegue os cartões de relacionamentos e competências. Espalhe-os. Agora selecione um relacionamento que tenha a ver com o trabalho com o qual você será generoso. Em seguida, escolha uma competência com a qual você será generoso naquele relacionamento.

Talvez Jeff, o analista de negócios, envie os longos documentos comerciais para a equipe a fim de um feedback antes de mandá-los a seu supervisor. Ninguém lhe dá o feedback porque eles são longos documentos comerciais. E se esta semana, em vez de apenas deletar o e-mail dele, você imprimisse os documentos? Passe uma hora revendo-os. Ajude Jeff encontrando erros, levantando questões e agregando valor ao que você pode. Esse é seu papel direto? Talvez não, mas ele perceberá que você o ajuda a corrigir erros usando suas competências antes de o chefe encontrá-los.

Você deu a Jeff uma hora de seu tempo e de sua competência com textos, mas fez bem mais que isso.

Jogou um bumerangue relacional.

Desenvolveu lealdade com Jeff.

Fortaleceu sua relação com Jeff.

Abriu a porta a algumas oportunidades de novos projetos com Jeff.

Esse é o maior poder mesmo do menor ato de generosidade.

LEMBRE-SE:

- √ Generosidade cria lealdade, e o fato de tê-la durante um Salto de Carreira o deixará satisfeito.
- √ O mundo não está ficando sem oportunidades; ignore o medo quando ele tentar convencê-lo a ser ganancioso.
- √ A generosidade é sempre mais barata do que a ganância. Calcule o custo verdadeiro do que está em jogo quando você toma decisões.
- √ Dê às pessoas gananciosas a mesma coisa que dá a seus inimigos: distância.
- √ Amplie sua definição de generosidade sendo generoso com suas competências e com seu tempo, não apenas com seu dinheiro.

18

EMPATIA, NÃO APENAS COM AS PESSOAS QUE GOSTAM DE CHORAR COM AMIGOS

É bom lembrar que toda a população do universo, com uma insignificante exceção, é composta de outros.

JOHN ANDREW HOLMES

No centro das quatro transições, está a palavra "novo". Se você tem um Choque, Teto, Oportunidade ou Salto de Carreira, estará inundado de *novo* durante um *Reinicie*. Assim, terá de enfrentar novas competências, novos relacionamentos, novos empregos, novos desafios e novos clientes. A melhor maneira de navegar nessa nova tempestade está em um traço-chave de caráter: empatia.

Embora isso possa soar um pouco suave ou então como o nome do perfume da celebridade Celine Dion, a empatia desempenha um papel importante em sua *Career Savings Account*.

Para entrar nessa discussão, vamos começar com uma nova definição da palavra.

Empatia = entender as necessidades e sentimentos de uma pessoa e se identificar com ela.

Conforme você se lança em um Salto de Carreira, o filtro da empatia irá ajudá-lo a se ambientar a novas situações se você atingir ambas as partes da definição. Entender metade é fácil, qualquer um o faz. Você já vivenciou vários negócios que entenderam metade da definição corretamente. O representante de serviço ao cliente, que constantemente lhe diz: "Nós sentimos muito e lamentamos o inconveniente", mas não soluciona seus problemas, apenas expressa a parte do "entender as necessidades de alguém". A empresa que lança um grande produto sem perguntar se os clientes realmente o querem está vivenciando a outra metade da definição.

Meia empatia é melhor do que nenhuma empatia, mas isso não muda sua carreira e certamente não mudará o mundo.

A empatia não precisa ser complicada. Até pode ser bem clara. Aqui está meu segredo para ela: acredite que todos são iguais.

É assim. Provavelmente não vou colocar isso em uma caneca porque é muito chato, ainda que seja verdade. As pessoas com as quais você trabalha ou para as quais trabalha são como você. Têm as mesmas esperanças e os mesmo medos, sonhos e frustrações que você. É possível que os expressem de forma diferente, mas isso não significa que sejam de fato diferentes de você.

Aprendi isso numa manhã falando num programa de rádio destinado a caminhoneiros.

Sei o que você está pensando: "Se há algo que Jon Acuff sabe, é transportar um equipamento para fora do estado".

É verdade. Passei muitos anos nas estradas principais e secundárias vivendo a vida de um caminhoneiro. Tornei-me conhecido por ganhar uma competição de braço de ferro uma ou duas vezes apenas virando meu boné para trás.

Na verdade, sei muito pouco sobre dirigir um caminhão, exceto que Penske não deveria ter me alugado um monstro de mais de sete metros de um caminhão só porque eu tinha uma carteira de motorista. Eu não saberia dizer-lhe nada sobre a indústria de caminhões. Mas conheço pessoas. Conheço empatia.

Sei como minha mulher se sente quando preciso viajar a trabalho. Meu discurso numa conferência empresarial é o mesmo que dirigir um carregamento de frango para a Carolina do Sul? Não! As execuções são bem diferentes, mas o coração não é. Embora eu esteja num aeroporto, e não numa rodoviária, o ponto final é o mesmo para mim e para aqueles caminhoneiros: não estamos em casa.

No dia seguinte ao programa de rádio, a produtora me agradeceu por atender ligações ao vivo dos caminhoneiros e ajudá-los com seus problemas. Ela realmente sentiu que eu entendia a vida que levavam. Não entendo, mas entendo o valor da empatia. No contexto que envolve uma carreira, a empatia abre milhares de portas porque permite que se trabalhe com qualquer um.

Grandes vendedores sabem disso há anos. A garota que consegue vender imóveis poderia vender aspiradores, sites e seguro de saúde. Ela é uma expert em todos esses campos? Talvez não, mas sabe que, se você usar o tempo para entender as pessoas e aquilo de que elas precisam, não precisará ser expert em cada produto. Você apenas precisa ser empático.

Dustin Brake estava treinando para se tornar farmacêutico. Ele se cansou da profissão depois de alguns anos e agora ama o trabalho de gerenciar uma loja de joias. Será que ele tinha uma extensa experiência em anéis, relógios e colares quando se lançou em seu

Salto de Carreira? Não. "Eu não conhecia nada de joias", ele me disse, "mas conhecia pessoas."

Quer expandir suas oportunidades de trabalho, o número de empresas onde pode trabalhar e os grupos com os quais pode trabalhar? Compreenda que as pessoas são iguais. Abrace a empatia e, então, combine-a com a generosidade.

Para fazer isso, você terá de começar com uma história.

USE O TEMPO PARA CONHECER A HISTÓRIA REAL DE ALGUÉM

Tive uma experiência ruim ao assistir ao programa *Fear Factor*. Eles constantemente instruíam as pessoas a se deitar em caixões cheios de aranhas, o segundo medo da minha lista, atrás de "ficar preso em um duto de lixo repleto de escorpiões". A outra razão pela qual eu não assistia ao programa era o apresentador, Joe Rogan, que sempre me pareceu um pouco valentão. O sujeito parecia bravo sem razão alguma, e é normalmente a pessoa mais intensa em eventos de UFC, o que se revela uma proeza difícil de realizar.

Entretanto, quando você coloca alguém dentro de um padrão ou o rotula, isso elimina sua competência de ser empático.

Foi o que fiz com Joe Rogan. Eu o julguei. Classifiquei-o conforme um modelo e segui em frente.

Mas essa minha visão mudou quando ouvi sua história.

Em uma entrevista no *podcast* de Marc Maron, Joe Rogan compartilhou como, quando estava com 4 ou 5 anos, testemunhou o próprio pai bater brutalmente na mãe. Embora Joe e a mãe escapassem, a cena afetou Joe de uma maneira que nenhuma criança deveria vivenciar.[1]

1 Marc Maron, "Episódio 161 – Joe Rogan", WTF with Marc Maron Podcast (quinta-feira, 31 mar. 2011).

Na conversa com Maron, Joe divagou sobre como seu fascínio pelo caratê e fisiculturismo podem estar profundamente relacionados ao desejo de se proteger da violência física. Desse modo, talvez se ele fosse forte e soubesse lutar, ninguém o machucaria.

Você acha que comecei a ver Joe Rogan de modo diferente depois dessa história? Claro que sim. E isso ocorreu porque as histórias destroem nossa capacidade de julgar alguém.

Quando você ouvir a história de alguém, essa pessoa não é mais apenas uma ideia ou um objeto, pois se torna humana. Vira uma criança de 5 anos que teve coisas terríveis atiradas nela, ou um adolescente de 12 anos que nunca aprendeu a sensação de se sentir seguro, ou, então, uma mãe solteira que está tentando conciliar três filhos, um emprego e um milhão de outras responsabilidades. As histórias transportam as pessoas de 2D para 3D.

O autor Stephen Covey vivenciou essa questão em um metrô certa manhã. Havia um pai cujos filhos estavam pulando como maníacos. Poucas coisas deixam outros pais loucos tão rapidamente quanto um pai desatento e crianças fora de controle. Finalmente, Covey comunicou que as crianças estavam fora de controle. O pai, de um jeito imparcial, olhou para cima e disse: "Ah, você está certo, acho que eu deveria fazer alguma coisa sobre isso. Acabamos de sair do hospital onde a mãe deles morreu há uma hora. Não sei o que pensar, e acho que eles não sabem como lidar com isso também".[2] Saber a verdade deu a Covey a capacidade de ser empático e oferecer ao pai o que ele precisava naquele momento: compaixão.

Covey não conhecia aquela família. Eu não conheço Joe Rogan, por isso faz sentido em ambas as situações que fosse difícil conhecer a verdadeira história antes. Mas e em relação às pessoas que

2 Stephen R. Covey, *The 7 Habits of Highly Effective People: Powerful Lessons in Personal Change* (Nova York: Simon & Schuster, 1989), p. 39.

conhecemos? Pessoas com quem trabalhamos. Por que temos dificuldade em exercer a empatia? Porque o medo é um contador de histórias surpreendente.

A chave para saber a história de alguém é acreditar na real, não no que o medo nos diz. Você já recebeu um e-mail de seu chefe na sexta-feira à tarde às 17 horas? Não era longo e dizia apenas: "Precisamos conversar na segunda-feira. Não é grande coisa, mas vamos fazê-lo no primeiro horário. Tenha um bom fim de semana!".

Bom fim de semana? Impossível. Você vai passar todo o fim de semana pensando em como será essa reunião. Vai entrevistar todos os erros que cometeu nos últimos meses e elaborar justificativas para eles. O sujeito não é seu chefe agora, mas o promotor em um processo judicial. Assim, você prepara uma defesa elaborada e fica na defensiva. (Se você não elaborar tudo isso mentalmente, por favor, conte-me seu segredo para a confiança e vou lhe contar o meu para os suores noturnos repletos de ansiedade.)

Desde o primeiro momento, você imaginou como será essa conversa passando-a primeiro mentalmente. E colocou um monte de histórias na boca do chefe, as quais, provavelmente, não estão lá. Fazemos isso com as pessoas o tempo todo. Desde colegas de trabalho até membros da família.

Certa manhã, meu amigo se desentendeu com a esposa. Ele passou o dia colocando palavras que ela não havia realmente pronunciado na história, ampliando a coisa toda cada vez que a repetia em sua imaginação. Quando chegou em casa, pediu desculpas a ela e disse: "Desculpe, eu estive inventando mentiras suas mentalmente durante todo o dia". Ele contara a si mesmo uma história que não era verdade.

Todo mundo tem uma história. Quando não dispomos de tempo para conhecer a história de alguém, criamos nossa própria versão dela, e pior: perdemos a oportunidade de entender do que as pessoas precisam, que é o primeiro passo para a empatia.

IMPORTE-SE COM O QUE AS PESSOAS, COM AS QUAIS VOCÊ SE IMPORTA, SE IMPORTAM

Ocorreu-me que, se antes você nunca foi compreensivo com colegas de trabalho, clientes ou fornecedores, talvez seja incrivelmente difícil lançar uma "campanha de empatia" nessa segunda-feira. Basta andar até um colega de trabalho, dar-lhe um pequeno presente e dizer: "Estou aqui para falar sobre suas necessidades, Tom. Você está pronto para se abrir em relação a sua história, garotão?".

Ligar a mangueira da empatia provavelmente vai gerar olhares estranhos na sala de descanso da empresa. Por isso o caráter é um pomar, pois se trata de fazer pequenas mudanças ao longo do tempo.

Se qualquer coisa deste capítulo fez você se sentir desconfortável, que ótimo. Está funcionando. Aprender algo novo não deve ser confortável, mas é importante se você estiver rumo a um Salto de Carreira.

Se você sente que seu trabalho ou sua empresa ou sua carreira não são adequados para a empatia, gostaria de apresentá-lo a um limpador de chaminés que conheci. Posso falar daquele cara de *Mary Poppins* porque todos nós estamos pensando nele. Ou Joe porque é mais curto.

Conheci Joe em Branson, Missouri, numa convenção de limpeza de chaminés na qual eu estava dando uma palestra.

(Lembra quando eu disse que a empatia lhe abre uma ampla variedade de oportunidades?) Joe percebeu que nenhum dos seus clientes regulares ligava para as campanhas de mala direta que lhes eram enviadas. Por mais que insistisse, eles simplesmente as

jogavam fora. Já que limpeza da chaminé é um tipo de serviço anual, a maioria das pessoas se esquece dela, a menos que um animal da floresta fique entalado lá dentro. Joe precisava encontrar um jeito de lembrar seus clientes de limparem as chaminés.

Então, ele pensou: "Com o que, além de limpar chaminés, meus clientes se preocupam?". E percebeu que muitos de seus clientes têm cães, e são muito apaixonados por seus animais de estimação. Então pensou em uma coisa. Toda vez que estivesse na casa de alguém na qual havia um cachorro, ele seria muito simpático com o animalzinho. Iria acariciá-lo e dizer ao proprietário o quão bonito o cachorro era. Perguntaria se poderia tirar uma foto dele e, se o proprietário confirmasse, assim o faria. Em seguida, carregaria a foto para um aplicativo que transforma imagens em cartões-postais.

Poucos dias depois, enviaria ao proprietário um cartão-postal com a imagem que ele fotografou, no canto do qual haveria seu nome, número de telefone e site. Ele me disse: "Os donos de animais de estimação nunca se livram das fotos dos bichinhos. Você sabe o que eles fazem? Colocam a foto pregada na geladeira. Sabe quantos dos meus outros anúncios eles colocam na geladeira? Nenhum".

Há definitivamente uma boa dose de confusão no que Joe fez, algo que aprenderemos na próxima seção, mas tudo começou com empatia. Ele pensou naquilo com que as pessoas se importam, percebeu que elas não estavam esperando seu próximo cartão de mala direta e, em seguida, pensou nas possíveis necessidades que teriam. Sua história é também um lembrete de que um Salto de Carreira nem sempre significa abandonar o trabalho. No caso de Joe, fazer algo positivo e voluntário significou tentar um ajuste inovador para seu modelo de negócio.

Você se lembra do colega de trabalho ou do cliente com o qual você seria generoso esta semana? Do que ele precisa? Qual o motivo? O que significa a foto do cão dele? E, quando você descobrir, qual será a maneira por meio da qual você poderá fazer alguma coisa a respeito?

Generosidade e empatia estão intimamente ligadas; andam de mãos dadas. Quanto mais forte você for em uma, mais forte se tornará na outra. Se você se torna bom em ambas, isso se reflete em você, na sua vida, lembrando-se de seu próximo aniversário de casamento, por exemplo, e, por favor, deixe seu cônjuge saber, e podem enviar-me um bilhete de agradecimento.

LEIA MENOS MENTES, FAÇA MAIS PERGUNTAS

Joe não é um limpador de chaminé mediano. Ele foi presenteado com o dom de compreender as necessidades das pessoas, mas e se você não foi? E se realmente tentou antes e o tiro saiu pela culatra? Como você descobre do que um colega de trabalho ou um cliente precisa de fato?

Leia menos mentes, faça mais perguntas.

Não basta tentar adivinhar com o que alguém se importa. Pegue um atalho e pergunte. Bose, a empresa de eletrônicos conhecida por fones de ouvido e sistemas de home theater, fez isso quando eu estava trabalhando no lançamento de um novo produto para guitarristas.

Sabíamos que os músicos em bares esfumaçados não nos conheciam muito bem. Eles viam a Bose como honesta, sistemática e propensa a períodos de música clássica. Em vez de tentar adivinhar o que guitarristas queriam, apenas lhes perguntamos. Convidamos músicos de todo o país para um evento especial chamado *Band Camp*.

Em vez de tentar ler a mente deles, fizemos-lhes perguntas. No processo, aprendemos necessidades que nunca poderíamos ter imaginado. Por exemplo, eles nos pediram para não colocar o nosso nome na parte externa do saco de alto-falantes.

"Por quê?", perguntamos, confusos com o pedido.

"Quando as pessoas em clubes veem o nome Bose, elas percebem que tenho um instrumento caro e o roubam. Assim, terei de cobrir o nome com fita, ou vocês podem apenas tirá-lo completamente do saco."

Nunca teríamos chegado a essa conclusão se tivéssemos passado semanas pensando por nós mesmos.

Não perca oportunidades valiosas de ser empático em sua carreira apenas adivinhando aquilo de que as pessoas precisam. Leia menos mentes. Faça mais perguntas.

A VERSÃO DO INICIANTE SOBRE EMPATIA

É possível que limpadores de chaminés fossem algum tipo de ninja empático, o que acho que é uma contradição, pois sempre que ninjas perguntam: "Do que alguém precisa?", a resposta é: "Ser esfaqueado com uma espada". Mas vamos dizer que não estamos prontos para esse nível de empatia.

Aqui está um nível de empatia de um iniciante que aprendi com Angie Smith.

Angie é uma autora talentosa, falante, que vive em nosso bairro. Ela tem uma enorme plataforma e generosamente a compartilhou comigo no passado, ajudando-me a vender livros. Ela e seu marido, Todd, têm sido definitivamente conselheiros no meu *Reinicie*.

Embora esses aconselhamentos certamente tenham gerado algumas implicações e ações táticas, a maior delas foi quando Angie fez a coisa mais simples que se pode fazer para ser empático. Ela apareceu.

Jenny e eu havíamos atingido um marco no *Reinicie* de minha carreira. Depois de seis meses, uma coisa que estávamos esperando tinha finalmente acontecido. Angie sabia a data e o significado dela para nós. E ela apenas apareceu. À meia-noite. Angie estava voltando de uma turnê de palestras e seu marido estava fora da cidade. A babá tinha colocado as crianças na cama para que ninguém ficasse esperando a mãe. Sem aviso prévio, ela apareceu em nossa porta, enquanto Jenny e eu esperávamos o relógio bater meia-noite.

Era apenas uma quinta-feira comum para todas as outras pessoas, mas para Jenny e para mim era um grande momento. E Angie apareceu. Ela ficou lá até as duas horas rindo, conversando e sonhando com nós dois.

Não foi complicado. Não foi sofisticado. Pode até não parecer muito, conforme você lê estes parágrafos, mas, se já teve alguém que apareceu, sabe o quanto isso é importante. Sabe a diferença que faz.

Na seção de relacionamentos, falamos muito sobre pedir às pessoas que nos ajudem, mas quem vamos ajudar? Precisamos ser ponderados em relação a aparecer. Talvez a empatia comece com você sendo mais ponderado na questão dos detalhes. Angie não poderia ter aparecido naquela noite se não tivesse marcado a data que importava muito para Jenny e para mim.

Talvez a empatia seja tão simples quanto se lembrar de algo que é importante para alguém com quem se trabalha. Gravei meus dois últimos livros de áudio num pequeno estúdio caseiro em Nashville. O cara que o comanda, Joe Loesch, é um mestre do áudio e fez um trabalho incrível. Um ano mais tarde, eu o vi em um evento, mas não falei com ele sobre os livros ou sobre o grande trabalho que havia feito. Em vez disso, perguntei-lhe sobre seu cão, que estava doente na última vez em que estive lá. Joe e sua esposa amam o cão, que está chegando ao fim da vida. Joe se sentiu honrado por eu me lembrar e me importar o bastante a ponto de perguntar. Eu apareci em uma parte importante da sua vida, seu cão.

A empatia não precisa ser grande. (E não tem de envolver sempre cães.) Somos uma sociedade tão ocupada que mesmo o gesto mais insignificante parece enorme.

Seus colegas de trabalho precisam que você apareça. Seus clientes precisam que você apareça. Seus fornecedores precisam que você apareça. Se quer que eles apareçam quando faz um Salto de Carreira, plante empatia em seu pomar. Em primeiro lugar, apareça na vida de outra pessoa.

TORNE AS PESSOAS MAIORES

Ninguém gosta de se sentir pequeno ou insignificante, ou de ter todo mundo rindo de suas roupas íntimas durante a pesagem do primeiro combate de luta livre no oitavo ano. Hipoteticamente falando.

As pessoas querem saber que percebemos suas necessidades e que realmente achamos que elas merecem atenção. Isto é o que a empatia faz: torna as pessoas maiores.

Tento fazer o mesmo na maioria das minhas palestras.

Tenho uma pessoa responsável por agendá-las para mim. Ela interage com o cliente, configura a coisa toda e depois me manda um e-mail com um dossiê sobre o evento. Na maior parte das vezes apenas um PDF, mas dossiê soa como se eu pudesse ser um espião com uma pasta ligada a meu braço, então vamos usar esse termo. Eu voo, conheço o anfitrião, derreto os rostos das pessoas com minhas ideias e, em seguida, volto para casa. Mas, apenas pelo fato de aparecer, como todo palestrante faz, perco alguma coisa.

Perco a chance de ser empático com o anfitrião e com as pessoas que irão ao evento.

Por essa razão, tento fazer um contato que dure de 15 a 30 minutos com o anfitrião antes do evento. Durante esse contato, pergunto quais são suas expectativas para o evento, como posso satisfazer a plateia e quais desafios precisarei enfrentar. Mas a pergunta mais inesperada e a mais importante é: “Uma semana depois do evento, o que fiz que talvez o tenha feito parecer uma estrela do rock para as pessoas que importam em seu trabalho?”.

Sempre tenho que reformulá-la algumas vezes porque anfitriões de oradores não estão acostumados com essa pergunta. Eles ficam, na verdade, um pouco surpresos. Em vez de se concentrar em minhas necessidades, só lhes pergunto então: “Como posso torná-lo maior”, e isso os surpreende. Essa é a pergunta que precisamos fazer se queremos conhecer as necessidades de outra pessoa e como intervir nelas.

Afirmo que, independente da carreira que tenha, você deve questionar as pessoas com quem trabalha com esse tipo de pergunta.

Pergunte aos clientes: “O que posso realizar para fazer você parecer uma estrela do rock para seu chefe?”.

Pergunte aos vendedores: “O que posso realizar para fazer você parecer uma estrela do rock para seus superiores?”.

Pergunte aos seus colegas de trabalho: “O que posso realizar para fazer você parecer uma estrela do rock para seu gerente?”.

As pessoas se surpreenderão, talvez com certo desconforto, pois é o contrário de como normalmente funciona a força de trabalho. Essa é apenas mais uma razão para se continuar agindo desse modo.

Como podemos tornar outra pessoa maior?

Como o que faço pode torná-las maiores no trabalho ou lhes dar oportunidade, público ou confiança maiores nelas mesmas?

É o oposto de ganhar à custa de alguém. É colocar as necessidades de alguém à frente das suas próprias.

Isso também me ajuda a realizar uma palestra muito melhor quando apareço. As pessoas são muitas vezes surpreendidas com o quanto conheço da empresa e dos desafios que enfrentam. Sei ambas as coisas não porque sou um gênio, mas porque fiz algumas perguntas. Não sou um leitor de mentes e nem você é, mas esse é um dos muitos benefícios da empatia.

Ninguém no trabalho a quem você fez se sentir maior irá dizer: "Aquele cara realmente fez com que eu me sentisse melhor sobre mim mesmo. Realmente entendeu minhas necessidades e as descobriu antes mesmo de eu perguntar. Demita-o imediatamente!".

Por outro lado, quando as coisas desandam, seu chefe provavelmente irá gritar: "Chame o Smith; ele sabe o que estou procurando!".

COMO AGIR QUANDO A EMPATIA SE DESFAZ

Você não será perfeito. Nem eu. Haverá momentos em que, em vez de sermos empático, agiremos do modo contrário. Somos egoístas, tolos e estúpidos.

Em vez de satisfazer as necessidades de alguém, pisamos em cima da pessoa conforme dominamos nosso caminho para satisfazer nossas próprias necessidades.

Quando isso acontecer, e irá acontecer, o melhor é admitir que você errou.

Ao cometermos um erro, queremos um vilão a quem culpar. Queremos alguém a fim de apontar o dedo para o outro, e não para nós mesmos.

Como dito, você aprende melhor com as falhas pelas quais assume a responsabilidade. Aprende com as próprias perdas. E alguns de vocês que estão nisso sofreram perdas, especialmente se passaram por um Choque ou depararam com um Teto de Carreira. Podemos gastar muito tempo e energia tentando atribuir a culpa a alguém. Tempo e energia que poderiam ter sido empregados para irmos adiante, em vez de permanecermos emperrados.

Você também precisa possuir coisas quando realiza um Salto de Carreira. Nos meses posteriores ao meu último *Reinicie*, eu tinha de lidar com o fato de ter perdido alguns relacionamentos porque não havia conseguido investir neles em primeiro lugar. Afinal, precisava manter meu narcisismo e minha ingenuidade em algumas situações. Precisava manter minha tola propensão em dramatizar o que essencialmente era apenas meu pedido de demissão, o que milhares de seres humanos fazem todos os dias. Precisava perpetuar meus erros.

Não confio muito em pessoas que não conseguem dizer as palavras "Eu estava errado" ou "Eu fiz isso" ou "Desculpe-me".

Ninguém é perfeito, e as pessoas que fingem ser estão mentindo. O interessante nisso é que, quando você admite que estava errado ou que cometeu um erro atingindo pessoas em sua vida, na maioria das vezes elas já sabiam. Os pontos fracos que você pensa que está revelando como um segredo têm sido evidentes para as pessoas com quem trabalha há anos. Elas estavam apenas esperando que você também os visse. O mais louco é que aquilo que estamos com medo de perder por pedir desculpas aos colegas de trabalho – respeito – é, muitas vezes, o que acabamos ganhando. Ser sincero faz as pessoas o respeitarem mais do que apenas fingir que não possui defeitos.

Admita que está errado. Desculpe-se com alguém com quem você não foi empático. Aja desse modo para que possa começar a trabalhar essa questão.

COMEÇANDO COM LIMPADORES DE CHAMINÉ, TERMINANDO COM DENTISTAS

Acho que em todos os livros que já escrevi contei uma história sobre certo dentista. A razão é que vou lá muitas vezes, dado o estado tórrido da minha boca.

Para este livro, eu tinha inicialmente pensado em incluir uma seção sobre a confusão temporal pela qual passei quando fiz um canal em um dente no período da manhã e, em seguida, tive de dirigir durante quatro horas para uma palestra na mesma noite. Esse, entretanto, não se tornou um exemplo de confusão, mas de estupidez. No mínimo, eu deveria ter pedido a alguém que me levasse até lá. (Mas, realmente, não tenho ninguém a quem pedir, talvez por isso esse seja o 92º exemplo de que não sou bom em relacionamentos.)

Mas, felizmente, o dentista que frequento interveio com um exemplo de empatia, o que me permitiu acumular uma série de histórias-dentárias-em-cada-livro.

Marquei uma consulta alguns dias depois do meu mais recente *Reinicie*. Jenny e eu estávamos encarando um futuro financeiro incerto. Embora houvesse esperança de que eu fosse fechar outro contrato de um livro, a realidade estava muito longe de acontecer. Tínhamos guardado dinheiro para um Salto de Carreira assim, mas estávamos preocupados com o fato de não conseguirmos receber nada nos meses seguintes.

Um compromisso dentário de 2 mil dólares seria complicado dentro do antigo orçamento da família Acuff. Mas eu não iria fazer apenas um clareamento dentário. A consulta não era para "parecer melhor", mas para arrumar algumas coisas de modo que continuasse com meus dentes.

Durante a visita, meu dentista me perguntou como estavam as coisas. Eu lhe contei minha transição recente e descrevi um pouco o que estava acontecendo. Ele ouviu em silêncio, ou o mais silenciosamente que poderia por causa do som da broca. O dentista passou noventa minutos comigo naquele dia, trabalhando em três dentes diferentes. Quando terminou o serviço, ele me deu um tapinha no ombro e disse: "Este é por nossa conta hoje. Você irá descobrir como se reerguer".

Quase comecei a chorar na cadeira, uma atitude que normalmente reservo para quando faço tratamento de canal. Ele me pegou desprevenido. Eu não estava esperando aquilo e deixei o consultório abalado com toda a situação.

Foi um incrível ato de generosidade. Mas também um ato de empatia, o que definimos antes como entender as necessidades de alguém e fazer algo pela pessoa. Você não pode ter generosidade sem empatia.

Muitos podem pensar que o dentista foi gentil quando não cobrou o atendimento odontológico. Ele foi, mas a primeira bondade começou ao me perguntar como estava minha vida e se preocupar de fato com minha resposta. Sua disposição de renunciar ao pagamento foi a empatia que se converteu em generosidade.

Enquanto eu viver em Nashville, nunca mais irei a outro dentista. Vou indicá-lo a todos que conheço. Serei eternamente fiel ao seu negócio por causa de sua generosidade e empatia. Um ano mais tarde, quando meu dentista me pediu que eu comparecesse a um café da manhã de angariação de fundos para uma instituição de caridade que ele apoiava, nem consegui esperar para responder sim. Se ele me pedir para dar uma palestra num evento algum dia, vou dizer sim também. Sua empatia por mim gerou minha lealdade a ele, e é disso que cada Salto de Carreira vai precisar em algum momento.

Às vezes, a empatia parecerá complicada, mas não é. Ela só envolve duas coisas:

Entender as necessidades de alguém.

Agir em prol desse alguém.

LEMBRE-SE:

- ✓ A empatia permite a você que navegue por novos relacionamentos, novas competências e novas oportunidades que um Salto de Carreira sempre proporciona.
- ✓ Conhecer a história de uma pessoa torna difícil julgar, rotular ou demiti-la. Ver as pessoas pelo que de fato são facilita muito o trabalho com elas. Quer mais empatia? Conheça mais histórias.
- ✓ Importe-se com o que as pessoas com as quais você se importa se importam. Descubra isso mais rápido lendo menos mentes e fazendo mais perguntas.
- ✓ A empatia sempre torna as pessoas maiores, não menores.

19

ESTEJA PRESENTE

Na seção competências, revelei um novo conceito dramático para se ter uma excelente carreira. Chamei-o de "Vá trabalhar". Foi um pouco arrojado para alguns de nós, uma torre de marfim acadêmica se quiser, mas, no final do dia, acho que todos nós concordamos que, se estamos trabalhando para outra pessoa ou para nós mesmos, aparecer no trabalho provavelmente é importante.

O truque, porém, é que você pode dar um Salto de Carreira e continuar ausente. Pode ser perfeitamente assíduo em qualquer nova oportunidade de dar esse salto e ainda estar ausente. Estar lá fisicamente, sentado no banco por assim dizer, é apenas uma parte de seu *Reinicie*. Você ainda tem de estar presente. Justo agora que é mais difícil do que nunca de se estar lá por causa de todas as distrações que estamos tendo que enfrentar.

Mas, se você realmente quer reinventar seu trabalho e seguir em frente, há três coisas com as quais precisa lidar: telefone, computador e reuniões.

ESTAR PRESENTE COM O TELEFONE EM MÃOS

Uma vez, um amigo se gabou porque tinha dado um tempo de seu iPhone por trinta dias. Antes que eu pudesse bater palmas para o que parecia ser um feito impressionante, ele esclareceu: "Durante trinta dias não usei meu iPhone enquanto estava no banheiro".

Uau, que espetacular! Quarenta e dois segundos contínuos sem usar o telefone? Que clareza de espírito e concentração ele deve ter adquirido nesses momentos. Espero que tenha feito um diário sobre essa experiência e possa transformá-lo um dia num blog, ou até num livro!

É fácil rir de coisas assim, mas não sou muito melhor. Posso não ter conversas telefônicas com estranhos que não sabem que estou fazendo xixi, mas, sem dúvida, verifico o Twitter no banheiro. Já mandei e-mail para pessoas enquanto corria. Talvez o pior de tudo tenha sido procurar semáforos fechados porque isso significava que podia usar meu telefone. Você se lembra no meio da noite do que as pessoas faziam quando o sinal ficava verde? Dirigiam. Eu gostaria que houvesse uma buzina que tocasse "Pare com mensagens de texto! Ande! O sinal ficou verde!", a fim de que fossem tocadas para pessoas desagradáveis como eu.

Estamos ficando amarrados aos nossos telefones, numa situação muito parecida com a das velhas senhoras que vi na primeira vez que fui a um cassino. Pensei que a experiência seria glamorosa como ir ao Bellagio em Las Vegas. Eu usava gravata e entrei pela porta como um participante do filme *Onze homens e um segredo*, embora estivéssemos na Filadélfia, Mississippi, e a porta pela qual entramos se localizasse no corredor das máquinas caça-níquel. Passamos por fileiras de mulheres idosas usando colares presos a seus "cartões de grana do cassino", que se plugavam à máquina. Elas estavam fisicamente atreladas às máquinas caça-níquel, entaladas ali. Se eu tivesse um iPhone naquele momento, teria perdido aquela cena, olhando de cabeça baixa para meu telefone. Minha corrente não é um colar de cassino, mas um cabo de alimentação.

Olhei para uma tomada de energia duas vezes na década de 1990. Agora, esquadrinho terminais de aeroporto como um viciado em eletricidade. Julgo a qualidade de um quarto de hotel pelo número de tomadas que tem. Se não existirem algumas instaladas nas luminárias, eu as jogo pela janela com raiva como a banda de rock Def Leppard.

Esse é um comportamento totalmente ridículo, mas a nossa incapacidade de estar presente, por causa de nossos telefones, pode ameaçar nossos relacionamentos. Desde a conquista do nosso primeiro emprego via relacionamentos – e eles são a chave para o sucesso da carreira em longo prazo –, cabe a nós descobrir como estar presente, apesar dos nossos telefones. A maneira mais fácil, ou o passo mais rápido que se pode dar, é parar de "colocar as pessoas no modo pausa".

DA MESA DE JANTAR À MESA DE REUNIÃO, SABEDORIA DE ORIGEM NATIVA

Em uma ocasião, depois de nossos filhos terem ido para a cama, Jenny e eu estávamos conversando. No meio da conversa, peguei meu telefone pela segunda ou milésima vez naquela noite. Provavelmente estava curtindo uma canção, verificando o tempo, respondendo a um e-mail, jogando Zombies ou tuitando sobre a incrível conversa que estava perdendo porque resolvi tuitar sobre ela.

Enquanto olhava ansioso para o belo brilho do meu telefone, Jenny disse: "Você acabou de me colocar no modo pausa. Avise quando estiver pronto para continuar".

Golpe conjugal!

Ela estava certa. Ao desviar os olhos para o telefone no meio da nossa conversa, eu estava dizendo a ela: "Pausa aí um pouco. Há algo mais importante e mais interessante do que você que quero ver". Se eu não estivesse com um telefone, nunca faria isso. Imagine como a noite seria se, no meio da conversa, estendesse minha mão e gentilmente apertasse o nariz de Jenny dizendo: "Pausa. Vou pensar em futebol por trinta segundos. Sinta-se à vontade para continuar falando, mas as palavras vão passar por mim sem despertar qualquer tipo de resposta".

Seria uma péssima noite, e muitos de nós estamos criando dias assim no trabalho, mesmo sem perceber. Quando você está falando com colegas de trabalho sobre um projeto e gruda no telefone, acabou de colocá-lo no modo pausa. Quando está reunido com seu chefe e responde a um e-mail pelo telefone, acabou de dizer que ele não é tão importante. Quando está trabalhando um novo cliente e abandona a conversa para verificar mensagens no telefone, está apenas colocando-os no modo pausa e dizendo que realmente não quer negócio com eles.

É uma loucura vivermos num mundo onde ter uma conversa de cada vez é considerado uma forma de prestar grande honra a alguém, mas é o que fazemos. Se você quiser estar com o seu telefone e criar um pomar melhor, não coloque as pessoas no modo pausa.

ESTAR PRESENTE COM O COMPUTADOR

Quando eu trabalhava para a Home Depot nos anos anteriores aos smartphones, o que é a vida toda menos cerca de doze anos, eles bloquearam a ESPN.com em todos os nossos computadores de trabalho. Tentei argumentar que saber os resultados esportivos iria me ajudar a escrever melhores textos publicitários para cortinas, mas foi difícil para eles engolir minha desculpa. (*Prenda suas cortinas com seu jogador preferido!*) Incapaz de justificar minha necessidade de acesso, simplesmente decidi ser um idiota com a coisa toda.

Que audácia a empresa me dizer que eu não podia acessar a ESPN.com em suas dependências, em seus computadores!

Infelizmente, hoje, muitas empresas estão agindo exatamente como a Home Depot. Quando o contratam para uma determinada função, é surpreendente como poucas vezes essa função inclui "verificar Facebook incessantemente". Bem poucas oportunidades de trabalho incluem "tuitar seu dia ao vivo" na lista de responsabilidades. E, no entanto, é muito fácil agir assim tendo direito à maravilha que é a internet.

É por isso que as empresas perdem cerca de 6,5 bilhões de dólares durante as quinze semanas da temporada de futebol.[1] E isso só vai piorar. A internet ficará maior e mais interessante, com mais coisas para fazer que não nos levam adiante em nossas carreiras. Hoje as mídias sociais são menores do que jamais serão. Todos os dias elas se expandem.

Para combater esse canto da sereia, comece fazendo um controle do seu tempo durante um dia. Se você tem um emprego ou trabalha para si mesmo, anote cada vez que usar a internet para alguma coisa que não se relacione ao trabalho. Basta manter um registro ativo de marcas de seleção; você não tem de escrever o que estava fazendo. Se para você é difícil discernir o que se relaciona ao trabalho e o que não, basta contar o número de vezes que precisa fechar rapidamente o navegador quando seu chefe se aproxima.

1 Drew Guarini, "Fantasy Football Costs Employers Upwards of $6.5 Billion, Study Finds", *Huffington Post* (4 set. 2012). Disponível em: <http://www.huffingtonpost.com/2012/09/04/fantasy-football-costs-employers_n_1855492.html>.

No final do dia, ou da semana, se você se sentir particularmente disposto, verifique o número. Agora me conte qual valor todas as interrupções não relacionadas ao trabalho agregaram ao seu trabalho ou ao da sua empresa. O resultado estará em algum lugar entre "zero e quase nada". Então me conte o número de vezes que você gostaria de rever essa lista com seu chefe ou clientes. O resultado estará em algum lugar entre "zero e nunca".

Se você não está feliz com essa matemática, se acha que está fazendo isso mais do que gostaria, descubra como quebrar o ciclo. Para mim, isso significa desligar o wi-fi enquanto escrevo. Não resta a menor dúvida de que uso a internet para pesquisa, mas o tempo de pesquisa é diferente do tempo de escrever. Preciso desativar o wi-fi para conseguir fazer alguma coisa. Enquanto estiver em seu emprego, trabalhe. Conceito novo.

ESTAR PRESENTE NAS REUNIÕES

Há poucas coisas na vida tão estimulantes como ter uma reunião cancelada. É um dos melhores sentimentos que você vivencia no trabalho. Todo mundo dá um suspiro de alívio e diz: "Ah, ganhei uma hora no meu dia. Beleza". É como um pequeno perdão de um conselho de liberdade condicional.

É possível que eu seja tendencioso quanto a reuniões, devido a tantas de que participei nos meus quinze anos de trabalho corporativo, mas raramente ouvi alguém dizer: "Gostaria de ter mais reuniões". Seja como for, você irá participar de algumas durante o curso de sua carreira. Provavelmente de muitas. Sabendo disso, o que fazer para ter certeza de que estará presente ali? Elas podem não ter importância para você à primeira vista, mas, se são importantes para sua empresa, para seu chefe e para os colegas de trabalho, deveriam ser também para você. Aqui estão algumas maneiras possíveis de estar presente que você pode praticar.

FAZER ANOTAÇÕES

Anote em papel, com uma caneta. Que pitoresco! Papel. Por que uma abordagem tão fora de moda? Porque nunca fiquei "rolando" fotos engraçadas de lhamas com cortes de cabelo estranhos numa folha de papel. Nunca fiz download de músicas no meio de uma reunião chata usando uma folha de papel. Nunca precisei falar para todos na reunião: "Estou usando esse papel para notas", quando me olham certos de que estou usando a reunião para atualizar e-mails. Se você quer ser digital, um iPad ou tablet é melhor do que um laptop, porque, pelo menos dessa maneira, tem a credibilidade das pessoas que, afinal, são capazes de ver o que você está fazendo. É muito fácil se esconder atrás de um laptop assim que uma reunião fica enfadonha. As anotações também não precisam ser extensas. Anote três linhas e quem está apresentando vai pensar que você é uma estrela de empatia. Ser notado – parte das competências – significa ser notado e estar presente. Além disso, se uma semana mais tarde alguém lhe perguntar sobre a reunião, você terá as anotações para consultar. Bônus.

FAZER PELO MENOS UMA PERGUNTA

A palavra "reunião" pode significar qualquer coisa entre três e trezentas pessoas, então ajuste este conselho de acordo com a situação; no entanto, fazer uma pergunta irá ajudá-lo a se envolver ali. Vai obrigá-lo a prestar atenção no que está sendo apresentado. Fazer boas perguntas começa com ouvir bem as informações. Você vai parecer um idiota se fizer uma pergunta que alguém já fez. Além de mantê-lo focado, uma boa pergunta envia a todos na sala o sinal de que você está prestando atenção. Não finja se sinceramente não tiver nada para perguntar. Mas, se você se senta numa sala de conferências por uma hora da vida, que nunca vai voltar, e não é capaz de fazer pelo menos uma pergunta, isso significa que não tentou o bastante. (Aviso: Não seja a pessoa que faz cinquenta perguntas para tentar impressionar o chefe e assim acaba atrasando a reunião em trinta minutos. O objetivo não é impressionar seu chefe; isso é apenas um benefício colateral. O objetivo é estar presente, e não querer aparecer.)

VIRAR A FRENTE DO CELULAR PARA BAIXO

Vá por inteiro à reunião, como um jogador de pôquer, colocando o seu celular com a tela para baixo em cima da mesa a sua frente. Mostrar para alguém as costas do telefone durante uma reunião é como um sinal luminoso em néon que diz: "Estou aqui! Estou presente!". Se você usa seu telefone preso no cinto, retire-o e ainda assim o coloque sobre a mesa. Em seguida, queime essa capa de telefone de cinto. Elas são a versão atual da pochete, ou seja, horríveis. Esse movimento simples irá ajudá-lo a se concentrar, pois, uma vez que o telefone está sobre a mesa, pegá-lo significa que você precisa dizer a todos o que está prestes a fazer. Quanto mais distante colocar o telefone, mais óbvio se torna que você está prestes a tentar pegá-lo de novo. Todos nós pensamos que vamos verificar e-mails muito sorrateiramente, debaixo da mesa. Achamos que temos algum tipo de capa de invisibilidade quando fazemos isso. Não temos. As pessoas nos veem e sabem que não estamos presentes. Dê a si mesmo uma chance de lutar e vire o telefone com a tela para baixo. Você pode também deixá-lo no bolso, a menos que seja um daqueles smartphones do tamanho de um videocassete. Por último, mas não menos importante, há a louca opção de simplesmente não levar o telefone para a reunião. A menos que você seja um cirurgião cardíaco que realiza transplantes de emergência por meio de mensagens de texto, provavelmente pode ficar sem o celular durante uma reunião inteira. Eu garanto.

Ao escrever esta seção, pensei: "Este é o conselho mais óbvio que existe!". Então verifiquei meu telefone quatro vezes. Tenho até mesmo que deixá-lo na cozinha quando vou dormir, para que consiga me concentrar no sono. Se estiver na minha cabeceira, escuto o sinal de chamadas. Além disso, você já se sentiu mais descansado depois de verificar seu e-mail logo antes de dormir? "Oh, veja só as coisas que não fiz hoje! Agora posso dormir em 'paz'."

Nos próximos anos, estar presente no trabalho terá o potencial de alterar significativamente uma situação. Ninguém mais está presente. Mas você e eu deveríamos estar. Não faz qualquer sentido construir uma robusta *Career Savings Account* e depois jogar tudo pela janela por não trabalhar quando se aparece lá para trabalhar.

LEMBRE-SE:

- ✓ Quer ter a certeza de não perder nenhuma oportunidade durante o seu Salto de Carreira? Quer se destacar no trabalho? Em um mundo cada vez mais distraído, faça o extremamente incomum e esteja presente.
- ✓ Quando você ignora alguém porque está grudado ao telefone, colocou essa pessoa no modo pausa e demonstrou que ela não é importante. Esteja presente para construir relacionamentos melhores.
- ✓ Se você se chatear por participar de uma reunião, não esteja presente só de corpo e intelectualmente ausente. Faça anotações, coloque o telefone virado para baixo, preste atenção.

20

NUNCA SALTE SEM CARÁTER

Quando um dançarino muda de posição, ele mantém o equilíbrio. E faz isso ao levar o próprio centro consigo, mudando seu centro de gravidade, restabelecendo o equilíbrio no instante em que saltou. Caso contrário, irá cair e se machucar.

MARY CAROLINE RICHARDS
(AUTORA DE *CENTERING IN POTTERY, POETRY AND THE PERSON*)

Você precisa do caráter mais do que nunca quando decide perseguir um sonho. Olhando no quadro *Reinicie*, este é o momento em que tomamos a decisão positiva e voluntária de fazer alguma coisa diferente com nossas vidas. É o quadro de cima à direita, aquele momento em que ousamos fazer algo novo.

Rompemos alguns Tetos de Carreira com nossas competências, e agora nos encontramos com a oportunidade de fazer algo que jamais esperaríamos. Vamos abrir uma nova empresa! Vamos mudar departamentos em nossa empresa atual. Mais do que apenas nossas atitudes, vamos nos curvar a uma grande mudança profissional. Tempo para alguma ação. Balões e fogos de artifício!

No momento em que você decide realizar qualquer tipo de mudança em sua carreira, manda outras áreas da vida para o caos. Quanto maior a mudança, maior o caos.

Qualquer um que já tenha mudado de emprego sabe o que isso significa. O marido de minha cunhada aceitou um novo emprego perto de nós em Nashville. Eles tomaram uma decisão profissional. De repente, se viram obrigados a vender a casa em que moravam. Precisavam encontrar um imóvel para locação de curto prazo onde pudessem viver, enquanto ele trabalhava em Nashville até sua casa ser vendida. Ela precisou sair do emprego. Tiveram de dizer adeus a todos os amigos em Auburn, Alabama. A decisão de assumir o cargo começou uma tempestade de caos em quase todas as áreas da vida deles.

O caráter ajuda a navegar nesse caos. Porque, não importa o que aconteça, você pode se apoiar em seu caráter. Talvez precise estabelecer novos relacionamentos numa nova cidade. Talvez deva aprender novas competências num trabalho diferente. Talvez precise de mais energia do que, no início, pensava ser humanamente possível. Essas três áreas de sua *Career Savings Account* podem parecer temporariamente limitadas durante um Salto de Carreira, mas seu caráter não será. Para onde quer que você salte, seu caráter salta junto. Posso ter deixado algumas coisas quando saltei de meu último emprego, mas não me deixei. Trouxe meu cérebro, meu coração e meu caráter comigo quando saltei.

E precisava deles porque aterrissei bem no meio do caos.

A notícia ruim é que nem sempre você consegue eliminar totalmente o caos de sua vida. Isso pode doer no início, mas, uma vez que você percebe que o caos não é inerentemente bom ou ruim, talvez se sinta mais confortável com ele.

Este livro é produto do caos.

Eu não pretendia escrever um livro sobre o que significa passar por um *Reinicie* na vida. Este mesmo livro não estava em meus planos para os próximos cinco anos. Não era o próximo livro na minha lista. Quando saltei de meu último emprego, percebi que precisava de minha *Career Savings Account* para meu *Reinicie* ser bem-sucedido. Conversando com outras pessoas, também percebi que não estava sozinho em relação a essa necessidade.

Foi então que tomei as seguintes decisões:

- Pedi aos meus amigos recomendações de agentes literários.
- Entrevistei alguns agentes e contratei um.
- Escrevi uma proposta de livro.
- Criei um plano de marketing.
- Escrevi a introdução deste livro como amostra.
- Escrevi um resumo detalhado de cada capítulo.
- E então me submeti ao caos.

E se eu enviasse a proposta e nenhuma editora retornasse? E se passar três anos fora do mercado tivesse aleijado minha capacidade de atrair outras pessoas que desejam publicar meus livros? E se as pessoas desconhecidas pensassem que a única razão pela qual meus últimos livros venderam era por eu trabalhar para uma empresa com uma grande plataforma?

Precisei formar novos relacionamentos. Tive de admitir que ainda não possuía todas as competências de que precisava para executar meu próprio negócio. Tive de usar a energia de um modo nunca antes usado. Um Salto de Carreira muitas vezes apresenta uma visão terrivelmente precisa para o verdadeiro conteúdo de sua *Career Savings Account*. Nos meses que se seguiram, precisei confiar fortemente em meu caráter. Tinha de ser generoso com meu tempo conforme me estabelecia no mercado. Tinha de estar presente para o momento. Tinha de ser compreensivo para entender as novas pessoas com quem eu trabalharia.

Tinha de enviar a proposta para o que parecia o caos.

E enviei.

Algumas semanas mais tarde, as editoras fizeram ofertas para meus dois livros seguintes.

Marcamos uma licitação.

Uma proposta final foi feita.

Mais caos aconteceu, e foi maravilhoso.

Viver com o caos é uma decisão fácil? Na verdade não, mas você se acostuma. Com o tempo, conforme investe em seu caráter, acaba desenvolvendo um "calo de caos".

Jenny e eu não poderíamos ter arriscado o que arriscamos com nosso último grande Salto de Carreira no início do nosso casamento. Não tínhamos vivenciado qualquer caos. Não tínhamos precedentes. Não tínhamos sido tão puxados ou testados de qualquer outra forma. Éramos novatos no caos. Agora, porém, anos mais tarde, várias mudanças depois, estamos bem com o caos. Não o criamos simplesmente por criar. Correção: Jenny não cria o caos. Eu tento criá-lo, às vezes como uma forma de me esconder de outra coisa da qual sinto medo. Descobri que é uma maneira ultrarrápida de esvaziar uma *Career Savings Account*. Eu não sabia que havia feito isso até realizar os exercícios deste livro.

Quando o verdadeiro caos, não o tipo falso que sou propenso a fabricar, aparece para mim e Jenny, nós não o combatemos. Quando muito, temos a tendência a nos apoiar nele, sabendo que as palavras "fácil" e "aventura" muito raramente viajam juntas.

Relações construídas. Competências afiadas. Caráter reforçado. Realizar essas três coisas sozinho faria você se destacar no mercado de trabalho, mas a *Career Savings Account* conta com uma peça final. Alguma coisa que tem a capacidade de multiplicar exponencialmente tudo o que fizemos até agora.

É hora da energia.

INVESTIMENTO 4

ENERGIA

Como você trabalha.

"A música só
está no piano
quando ele
é tocado."

JACK GILBERT

Acredito que você é muito mais capaz do que pensa. E acredito nisso porque todos que já encontrei que se empenharam com energia descobriram que eram.

Parte disso talvez se deva ao fato de termos a tendência de lamentavelmente subestimar nossas próprias capacidades, mas a maior parte da razão deriva de a energia não ser apenas uma coisa que agregamos à nossa *Career Savings Account*. É algo que multiplica tudo o que temos nela.

Para que não esqueçamos, a fórmula é (Relacionamentos + Competências + Caráter) x Energia = *Career Savings Account*. A energia amplifica a soma coletiva do quanto trabalhamos em nós mesmos até agora.

Embora às vezes soe como uma marca de pilhas, ou mesmo uma palavra que você veria revestindo um pote de suplementos vitamínicos, ela é realmente muito menos vistosa do que isso. "Energia" é apenas uma abreviação para a expressão "trabalhar duro".

Se os relacionamentos são quem você conhece, as competências são o que faz e o caráter é quem você é, a energia é como você trabalha em cada um deles. Se sua carreira fosse um carro, a energia seria o combustível. Sem ele, o carro mais incrível vira apenas um grande e caro peso de papel. Dirija por uma área rural, e cada carro parado no terreno é uma carreira que a grama da inércia está recuperando. A energia se recusa a permitir que isso aconteça.

A energia amplifica os relacionamentos já que a frequência é a chave para os fortes. Ela é a razão pela qual você vai trabalhar duro para se manter em contato com as pessoas que lhe são importantes. Ela multiplica as competências, dando-lhe o impulso para aprender novas e a motivação para aguçar as antigas. A energia aumenta o caráter, porque paciência, generosidade e empatia não são fáceis. Impaciência, ganância e egoísmo exigem muito menos trabalho, mas a energia não irá permitir que você escolha o caminho mais fácil. Quando o trabalho em um dos três primeiros investimentos desperta uma *oportunidade* inesperada, será a energia que a encontrará na porta.

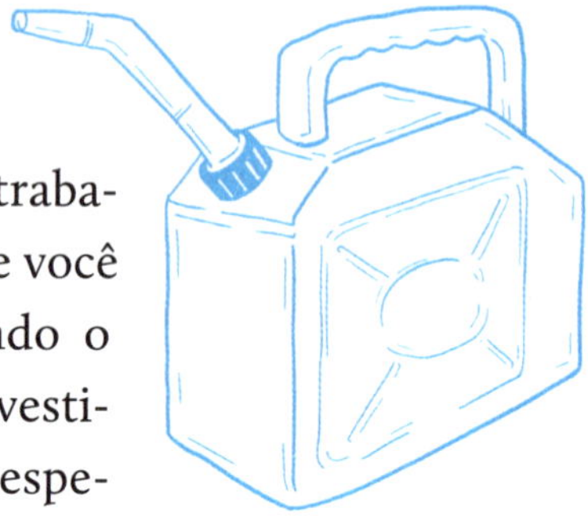

Sem energia, você não acaba com uma *Career Savings Account*, mas, sim, com um potencial desperdiçado. Um conto de alerta como tantos projetos falidos da NFL. Aquele número que um *quarterback* não precisou tentar com muito empenho na escola, afinal, os talentos naturais o levaram até a faculdade sem que precisasse empregar sua energia. No fim, entretanto, ou seu talento diminui ou a concorrência o alcança. De repente, ser alto, rápido e forte não é suficiente. Você precisa mesmo é trabalhar duro. Precisa mesmo de energia.

O mais desafiador de um combustível como a energia é que ela pode ser mal utilizada. É muitas vezes usada como desculpa para não cuidar bem dos relacionamentos: "Só estou usando minha energia!". É muitas vezes o grito de guerra das pessoas mais agressivas, irritadas e que se autopromovem. Há uma linha bem tênue entre a energia e a complicação. Ela também pode se transformar numa furiosa compulsão pelo trabalho, tornando-nos hamsters em uma roda na qual pensamos que mais energia é a solução para chegar a algum lugar. Mas girar mais rápido num objeto fixo não nos move nem um pouco. Só nos torna hamsters exaustos e musculosos, o que é um pensamento terrivelmente específico. Estar ocupado não é o mesmo que ter energia.

Não, a energia precisa dos outros componentes da *Career Savings Account*, assim como eles precisam dela. Se a energia é um combustível, as competências são o tanque. As competências concentram a energia, permitindo assim que o combustível seja aplicado no local exato do carro, em vez de espalhá-lo pelo veículo com uma mangueira e ações indisciplinadas que transformam a carreira em fogueiras latentes, e não em meios de transporte. Os relacionamentos estimulam a energia quando há vontade de desistir, mas a diminuem quando parece que ela vai se esgotar. O caráter encoraja a energia com paciência quando o pomar parece que vai demorar uma eternidade para crescer, e tempera a energia com empatia quando ela ameaça pisar em todos no caminho.

Nas mãos corretas, usada do modo correto, a energia pode ser espetacular.

O que é preciso para você se certificar de que é assim que a utiliza?

Coragem, conscientização e flexibilidade.

21

CORAGEM É UMA ESCOLHA, NÃO UM SENTIMENTO

Eu não queria estar vendendo seguros aos 40 anos, imaginando como teria sido fazer stand-up.

STEVEN WRIGHT (COMEDIANTE)

O medo odeia energia. Nada o enfurece mais do que tomar a decisão de realmente trabalhar duro. Enquanto você está apenas sonhando em reinventar sua carreira, o medo irá ignorá-lo. Medo ama os sonhadores, e não suporta os dedicados.

Os 70% de americanos que se sentem desligados de seus empregos não têm medo. Eles estão tristes, talvez até mesmo infelizes, mas não têm medo. O medo não incomoda os estagnados, porque eles já estão fora do jogo. Apatia, legitimidade, frustração, dúvida, há um redemoinho de emoções negativas que o envolvem quando desiste do sonho de poder fazer mais com a própria vida. O medo não tem necessidade de desperdiçar o tempo acrescentando a ele essa tempestade.

Não há nada que o medo adoraria mais do que você ter uma série de relacionamentos, caráter de sobra e competências fora de série que nunca colocou em uso por meio da energia. O medo adora potenciais desperdiçados e oportunidades perdidas tanto quanto adoro queijo. Embora a energia seja a responsável por isso. Ela sabe que você tem de fazer o trabalho que os outros não fazem para apreciar os resultados que os outros não têm. A energia tenta. Em seguida, falha. Então, tenta novamente, por causa da coragem, que é simplesmente ser corajoso quando não se sente corajoso.

O problema é que a coragem é divertida... para observar outras pessoas que a possuem.

Quando pensamos em coisas como coragem, bravura e valentia, sempre imaginamos cenas de filmes. Um herói está contra as probabilidades impossíveis. É difícil, mas ele põe mãos à obra, dá tudo de si e sobrevive! Na pior das hipóteses, precisa prender a respiração debaixo da água ou socar alguns bandidos da grande corporação que estava tentando roubar sua fazenda ou seu cão. Sua garota, que é provavelmente uma morena atrevida que ele ignorou pela loira gostosa por muito tempo, irá beijá-lo enquanto sobem os créditos.

Aí, valente!

Achamos que coragem é fazer caretas, arrebentar tudo e limpar o suor da testa depois que salvamos o dia! Achamos que isso parecerá fantástico.

A verdade sobre a coragem é a seguinte:

Coragem faz você se sentir como se fosse vomitar.

Coragem se parece com vontade de chorar. Muito.

Coragem se parece com perder o sono.

Gostaria de estar descrevendo uma teoria, mas não estou; estou descrevendo grandes trechos da minha vida. Jenny e eu não dormimos muito bem durante o primeiro semestre de 2014. Tivemos um monte de sessões de *brainstorm* às 3 horas da manhã. Você já teve isso? Está rolando no meio da noite e seu cônjuge diz:

"Está acordado?"

E você responde:

"Estou; vamos conversar bem profundamente sobre a situação que estamos enfrentando e fingir que não são 3 da manhã!"

Num momento particularmente difícil, quase comecei a chorar numa cafeteria descolada. Um cara com quem eu costumava trabalhar me perguntou como estava a vida, e eu lhe disse que era difícil perder amizades. Do nada, senti lágrimas brotando. Comecei a tentar segurá-las por dentro: "Segura a onda, Jon! Não chore na frente dos descolados. Nunca deixe alguém em jeans *skinny* te ver chorar! Segure essas emoções com um sarcasmo! Ninguém coloca um 'bebê' em um nicho". Percebi que a emoção estava por toda parte.

Aquele momento não pareceu fantástico, mas a coragem é assim.

É feia, confusa e de aparência nem um pouco heroica quando está realmente acontecendo.

É difícil. Da próxima vez que se sentir um covarde, porque está prestes a tomar uma decisão difícil e sente vontade de vomitar, não se culpe. Da próxima vez que chorar essas lágrimas que parecem tão estúpidas, porque acha que as pessoas corajosas não choram, pare de dar ouvidos a essa mentira. Olhe para a coragem do jeito certo. Coragem não se parece com bravura, porque não é um sentimento, mas uma escolha.

Para novos relacionamentos, é preciso coragem.

Para aprender novas competências, é preciso coragem.

Para ter um caráter forte, é preciso coragem.

Para ter energia, é preciso coragem.

Coragem é ser teimoso na cara do medo. Coragem é a primeira vez que se tenta algo e também a milésima vez. Coragem é acreditar em *poder* quando *não poder* é a regra. Coragem é estar esperando o medo e seguir em frente assim mesmo. Como diz o escritor Stephen Pressfield: "O amador acredita que deve primeiro superar o medo; aí ele pode fazer o seu trabalho. O profissional sabe que o medo nunca pode ser superado. Ele sabe que não existe tal coisa como um guerreiro destemido, ou um artista livre do medo".[1]

Se pudéssemos vencer perfeitamente o medo para sempre e, então, iniciar o processo de reinventar nosso trabalho, não necessitaríamos de coragem. Mas essa não é a maneira como o medo funciona. Você está lendo o meu quinto livro, e senti mais medo de escrever este do que qualquer um dos outros. Não deixei de ter medo no livro dois ou três, sempre limpando as mãos de um mosquito irritante que havia esmagado. Se houve algo, foi que abri a porta do meu escritório em casa para descobrir que o medo se multiplicara durante a noite, virando uma multidão de sanguessugas pelas quais eu tinha que passar para chegar ao meu laptop. Foi o que fiz, por causa da coragem.

A primeira vez que topamos com a energia, um alarme dispara em algum lugar nos recantos mais profundos da mansão do medo. Alguém está atacando o castelo. Alguém está desafiando multiplicar tudo o que existe em sua *Career Savings Account*. E assim o medo caminha calmamente para a sala que cada sujeito mau tem em cada filme, e vai cheio de armas. As portas são escancaradas, e removem-se duas mentiras muito grandes da parede. As mentiras se tornam questões incapacitantes que vão diminuir a sensação de energia antes mesmo de sairmos pela porta da frente. Eis o que elas são:

---

1 Steven Pressfield, *The War of Art: Break Through the Blocks and Win Your Inner Creative Battles* (Nova York: Grand Central Publishing, 2003), p. 79.

PERGUNTA # 1: E SE EU NÃO TENHO O QUE É PRECISO?

A única coisa mais desgastante do que perseguir um sonho é fugir de um. Corri da ideia de escrever por anos, e a pergunta que mais me assombrou foi: "E se eu não tiver o que é preciso?". Minha desvantagem quando me permitia que essa dúvida ganhasse era: "Prefiro não tentar e não saber que não possuo aquilo de que preciso a tentar e ter certeza".

É uma reviravolta na carreira sobre a questão: "É melhor ter amado e perdido o amor do que nunca ter amado?".

Esse é um medo fascinante, porque todas as vezes que deparamos com ele, nunca temos tempo para dissecá-lo. Vamos desmascará-lo por um minuto.

O que queremos dizer com "O que" quando dizemos "O que é preciso"? Alcançar um sucesso estrondoso? Ser o maior escritor, empresário, químico do mundo? Nossa vontade de deixar isso indefinido nos destrói antes mesmo de começarmos. É claro que não temos "O Que" é preciso, se, na verdade, nem conhecemos o "O Que".

Se eu definir o meu "O Que" como escrever livros, então pode apostar que possuo aquilo de que preciso. Publiquei quatro; já provei que posso realizar meu "O Que". Porém, se eu deixar o "O Que" completamente indefinido, o medo começa a mudar e a transformá-lo em tudo o que me desencoraja mais num dia particular. Enquanto escrevia este livro, o medo tentou me dizer que meu "O Que" não era "escrever um livro para uma editora de Nova York".

Então, agora, por causa do endereço do meu editor, perdi a capacidade de escrever livros? Ridículo.

O truque é que nossa tendência natural é pensar: "Bem, então a solução deve ser que preciso saber o que é o meu 'O Que'".

Nesse momento, o medo muda o seu foco e diz: "Sim, é verdade, você tem que saber exatamente qual é o seu propósito e definir o seu 'O Que' à enésima potência. Na verdade, todos no planeta já fizeram isso, e está tarde demais para você".

Outra mentira. Você não precisa de um propósito perfeito para ter um *Reinicie*. Na verdade, se não sabe o que o seu "O Que" é, construir a sua *Career Savings Account* pode lançar alguma luz sobre ele. E, se você já sabe o que é, a sua *Career Savings Account* só vai facilitar a sua realização. (Mais adiante, no Capítulo 23, vamos nos aprofundar no porquê de você precisar mais de flexibilidade do que de perfeição quando se trata de apressar um sonho.)

Há também um limite de tempo implícito na ideia de que "eu não possuo aquilo de que preciso". Quando dizemos isso, o que estamos realmente dizendo é "nunca vou ter o que é preciso". O medo adora tirar algo verdadeiro e acrescentar palavras invisíveis para transformar isso numa mentira.

Você pode não ter hoje o que é necessário. Talvez não tenha hoje o que é necessário para tocar um negócio, graduar-se hoje na faculdade ou gravar hoje um álbum. Mas quem disse que isso tem de acontecer hoje? O medo.

O medo acrescenta prazos invisíveis e expectativas aos nossos momentos de energia. Em vez de dar ouvidos ao medo, atire um pouco de coragem de volta na cara dele. Em vez de dizer, "não possuo aquilo de que preciso", diga: "Possuo o que é preciso para tentar".

Isso é o que todos temos. Dezesseis anos atrás, quando comecei a escrever profissionalmente, eu possuía o que era preciso para escrever um livro de negócios? Não. Não possuía. Mas possuía o que era preciso para tentar aprender a ser um escritor. Todos nós temos os elementos necessários para tentar. E, de qualquer maneira, tentar é a única maneira de aprender a possuir o que é necessário.

Todos temos de tentar. Essa é a beleza de um *Reinicie*. Esse é o papel da coragem. É simplesmente o ato de tentar e, em muitos casos, de tentar novamente.

PERGUNTA # 2: E SE EU ESCOLHER A COISA ERRADA PARA COLOCAR MINHA ENERGIA E PERDER MINHA OPORTUNIDADE?

O medo de perder é uma das mentiras mais mortais que ouvimos. Ele geralmente é algo assim na minha cabeça: "É melhor eu dizer sim a essa oportunidade aleatória. Sinto que talvez não seja a melhor hora para investir, mas e se estiver enganado? E se essa for a minha melhor oportunidade? A que vai abrir todos os caminhos para minha carreira? E se eu deixar passar essa oportunidade, e algum sósia meu, com menos cabelos grisalhos e dentes melhores, disser sim a ela? Ele vai ficar famoso, ganhar montes de dinheiro e ter mais sucesso do que o mundo já conheceu. Meus amigos e minha família vão dizer: 'Por que você foi tão burro? Por que disse não para isso? Era tão óbvio'. Vou ficar cabisbaixo e me sentar em uma sala escura e mofada resmungando para sempre a respeito do que poderia ter feito enquanto me transformo em um desses barbudos esquisitos".

Em momentos desse tipo, eu me sinto como se estivesse em pé na frente de uma parede de fechaduras de combinação. Está faltando apenas um número para desbloquear toda a parede que leva a uma vida livre de estresse e cheia de felicidade. Cada nova oportunidade é alguém segurando um pedaço de papel com um número. E se eu disser não e deixar passar o papel com o número certo?

Quando esse medo vem à tona, posso tanto me esconder de todas as oportunidades, paralisado porque vou dizer ou fazer a coisa errada, quanto dizer sim a qualquer oportunidade que cruza meu campo de visão. Você tem um programa que vai ao ar à meia-noite, uma audiência formada na maior parte de parentes, e quer que o grave durante as férias da minha família? Feito! Então, para disfarçar meu medo, digo às pessoas que falo sim a algumas coisas porque gosto de ajudar as pessoas e ajudar sonhadores como eu. Em algum lugar nesse emaranhado de medos que é o meu coração, há alguma coisa de verdadeiro sobre o desejo de ajudar as pessoas. Mas, mais do que qualquer coisa, digo sim o tempo todo porque fico aterrorizado com o que eu poderia perder.

Acho que isso decorre do fato de que gostamos de acreditar no conceito de oportunidades que só acontecem "uma vez na vida". Se formos honestos, vamos chamá-los do que realmente esperamos que sejam: "momentos ganhei na loteria". Acreditamos nesse tipo de oportunidade sempre que estamos com preguiça. A imagem de ter toda a vida mudada no curso de uma inesperada e fantástica experiência, com certeza, é realmente melhor que trabalhar duro. Não é divertido falar sobre os anos de coragem; é muito melhor ter Richard Branson correndo para você, procurando um novo negócio em alimentação e dando-lhe um bilhão de dólares para começar o seu negócio, enquanto você está comprando azeites finos. Essa é uma história melhor, mas oportunidades de uma vez só na vida acontecem muito menos do que pensamos.

Um empresário de 23 anos me disse que estava enfrentando uma oportunidade de uma vez na vida. Sentia-se oprimido e sob muita pressão. Disse a ele que tinha uma grande oportunidade nas mãos, mas não era uma oportunidade de uma vez na vida. Ele ainda tinha uns 50 anos de vida pela frente. Imagine alguém, aos 23 anos, ter a sensação de que encontrou a sua oportunidade de uma vez na vida. O que será passar as próximas cinco décadas de vida apenas relembrando aquela oportunidade? Vivendo na esteira dela?

Trabalhar para a empresa Dave Ramsey era uma grande oportunidade, mas não na forma de uma vez na vida, como gosto de definir as coisas. Eles falaram comigo sobre um emprego em 2008, mas o acordo não era bom. Eu disse não pela primeira vez. Conversamos novamente em 2009, e não acertamos. Só em 2010 decidi juntar-me à equipe, o que era, acho, a minha oportunidade "terceira na vida".

Houve oportunidades que foram únicas e podem não acontecer novamente na minha vida? Com toda a certeza, mas cuidado com a tentação de aplicar o rótulo "uma vez na vida" para cada oportunidade que aparecer.

Perder a oportunidade certa é metade do medo com o qual vamos lidar; a outra metade é pegar a oportunidade errada. Para mim, a pergunta que ouço quando estou com medo de colocar energia na coisa errada é: "E se a carreira que escolhi for apenas uma moda passageira, como dançar *swing*?".

O medo usa essa atividade particular contra mim por causa de uma garota. Eu a conheci durante meu último ano de faculdade, antes de namorar com Jenny. Na época, dançar o *swing* era o máximo. Acho que o filme *Curtindo a noite*, de 1996, estava no auge, e a banda Big Bad Voodoo Daddy era o máximo. Você não vai acreditar na segunda metade desta frase, mas parecia que todo mundo dançava o *swing*.

Toda quarta-feira à noite eu ia a um lugar chamado Five Points com meus amigos para a noite do *swing*. Depois de algumas semanas, havia uma garota lá com a qual eu sempre dançava. Nós nunca namoramos, a dança era a única coisa que tínhamos em comum, mas por alguns meses fomos parceiros constantes. Isso está começando a soar como o enredo de um filme: uma patricinha encontra um garoto do lado errado da rua e o *swing* os ensina que, afinal, não são tão diferentes assim.

Uma noite, enquanto suingávamos, qualquer que seja o tempo passado de suingar, ela me disse que tinha deixado o emprego. Seus pais eram contra a decisão, mas ela decidira dançar *swing* em tempo integral. Sorri e assenti enquanto tentava virá-la sobre minha cabeça, mas na verdade estava pensando: "Será que ela não sabe que a coisa é um modismo? Este clube noturno já está um pouco mais vazio do que há dois meses. Estamos no fim da onda dessa aventura. Essa dança não vai durar para sempre".

Em sua paixão para se lançar num *Reinicie*, ela perdeu os sinais muito óbvios de que dançar *swing* não era uma grande base para construir sua vida futura. Por que ela não se desenvolvia numa pequena competência, como aprender a ser instrutora durante a noite, enquanto mantinha seu emprego durante o dia? Por que apostar tudo? Nunca lhe perguntei isso e perdemos contato, mas, quinze anos mais tarde, ainda penso naquela conversa, principalmente quando estou com medo.

E se eu tivesse feito o equivalente a dançar o *swing* com a minha vida? E se fazer palestras, usar mídias sociais e ser um escritor constituírem só uma onda agora, mas acabarem passando? E se você não puder ser um escritor em tempo integral mais do que pode ser um instrutor de dança em tempo integral?

Sei que o medo é estúpido. As pessoas têm sido escritores em tempo integral durante séculos. Ser um escritor não é uma coisa nova. Mídia social e internet vão mudar nos próximos anos, mas não acabarão. Se mudarem, será para melhor. E você pode ser um escritor em tempo integral, assim como pode ser um instrutor de dança de *swing* em tempo integral, se perseguir os dois do mesmo modo. Com pequenas competências, grande paciência e energia.

Eu era um escritor profissional há quinze anos antes de tentar o meu último Salto de Carreira. Não foi um salto impulsivo ao ouvir o primeiro canto da sereia da vida de escritor. Mas o medo ainda é grande. Porém, finalmente aprendi uma lição simples para usar quando ele aparece.

Medo não é a mesma coisa que remorso. Às vezes confundimos os dois como se fossem iguais, mas não são. São muito diferentes.

O remorso tem uma vida útil muito mais longa do que o medo. O medo é um momento, o monstro de uma decisão que você tem medo de tomar, o demônio de um dia que você está com medo de enfrentar. O remorso é muito mais uma queimadura lenta. Se o medo é uma onda gigantesca, enorme, alta e temporariamente muito poderosa, o remorso é um pequeno riacho que lentamente abre um cânion no coração ao longo do tempo.

Mudar não é fácil. Momentos de *Reinicie* nem sempre são simples. Sei disso. Às vezes, em minha vida os odeio. Fico com medo, mas preciso fazer a escolha, e você também.

Medo ou remorso?

Você vai enfrentar o medo de hoje ou o remorso para sempre?

Não sei o que aconteceu com minha parceira de dança de *swing*, mas ela teve coragem. Tentou. Ela poderia ter feito diferente? Claro, podemos sempre olhar para trás para alguns *Reinicie* e ver alguma coisa que poderíamos ter feito de outra maneira. Pelo que sei, ela ensinou a dançar *swing* em tempo integral por um ano e depois tentou outra coisa. Por que deixei o medo assaltá-la, como se escolher a oportunidade errada aos 22 anos fosse interromper para sempre a carreira daquela mulher?

Temos uma escolha: medo ou remorso.

Você vai enfrentar o seu medo do fracasso, talvez até mesmo falhar e tentar novamente? Limpar a praia da sua vida depois que uma onda o esmagou, mas deixou lição sobre lição em seu rastro?

Ou você vai desistir do *Reinicie*? Acreditar que as crianças podem sonhar, mas adultos devem se acomodar? Permitir que a linha tênue do remorso deslize ao longo do tempo até que divida sua vida pela metade?

Escolho o medo.

Escolho a coragem.

Deixe que as ondas venham.

TOME DECISÕES CORAJOSAS

Se coragem é teimosia diante do medo, como vamos efetivamente tomar decisões que reflitam isso? Metáforas de ondas são boas, mas o que isso parecerá numa noite de domingo, quando você tiver a oportunidade de mudar de emprego? O que isso parecerá quando você deparar com uma opção de carreira que não seja fácil? Como seguirá em frente sem se arrepender da sua opção? Como tomará decisões corajosas?

Aqui está aquilo do que cada decisão corajosa necessita:

Tempo

Imaginamos que a palavra "agitação" tem de significar rapidez, mas não é assim. Agitação também significa foco, que também pode significar intenção, que também pode significar ritmo. O único modo de você tomar decisões corajosas é se lhes der o tempo de que precisam. Embora ocorram momentos de afobação em qualquer carreira, em um ano a partir de agora, quando olhar para uma decisão passada, irá querer saber que deu a ela o tempo que merecia de fato. Não confunda agitação com pressa.

Conselho

Busque apoio em seus relacionamentos. Algumas das piores decisões são tomadas quando se está sozinho. Se você se agarrar apenas a seu próprio conselho, acabará fazendo algumas escolhas isoladas. Quem são seus conselheiros? O que eles lhe dizem sobre a oportunidade que está diante de você? Deu-lhes tempo para refletir ou está correndo direto à sabedoria que eles têm para lhe oferecer? Você não precisa esperar o perfeito conselho de todos que conhece antes de dar um passo. Como observou Arthur Goldberg, "Se Colombo tivesse uma comissão consultiva, provavelmente ainda estaria no atracadouro". Mas não esconda as decisões que está tentando tomar das pessoas em quem confia. Deixe que elas falem. Em um ano a partir de agora, olhando para a decisão que tomou, você se alegrará de ter feito isso em grupo. Se mais tarde duvidar de uma decisão, o grupo poderá fazê-lo se lembrar do porquê de ter feito a escolha certa, pois participaram do processo.

Questionamentos

Sempre peça oportunidades incríveis fazendo perguntas incríveis. No nosso medo de que alguma coisa seja boa demais para ser verdade, muitas vezes não enfrentamos a decisão que está diante de nós com perguntas suficientemente duras. Assim, poupamos uma diligência adequada, ansiosos para saltar e tomar uma decisão cujos sinais de alerta óbvios acabamos ignorando. Cada má decisão que tomei teve algo em comum: no momento, pensei que era uma excelente decisão. Dê a seu conselheiro a oportunidade de fazer perguntas duras, e lhe peça uma que seja de sua preferência. Conto a meu conselheiro uma oportunidade pela qual estou batalhando, e logo ele diz: "O que não estou vendo agora?". Sei que, apesar de minhas melhores intenções e capacidade, existe um lado para cada história que estou perdendo. Conseguirei uma excelente oportunidade?

Isso exige ótimas perguntas.

Amabilidade

Permita-se tomar as decisões erradas, pois adivinhe: você irá tomá-las. Às vezes, escolherá a coisa errada. Vai ter tempo para tomar uma decisão, procurar conselhos, fazer excelentes perguntas, e ainda assim escolher de modo errado. Como eu. Você nunca acerta 100% quando reinventa sua carreira. Acabamos saltando para o emprego errado. Desenvolvemos uma competência que nossa indústria para de valorizar. Deslocamo-nos com nossa família por todo o país para um emprego que cai por terra seis meses depois. Destrua a tensão de se sentir como se estivesse caminhando rumo à perfeição, dando-se alguma amabilidade desde o início.

Honestidade

O pior aspecto do remorso é que, ao olharmos para uma decisão passada, mentimos para nós mesmos. Equipados com o tipo de informação que só a retrospectiva pode proporcionar, damos uma surra em nossos antigos eus pela burrice de tomar uma decisão errada. No entanto, aquela pessoa no passado, o você de antes, não sabia o que você sabe agora. Não poderia prever que o chefe que o contratou para um novo emprego sairia da empresa, encalhando-o com um novo chefe que não gostou da sua pessoa. Você não é um leitor de mentes. Seja franco sobre isso. Quando olhar para uma decisão passada, lembre-se de que a tomou com a melhor informação que tinha na época.

Crie a lista da coragem

O lado bom de reinventar seu trabalho é que, uma vez que faça isso, nunca precisará fazer de novo as coisas de que não gosta. Você será como uma daquelas pessoas que têm o emprego dos sonhos e consegue gastar 100% de seus dias em paixões. Provavelmente você navegará para as Ilhas Galápagos para estudar tartarugas e ter um daqueles tipos de Instagram que todos amamos/odiamos seguir: apenas um pôr do sol atrás do outro, e você lá, desfrutando a vida perfeita.

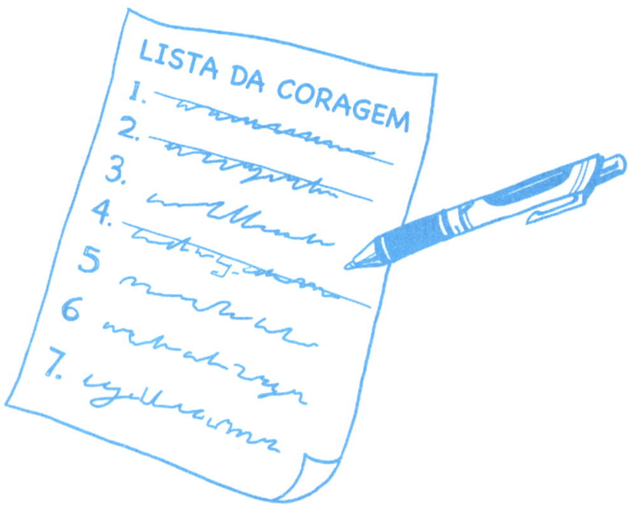

Somente você sabe que não é verdade. Não existe trabalho perfeito. Não existe nenhum trabalho onde se faz apenas aquilo que se adora fazer. Eles não existem. Como disse um médico: "Em todos os trabalhos há um exame de toque retal".

Portanto, você precisará de uma "Lista da Coragem", ou seja, uma coletânea de coisas que odeia fazer, mas são essenciais à sua carreira. Eu disse "odeia", ainda que minha mãe sempre falasse que era uma palavra horrível, e que, em vez de usá-la, eu deveria dizer: "Couve-flor não é das minhas favoritas".

No entanto, agora não estamos falando sobre comer brócolis albinos. Estamos falando alguma coisa relacionada à agitação, a moldar nossa *Career Savings Account* de modo que estejamos preparados para aproveitar as oportunidades inesperadas. Estamos falando sobre se recusar a qualquer alteração, sobre começar a fazer seriamente alguma coisa que se some a grandes carreiras. Estamos falando de coragem.

Haverá atribuições, projetos e atividades que você odeia, mas que terá de fazer na carreira. Independente do estágio em que estiver – Teto, Choque, Salto ou Oportunidade de Carreira –, terá de fazer algumas coisas que não ama. Talvez mais tarde você não precise fazer tanto as coisas que odeia como precisou quando estava se estabelecendo, mas nunca haverá uma época em que só fará aquilo que gosta.

É por isso que todos precisamos de uma Lista da Coragem. Uma lista reduzida das competências que nos fazem ranger os dentes e cumprir, independente de como nos sentimos. Em vez de tentarmos nos enganar para apreciá-la, admitimos que as odiamos, reconhecemos o valor delas e depois nos comprometemos a cumpri-las.

A Lista da Coragem é onde registraremos algumas das competências necessárias que precisamos aprender para viver um *Reinicie*. Inicialmente, no Capítulo 13, selecionamos uma curiosidade como a primeira nova competência que vamos focar para construir uma dinâmica. Agora que já construímos algumas, é hora de encontrarmos uma competência em que precisamos trabalhar. Uma vez que agitação é combustível, esta é nossa chance de aplicarmos um pouco de energia numa competência que não amamos.

E-mail está em minha Lista da Coragem.

Não suporto lidar com e-mails. A tarefa nunca acaba. Toda vez que esvazio a caixa, ela se enche novamente. Odeio dizer não para as coisas (veja acima medo de perder), e cada e-mail dá a sensação de uma oportunidade em que poderei falhar. Não sou muito organizado (veja o voo perdido de Los Angeles), e o processo todo é opressor. Depois de anos tentando me apaixonar por e-mails usando sistemas, aplicativos e métodos, e todos os tipos de tecnologias para vencê-los e deixá-los submissos, cheguei à conclusão de que nos odiamos. Isso é verdade. Mas adivinhem? Meu trabalho exige o uso de e-mails.

Responder a e-mails é parte do que significa ser um escritor moderno. Talvez, se eu estivesse no final dos anos 1980 e chamasse os computadores de "a máquina computador", pudesse evitar usá-los sempre. Mas não posso. Sou muito jovem para usar pombos como meio de comunicação. Os pôneis pararam de se expressar há muito tempo.

Portanto, admito que odeio isso e o coloco em minha Lista da Coragem. E daí reconheço seu valor. Minha caixa de entrada não está somente cheia de dados. Existem relacionamentos nela. E meu jeito de responder às pessoas se reflete em meu caráter. Não consigo dizer: "Quero investir muito em relacionamentos, mas não por meio de uma das mais populares maneiras pelas quais as pessoas se comunicam hoje". Também consigo oportunidades inesperadas se acompanho meus e-mails. Cheguei a falar com um dos grupos da Comedy Central porque respondi a um e-mail de um de seus executivos.

Na minha Lista da Coragem, escrevi o valor do e-mail (novas oportunidades, relacionamentos mais fortes, chance de não ser um retrógrado etc.). Então me comprometi a fazê-lo; não preciso amá-lo para fazê-lo... só preciso fazê-lo. Com coragem.

É como correr. Algumas pessoas adoram. A simples ideia as faz sorrir e saem pela porta da frente com a alegria estampada no rosto. Não gosto de correr, gosto de acabar a corrida. Gosto da sensação que vem depois, não antes. Gosto que minhas calças sirvam. Para correr regularmente, reconheço o valor da corrida, coloco-a na minha Lista de Coragem e corro.

Que competência você colocaria na sua Lista de Coragem? E-mail, como eu? Ou há uma competência invisível lá do Capítulo 10 que você precisará ter coragem para dominar?

É lidar com vendedores no emprego? Você gosta de fazer o trabalho de design, mas não consegue suportar o processo de impressão? Amostras de papel, cotações de preços, a descoberta do número exato de brochuras para imprimir e verificações de impressão são o seu pesadelo. Na era da internet conectada, a ideia de que você tem de ir para a área de impressão para verificar fisicamente o processo o deixa louco. Está na hora de admitir que isso é parte de seu trabalho. Está na hora de admitir que a melhor maneira de produzir os melhores produtos de impressão é verificar amostras no local. Isso tem um valor.

A época de orçamento é a pior parte do seu trabalho? Você não consegue entrar em acordo com todos aqueles números, tentando prever seus custos e receitas no próximo trimestre? Coloque o orçamento na sua Lista de Coragem. Reconheça que, se não trabalhar firme em seu orçamento, a equipe não terá nenhum dinheiro alocado para projetos no próximo ano. E as equipes sem orçamentos ou projetos não têm razões para ficar empregadas por muito tempo. Assim, mesmo que possa se sentir oprimido ou com medo de se debruçar sobre o orçamento do próximo ano, você consegue ver o valor fundamental dessa atividade.

Medo e frustração virão, como consequência de realmente fazer algo significativo com a carreira.

Se este livro tivesse o título *How to Stay the Same* (*Como permanecer na mesma*), não precisaríamos abordar a coragem. Mas não é; o título é: *Reinicie*, e isso é assustador. Tudo bem. Todos ficamos com medo. Faz parte do preço de reinventar a carreira. A maioria das pessoas não vai pagá-lo.

Não seja essa maioria. Siga com coragem.

LEMBRE-SE:

- ✓ Relacionamentos conseguem seu primeiro emprego. Competências lhe garantem o segundo. Caráter o prepara para qualquer resultado. Energia lhe permite tirar o máximo partido de todo o processo.
- ✓ A energia precisa da coragem.
- ✓ Coragem é uma escolha, não um sentimento. Não espere até se sentir com coragem para ter energia. Escolha usar a energia até se sentir corajoso.
- ✓ Você nunca vai saber se possui "O Que" precisa, até que defina esse "O Que" e depois tente esse "O Que".
- ✓ Remorso tem uma vida útil mais longa do que o medo. Enfrente o medo de hoje em vez do remorso para sempre.
- ✓ Decisões corajosas precisam de tempo, conselhos, perguntas, amabilidade e honestidade.

22

A ENERGIA TEM ÉPOCAS: USE A CONSCIÊNCIA PARA RECONHECÊ-LAS

Geralmente recebo e-mails como o que Bob S. me enviou:

> O que você faz quando precisa se levantar às 5 horas para ir ao trabalho e seu trabalho se localiza a uma hora de distância? Em que ponto emprega sua energia? Tenho um pouco de tempo livre para o almoço, mas acho difícil mergulhar na escrita ou em qualquer outra coisa quando sei que preciso estar de volta em uma hora ou menos.
>
> Chego em casa por volta das 17h30 na maioria dos dias, e é um vai, vai, vai até que as crianças estejam na cama às 20h30 (21h ou 21h30... mas eu não quero parecer um mau pai). Crianças na cama significam o único momento que minha esposa e eu temos para conversar... Mesmo se eu tentar escrever nesse momento, ela gosta que eu fique com ela, então a TV está ligada enquanto escrevo, e não consigo me concentrar.
>
> Há, obviamente, algumas vezes em que não estou empregando minha energia e poderia estar jogando *Madden* numa sexta-feira à

> noite, assistindo à TV etc. Se você está mentalmente cansado da sua semana (dez horas entre o trabalho e dirigir todos os dias), é difícil se concentrar sem cair no sono.
>
> Qualquer sugestão será atendida prontamente.

Bob está fazendo tudo que pode para empregar sua energia. É possível que ele seja capaz de talhar uma lasca durante o almoço ou se concentrar mais nos fins de semana, mas, a menos que esteja jogando oito horas de *Madden* toda sexta-feira à noite, já está perdendo muito. Bob não sofre de falta de esforço; ele está perdendo a conscientização, o segundo princípio da energia.

A conscientização importa porque, como nos relacionamentos, nenhuma energia é criada de maneira igual.

A ENERGIA TEM ÉPOCAS

Todo o investimento na *Career Savings Account* exige que se navegue por algum grau de tensão. Em momentos diferentes em sua jornada de carreira, você tem de lidar, ao mesmo tempo, com dois pensamentos opostos. Por exemplo, em caráter, falamos sobre como, sempre que você está lidando com pessoas, o mantra "Não é pessoal, são apenas negócios" cai por terra. Tudo o que fazemos tem consequências pessoais que devem ser informadas por nosso caráter. Ao mesmo tempo, entretanto, você terá de trabalhar duro para não tomar as decisões que outras pessoas tomam de modo muito pessoal, ou a emoção vai governar o dia. Discutimos que o segredo para a empatia é acreditar que todos são iguais. Todos temos esperanças e necessidades comuns. Ao mesmo tempo, somos também únicos, com muitos sonhos de carreira diferentes. Duas coisas muito opostas são verdadeiras e, por isso, há tensão.

A energia, no entanto, tem a maior coleção de tensões de todos os investimentos que você fará. Precisa trabalhar muito duro, mas precisa também descansar. Precisa dizer sim a uma série de oportunidades, mas também proteger seu tempo e dizer não regularmente. Precisa de determinação para suportar tempos difíceis e flexibilidade para se demitir quando é hora de seguir em frente. A tensão específica que enfrentará conscientemente é o fato de ter mais tempo do que pensa e menos tempo do que pensa.

O Bob do e-mail estava à procura de um tesouro de tempo não utilizado. Talvez um oitavo dia que as pessoas altamente dotadas têm secretamente usado por centenas de anos, mas não há um. Em vez disso, há épocas. Existem diferentes momentos na vida, carreira, ano e semana, que são quando você emprega a energia de modo diferente.

Tentar empregá-la na época errada arruína as outras partes da vida. Veja as férias, por exemplo.

Alguma vez você já tentou sair de férias no meio de um grande projeto de trabalho? As férias foram pré-agendadas e você não pode mudá-las, mas apesar de o trabalho estar explodindo, você dirige para a Flórida a fim de alguns dias relaxantes. Só que eles não são relaxantes. Você está verificando constantemente seu e-mail. Está esgueirando-se em teleconferências enquanto seu cônjuge o espera para caminhar até a praia. Você pode estar a muitos quilômetros de distância do trabalho, mas sua cabeça continua lá.

Assim, acaba estragando as férias e não oferece muita qualidade para o projeto também. Não volta descansado para casa, mas sentindo-se um fracasso. Nenhuma parte de sua vida, férias ou trabalho, obteve o melhor de você. A razão pela qual isso aconteceu é que você não tem consciência alguma e empregou sua energia na época errada.

Essa semana de férias não era para ser pré-agendada. Deveria ser um período de férias, mas sua expectativa de que poderia ser ambos acabou destruindo ambos. Por isso, talvez a primeira pergunta que precisa se fazer enquanto se prepara para empregar a energia em reinventar seu trabalho é aquela que o levará a uma maior conscientização: “Em que época estou?”.

Talvez agora você esteja no período “faculdade de Medicina”. É desse modo que um amigo na faixa dos 20 anos chama a energia que está investindo em sua startup. Ele anda trabalhando setenta horas por semana, empregando uma energia máxima para construir uma nova empresa do zero. E sentiu-se um pouco culpado até que começou a chamar esse período de faculdade de Medicina da vida. Se ele estivesse estudando para ser médico, ninguém iria lhe dizer: “Acho que você está trabalhando demais. Vive sempre agitado. Precisa pegar mais leve consigo mesmo. É apenas a faculdade de Medicina. Por que está estudando tanto?”. Nós, como uma cultura, entendemos que a faculdade médica requer trabalho duro. Talvez seja essa a época em que você esteja com energia. É hora de correr a toda velocidade. (Se está enfrentando um período assim, certifique-se de que será concluído. Até médicos, por fim, se formam. Não aja como se a faculdade de Medicina fosse um processo de vinte anos numa velocidade que você pode manter para sempre.)

Talvez agora você esteja na “época da família”. Você tem filhos pequenos e precisa se concentrar em firmar sua família. Um pai de um bebê com quatro semanas me contou que ainda se levantava às 5 horas para tentar trabalhar em seu sonho. Eu lhe disse que parasse com isso. Ele já estava ficando até as 3 horas para ajudar a alimentar o bebê. Assim, tinha sonho suficiente no qual trabalhar agora, e se chamava “criar um ser humano”. Isso é bastante para essa época.

Você poderia estar na “época da quitação de dívidas”. Talvez agora sua energia esteja simplesmente focada em se livrar dos erros financeiros ou profissionais que cometeu ao longo do caminho. Não é divertido, não é fácil, mas ser fiel aos seus compromissos de hoje vai lhe permitir sonhar mais amanhã. Não se sinta culpado por não estar empregando energia suficiente em um sonho atual. Vá com determinação. Mantenha sua palavra. Termine o que começou de modo que possa, por fim, começar coisas novas.

A energia é muitas vezes difícil porque a aplicamos na época errada. Bob se sentia assim até que percebeu a época em que ele estava. Há uma grande paz em saber onde você está e o que deve fazer. Tenha noção da época em que se encontra e, em seguida, comece a trabalhar na segunda parte da consciência: foque.

A ENERGIA É UM BISTURI

Acredito que você seja capaz de muito mais do que pensa.

Também acredito que, a fim de fazer mais do que é capaz, terá de fazer menos do que tem feito. Esse é o traço contraditório da energia. Tendemos a pensar que ela significa apenas soma. Somamos novos relacionamentos, novas competências e novo caráter para nossa vida por meio da energia.

Essa é a primeira metade da energia, e aquela na qual a maioria das pessoas fica entalada. Você já se sente ocupado e, em seguida, lê um livro que o envergonha por pensar que não está fazendo o bastante. Há mais coisas que pode estar fazendo. Mas tem de empregar energia! Ao sentir essa pressão, você enche sua vida já abarrotada com mais compromissos e mais atividades. Erroneamente pensamos que ter mais conscientização significa agregar maiores quantidades de atividade em nossas vidas. Como Bob terminou o e-mail que me enviou?

"Qualquer sugestão será atendida prontamente." Tendemos a acreditar que agregar mais ações é a solução.

A primeira metade da energia é a adição, mas você não consegue acrescentar nada à sua vida a menos que remova outra coisa. Empregar a energia não significa simplesmente fazer mais. Greg McKeown escreveu um livro brilhante chamado *Essentialism*, que incide sobre "A busca disciplinada por menos". Nele, o autor compartilha uma filosofia que Dieter Rams, o designer industrial chefe da Braun, a empresa de produtos de consumo mais conhecida por máquinas de barbear, criou: "Menos, mas melhor".[1] Energia é isso: fazer menos, mas melhor, e por esse motivo precisamos da conscientização.

Retire os cartões de anotação com as competências e os relacionamentos que escreveu ou a lista que colocou no seu notebook. Encontre uma competência ou um relacionamento que julgue fundamental para sua *Career Savings Account*. Para procurar qualquer um desses, precisará encontrar espaço em sua vida.

Para achar espaço, terá de pausar, parar ou reconfigurar alguma outra coisa da vida.

Às vezes, corro a Maratona de Nashville na primavera. No entanto, não posso treinar para uma no outono, porque viajo muito por conta de minha agenda de palestras. Não paro de correr no outono, ainda sou capaz de realizar algumas poucas corridas contra minha vontade, mas coloco meus treinos em pausa para me concentrar em outros compromissos.

Gosto de escrever logo de manhã quando minha energia é maior. Quando quis participar de um grupo idealizador de outros empresários que podem me desafiar, precisei parar de escrever às 7h30 toda terça-feira. Encontrar com os caras realmente importava para mim, então parei uma atividade para conseguir focar nisso.

Quando minhas crianças pararam de cochilar à tarde, tive de reconfigurar meu horário destinado à escrita. Se estavam acordadas, eu queria passar meu tempo com elas. Foi por essa razão também que comecei a escrever no período da manhã.

---

1 Greg McKeown, *Essentialism: The Disciplined Pursuit of Less* (Nova York: Crown Business, 2014), p. 4-5.

No entanto, não vamos fingir que o uso da energia como um bisturi é divertido ou fácil. Já estamos muito aprofundados neste livro para disfarçar. Às vezes é realmente difícil, e outra pessoa terá de indicar alguma energia de que você precisa para refazer.

Um dia, liguei para Jenny da Califórnia e lhe contei sobre uma nova palestra que tinham me oferecido. Falei:

"Isso vai nos cobrir financeiramente este mês."

Ela respondeu:

"Você está dizendo sim para muitas coisas. Já estamos bem este mês. Estamos bem."

"Certo", respondi. "Mas agora estamos melhores."

Jenny ficou em silêncio por um segundo e depois retrucou:

"Bem, então continue agitado e só diga sim para cada nova oportunidade. Apenas se certifique de que você pode ganhar dinheiro suficiente para comprar uma nova família, porque esta não estará por aqui."

Argumento válido.

Ela não disse isso com raiva. Nem era tanto um argumento, pois eu estava em um momento bisturi. No meu desejo de empregar energia, eu estava saindo de controle. Dizia sim para muitas oportunidades numa época em que precisava dizer mais sim à minha família. Além disso, minha esposa estava certa, eu nunca venci o *Super Bowl* ou pousei um avião no Hudson. Não estava recebendo tanto por minhas palestras a ponto de tornar a compra de uma nova família financeiramente viável. Muito melhor manter a família e me empenhar em ser um bom pai e um bom marido.

Isso é a energia, um ciclo contínuo de pausar, parar e configurar.

Seja proativo em agir assim na sua própria vida. Trabalhe em seu senso de conscientização. Não espere que alguém que você ama tenha de fazer isso.

CABEÇA BAIXA, CABEÇA ERGUIDA

Steeve G. não usa um casaco de Oxford porque visitou a famosa universidade na Inglaterra e achou os preços da loja de presentes justos.

Ele o usa porque tem quatro mestrados de Oxford. Nascido na Índia, Steeve passou dois anos e meio na Inglaterra empenhado em conquistar títulos em astrofísica, ciência da computação, matemática e filosofia. Errei a grafia da palavra matemática na primeira vez em que a escrevi neste livro; esse é meu nível em matemática.

Desde então, Steeve se mudou para Raleigh, Carolina do Norte, parte do Triângulo de Pesquisa, para trabalhar em seu PhD.

Em nossa primeira conversa, perguntei-lhe quando iria completar seu PhD. Ele sorriu e respondeu:

"Bem, pensei que seria em um ano ou algo assim a partir de agora, mas tenho que recomeçar."

Ao som dessas palavras, meus ouvidos se animaram.

"O que você quer dizer com recomeçar?", perguntei.

"Eu estava trabalhando num problema, o cerne do meu PhD, e descobri que os resultados a que chegaria não eram os que eu queria. Então, tive de voltar para ver qual das hipóteses com as quais eu havia construído o problema estava incorreta. Descobri que duas estavam erradas e, se eu continuasse por aquele caminho, os resultados finais também estariam. Então, tenho de começar de novo."

"Há quanto tempo você estava trabalhando nesse problema?"

"Vinte e dois meses", ele respondeu.

O fato de Steeve ser capaz de responder a essa pergunta sem chorar foi surpreendente para mim. Tenho trabalhado com programadores que passaram uma semana debruçados em algum código que não funcionou no final da semana e que queriam dar um soco em alguém por perderem tanto tempo. Steeve passou 22 meses de sua vida em um único problema e precisava recomeçar.

"O que você vai fazer agora?", perguntei.

"Vou continuar a tocar o problema com as suposições incorretas porque estou curioso para ver o que acontece. Mas também vou corrigir ambos os pressupostos e tentar novamente. Se não fizer isso, qual é o propósito? Essa experiência poderia ajudar significativamente a nossa compreensão da matéria. Tenho que corrigir esses escopos para ajudar as pessoas direito."

Duas coisas sobre a história de Steeve me surpreenderam.

A primeira é que ele mudou a narrativa de seu momento *Reinicie*. Talvez sua visão seja comum na comunidade científica, mas a maioria das profissões não olha para situações semelhantes dessa forma.

Ele não falhou. Seus pressupostos estavam incorretos.

Ele não era um fracasso. Os resultados não eram aqueles que ele queria ou que esperava.

Ele não iria desistir. Iria começar um *Reinicie*.

O problema é que a maioria de nós não utiliza o tempo para olhar a própria vida assim. Quando nos encontramos num trabalho do qual não gostamos, o que dizemos?

"Odeio este trabalho. As pessoas aqui são horríveis. Meu chefe é um idiota. O trabalho é chato. Eles não me apreciam. A cultura é ruim. Não estou fazendo o tipo de trabalho que me prometeram quando me contrataram."

Cada vez mais, encontramos uma maneira de colocar a culpa em outras pessoas e em outras circunstâncias. Não é culpa nossa, é deles. E se, em vez disso, abordássemos a situação como Steeve? E se, ao nos encontrarmos entalados, admitíssemos: "Os resultados que terei se ficar aqui não são os resultados que queria ou esperava.

Preciso voltar atrás e ver qual das minhas suposições está incorreta. Será que eu esperava que este trabalho fosse algo que nunca seria?".

Reconhecer nossa parte na situação muitas vezes não é divertido, mas talvez seja porque entendemos a narrativa inteira erroneamente. Levantar a cabeça, admitir que está entalado e se responsabilizar por alguma coisa na situação não significa que você é um fracasso; pode apenas significar que você tomou o caminho errado e precisa encontrar um novo. Quando Steeve atingiu um teto-limite, ele não desistiu impulsivamente ou sentiu-se frustrado. Em vez disso, agarrou um novo martelo e começou a quebrar o teto com uma abordagem matemática diferente.

Isso é certamente mais fácil de digitar num livro do que na vida real, mas pode ser feito.

A segunda coisa que me surpreendeu na história de Steeve foi o fato de que ele levantou a cabeça para ter consciência de sua direção, e, uma vez que a percebeu, abaixou a cabeça e voltou ao trabalho. Essa é a tensão final da conscientização. Manter a cabeça para baixo e empregar a energia no trabalho; levantar a cabeça e ter certeza de que se está na direção certa.

A conscientização exige muito e nos permite ver a transição entre as épocas.

Esquiar na neve com apenas um maiô pode resultar em um cartão-postal interessante, mas, se você fizer isso todos os dias, é um idiota. As estações mudaram. Se tudo o que você veste é um traje de banho quando se está a 20 graus negativos, vai ficar doente. A conscientização nos ajuda a reconhecer que as estações mudaram. Quando percebeu que sua pesquisa ia por um caminho inesperado, Steeve adentrou em um novo período de energia. Sem a conscientização, ele poderia nunca ter percebido.

Hoje, pergunte-se: o trabalho em que estou empregando minha energia vai me levar para onde quero ir? Você não precisa saber o caminho exato, porque ninguém sabe, mas está mais ou menos indo na direção certa? Se deseja ser um músico e é um representante farmacêutico trabalhando setenta horas por semana, sem tocar qualquer música, pare de enganar a si mesmo. Esse caminho não leva à música. Se passou os últimos cinco anos sonhando em voltar para a faculdade, mas não frequentou nenhuma aula, pare de fingir que um diploma irá magicamente aparecer em sua caixa de correio.

Olhe para baixo e veja em que está empregando sua energia, olhe para cima e veja para onde deseja ir.

Empregue sua energia com consciência; sem ela, toda a energia no mundo apenas o leva mais rápido ao lugar errado.

LEMBRE-SE:

- ✓ Energia requer conscientização.
- ✓ A energia possui épocas. Se você está na "faculdade de Medicina", encaixe-se nas longas horas. Se não está, tenha certeza de não estar negligenciando outros compromissos.
- ✓ A energia é um bisturi. Use-a para remover coisas da sua vida, não apenas para somar.
- ✓ Mantenha a cabeça baixa e erguida. Empregar a energia requer foco, não loucura. Tenha certeza de estar no caminho correto por meio de controles regulares de temperatura.

23

YOGA NA CARREIRA

Você tem mais controle da vida do que imagina. Também tem bem menos do que pensa. Essa é a tensão número 4.342 pela qual vai passar conforme trabalha sua energia.

Seu dia não correrá de acordo com o planejado, a menos que passe algum tempo planejando-o. No minuto em que você começar a vivê-lo, porém, forças externas irão conspirar para garantir que o plano não seja executado perfeitamente. Posso escrever os mais excelentes discursos que sou capaz de elaborar. Posso obter depoimentos surpreendentes, clipes mostrando o que faço e assim aguçar minhas competências durante anos. O cliente ainda pode escolher um mágico em vez de me escolher. Não posso competir com isso. Quase não tenho acesso a coelhos, principalmente por não ter um falcão.

Não, nossas carreiras raramente saem conforme o planejado. Não acredita em mim? Informe a seu bebê que você tem uma grande apresentação no trabalho hoje. Ele vai interpretar sua fala como o momento perfeito para lançar-se sobre o que você está vestindo para a grande ocasião. Diga ao projeto, sobre o qual está concentrando as energias, que pensou em cada detalhe dele. O navio da China que está trazendo seu produto vai chegar atrasado em virtude de um furacão que você aparentemente não controla.

Em momentos em que nos sentimos fora de controle, normalmente presumimos que a solução é investir mais energia. Lançarmo-nos com mais ímpeto. Fechar nossos punhos em torno da oportunidade. Mas e se a resposta fosse exatamente o oposto? E se o segredo para a energia fosse a generosidade? Trabalhar com o máximo de ímpeto possível, ser diligente e deliberado, mas não ser esmagado quando as coisas não saem perfeitas? E se, em vez disso, uníssemos energia com flexibilidade?

Esta é a maior tensão da energia, trabalhar com o máximo de empenho possível por resultados e, em seguida, admitir que você tem menos controle sobre eles do que pensa. Esse raciocínio leva a flexibilidade a algumas áreas-chave.

SEJA FLEXÍVEL COM SEU SONHO

Alguma vez já sentiu como se não soubesse exatamente o que fazer com sua vida? Conhece alguém que se sente assim? Todos.

Achamos que temos de saber antes de seguirmos, que temos de descobrir nossas vidas antes de empregar nossa energia, mas a verdade está na relação oposta. O objetivo é muitas vezes um subproduto da convicção, não um pré-requisito.

Quanto mais energia você emprega, quanto mais competências desenvolve, mais claro se torna o que você pensou que queria. Acredito em ter uma visão difusa, não um plano perfeito. A direção geral que você deseja seguir se torna mais clara conforme realmente trabalha nela. Talvez você seja o oposto de mim no quesito criatividade: você adora números. Matemática é o seu playground. Com um diploma de administração, você pode se ver um dia como um CFO (*chief financial officer*/diretor financeiro). Essa é uma visão difusa e distante que merece ser trabalhada. Você não consegue dizer o que realmente isso envolveria porque ainda está muito longe dessa realidade, no início do seu *Reinicie*. Mas emprega energia, sabendo que o caráter, a competência e os relacionamentos que desenvolve irão atendê-lo em longo prazo.

No entanto, no meio do caminho até a escada profissional, conforme você se aproxima dessa posição, a realidade se torna mais clara. Talvez o CFO na sua empresa precise trabalhar setenta horas por semana. Ele gasta muito tempo cortejando investidores, uma atitude que você odeia. Quanto mais tempo você gasta na empresa, mais estará exposto a outros CFOs. Talvez ser um CFO signifique viajar constantemente. É bem provável que você não conseguisse ter visto o que significava ser um CFO até que passou um tempo empregando sua energia na direção dessa perspectiva difusa. A vida é sonhada em grandes saltos e revelada em pequenos passos.

Ao reconhecer que essa não é a posição que você pensou que era, como Steeve e sua equação matemática, você reage com flexibilidade. Toma um caminho lateral numa direção diferente, equipado com uma robusta *Career Savings Account* e novos conhecimentos sobre uma coisa que não quer ser. Você não sai perseguindo seu amor por números e, em vez disso, vira um pintor. Ainda tem coragem, mas a flexibilidade lhe permite mudar o destino na direção do qual está indo já que viu como é o destino CFO.

Nunca imaginei que eu seria um autor em tempo integral. Isso nunca aparecia nas cartas. Eu era um completo empresário, ou pelo menos pensava ser. Em 2004, tive uma reunião com uma amiga a quem eu tentava convencer a me contratar em tempo integral. Quando eu lhe disse que gostaria de trabalhar para sua empresa, sem hesitar ela respondeu: "Nunca contrataríamos alguém como você; você é um visionário. Não precisa estar numa empresa. Precisa trabalhar para um monte delas".

Foi um conselho brilhante que prontamente ignorei, fazendo tudo o que implorei a você não fazer com os sábios conselhos que recebeu de seus amigos. Eu era inflexível com minha energia e não queria admitir que estava destinado a ser escritor. Passei os nove anos seguintes trabalhando em empresas.

Ao longo do caminho, comecei a trabalhar como freelancer junto com meu trabalho no Home Depot, e descobri que gostava disso. Passei anos construindo uma base saudável de clientes e comecei a explorar a realidade de que eu talvez não fosse um empresário. Em 2010, quando a Dave Ramsey me ofereceu um cargo em tempo integral, eles me pediram que me concentrasse apenas na empresa, e não mais na questão do freelancer. Fechei meu negócio e disse à minha esposa que iria trabalhar para a Dave por dez anos. Disse-lhe que eu tinha finalmente encontrado a empresa na qual ficaria por um longo tempo. Ela riu.

Eu não havia entendido por que Jenny tinha rido até que passei três anos trabalhando para um empreendedor. Percebi que também sou um, só que não quero criar um negócio, mas criar ideias e livros. Meu sonho estava mudando, mas eu não queria ser flexível com ele. Tinha uma definição específica dele em minha cabeça e me recusava a ser flexível. Mas, quanto mais empregava minha energia, mais percebia que era um empreendedor. Mais clara essa visão ficava. Finalmente, precisei ser flexível com meu sonho e aceitar que sou um escritor. Vou fazer o que estou fazendo agora para sempre? Talvez não, mas, por enquanto, ser flexível com minha energia significa trabalhar por conta própria.

Você terá de ser flexível com seu sonho também. Ele irá mudar de um modo que você não consegue prever.

O TRABALHO QUE VOCÊ ACABARÁ AMANDO TALVEZ AINDA NEM EXISTA

Eu disse a minha irmã, que é quinze anos mais jovem do que eu, que, quando tinha a idade dela, o que eu faço agora não existia fisicamente. Passo boa parte do meu dia interagindo com mídias sociais. Eu tuíto. Posto no Facebook. Uso o Pinterest. Uma grande parte da minha atenção vive interagindo com minha comunidade on-line. Quinze anos atrás, quando eu tinha 23 anos, isso não era possível. Não por falta de esforço da minha parte, mas porque não havia Twitter. Não havia Facebook. Blogs estavam em seus estágios de bebê e não podiam ser facilmente atualizados. Imagine se eu tivesse sentado à mesa da cozinha e pensado: "Preciso descobrir meu sonho".

É possível que eu fosse capaz de conceber a invenção do Twitter? Poderia ter sonhado com o Facebook? E então? Será que eu apenas esperaria Mark Zuckerberg inventá-lo? Eu e meu caderno Moleskine, escrevendo: "Espero que haja um programador talentoso e dois gêmeos gigantescos que estejam lutando por uma ideia que um dia será o local no qual empregarei minha energia". Ridículo. O mesmo acontece com a escolha de um curso na universidade. Quando eu estava lá, quase nada do que faço agora era realidade. Não recebi meu primeiro e-mail até ser um novato numa empresa. E ainda achei que isso não funcionaria! Lembro-me de estar sentado em um laboratório de informática, olhando para uma tela de e-mail preta e verde e pensando: "Que coisa mais idiota. Por que alguém faz isso?". Essa é provavelmente a história da origem do meu ódio por e-mail.

Espero que os universitários escolham o melhor curso para eles, mas precisam saber que o futuro vai mudar o que fazem e como fazem. Você deve ser flexível com o seu sonho, porque talvez ele ainda nem exista.

SEU SONHO MUDARÁ COM O TEMPO

Na terceira série, tive uma vaga visão de que queria ser escritor. Você sabe o que isso significava? Significava que eu queria escrever poemas. Do tipo que rima, e particularmente em qualquer lugar eu conseguiria introduzir a ideia de que "cair" e "florir" rimam de uma maneira muito interessante quando você está falando de árvores.

Quando eu estava na faculdade, o sonho de ser escritor se transformou no de escrever artigos para o jornal acadêmico. Depois da faculdade, escrevi textos para publicidade, incluindo jingles para empresas de depilação a laser. Mais tarde, iria escrever textos técnicos para uma empresa de software. Agora escrevo livros de desenvolvimento pessoal, no ramo de não ficção. Você acha que na terceira série eu teria dito que seria o que faço aos 38 anos? Claro que não.

Não são apenas os escritores que passam por isso; pessoas como treinadores de lutadores também. (Embora os dois grupos sejam tão semelhantes que quase parece redundante falar sobre ambos.) John Hackleman é um dos melhores treinadores do mundo. Durante vinte anos, ele treinou Chuck Liddell, um dos mais bem-sucedidos lutadores do UFC na história do esporte. Um dia, ele entrou em contato comigo para ajudá-lo. Achei que era uma pergunta sobre um golpe de estrangulamento ou algo assim (é tudo no antebraço, por sinal), mas não era essa ajuda que ele queria. Na verdade, queria que o ajudasse a criar uma nova marca porque seu sonho estava mudando. Sua academia, a Pit, tinha uma reputação muito pesada para atrair o novo grupo de clientes que ele desejava: crianças. Além de treinar lutadores top, ele nutria uma paixão por ajudar a ensinar caratê para crianças pequenas. Isso não é algo que está fazendo porque não foi bem-sucedido em seu sonho original. Hackleman está no topo de seu campo de atuação. Acontece que ele ama ajudar crianças e adultos a aprender caratê. Por quê? Porque os sonhos mudam. Às vezes, o que impulsiona seu *Reinicie* pode até não se relacionar diretamente com seu trabalho.

Aceitei o trabalho com a Home Depot não porque senti como se fosse minha vocação, mas porque queria criar meus filhos perto dos avós. A geografia levou àquele *Reinicie*, não o trabalho. Uma vez estabelecidos em Atlanta, eu tinha mais margem para começar a procurar um emprego mais adequado para minhas competências. Você vai se lançar no seu *Reinicie* por muito mais razões do que apenas perseguir uma paixão.

Espero que você descubra alguma coisa ampla e informal para fazer com sua carreira, como escrever, mas não fique parado tentando obter uma loucura específica. Isso vai mudar, então tenha em vista a flexibilidade, não a rigidez.

SEJA FLEXÍVEL COM A DEFINIÇÃO DE SUCESSO

Robin O'Bryant queria escrever um livro com uma grande editora. Todo escritor sonha ser publicado pela mesma editora de Hemingway. Embora a autopublicação tenha se tornado um ótimo caminho nos últimos dez anos e seja uma excelente opção, é comum que os escritores se sintam cidadãos de segunda classe quando escolhem esse caminho. Sei que eu erroneamente o fiz quando autopubliquei duas coleções de postagens de meu blog.

Robin sabia como empregar sua energia e passou dois anos trabalhando com um agente literário conceituado, mas não teve sucesso para fechar um contrato. Inúmeras vezes, editores disseram simplesmente que ela não tinha metas grandes o bastante para publicarem seu livro.

A primeira reação de Robin foi fazer cara feia e lamentar a morte de seu sonho. Não era apenas o fato de ter um livro lançado, mas, sim, de ter um livro lançado por alguém que tinha equipamentos para escrita sofisticados e cartões de visita.

Ela poderia ter se arrastado de volta para o anonimato, e voluntariamente nunca mais ter escrito outro livro. Mas os leitores de seu blog não iriam ficar quietos. Eles continuavam incomodando mais e mais. "Quando o seu livro vai sair?", perguntavam nos comentários. "Como está o livro?", tuitavam. Nesses momentos, os leitores estavam sendo relacionamentos bumerangue surpreendentes. Cada post no blog ou no tweet que Robin tinha escrito implicava o envio de um bumerangue que voltava na forma de casuais amizades motivacionais.

Robin lutou pelo tempo que pôde, mas, no fim, teve de ceder depois que se perguntou:

"Por que escrevi este livro?

A resposta era simples: porque não podia deixar de escrevê-lo. Eu queria que outras pessoas o lessem porque pensei que iria ajudá-las, valorizá-las, fazê-las rir em voz alta na cama depois de um dia longo e difícil de crianças briguentas. Escrevi porque queria ser lida e sabia que a autopublicação poderia realizar minha missão."

Então, depois de muita luta consigo mesma, ela tomou a decisão de ser flexível e autopublicou o livro *Ketchup is a vegetable:*

and other lies moms tell themselves (Ketchup é um vegetal, e outras mentiras que as mães contam a si mesmas) em novembro de 2011. Ela passou os dois anos seguintes vendendo o livro na parte de trás de seu carro, ao estilo MC Hammer. Transportava-os para palestras e sessões de autógrafos e para qualquer outro lugar onde houvesse uma plateia. Robin agiu com determinação.

Em setembro de 2013, *Ketchup* alcançou a lista de best-seller do *New York Times*, do *Wall Street Journal* e do *USA Today*. Um mês depois, ela assinou um contrato para dois livros com a editora St. Martin.

Toda história termina assim? Claro que não. Mas um *Reinicie* é evitado por causa do medo de falhar. Caso não tente, você tem uma taxa de 100% de fracasso. É nisso que ser inflexível com nossa definição de sucesso se transforma: em medo.

Pensamos que a energia está oscilando pelas cercas quando chegam nossos grandes momentos, mas, na maioria das vezes, como no caso de Robin, a energia está apenas tentando.

Tentamos redefinir sucesso.

Tentamos autopublicar.

Tentamos nos candidatar a um emprego para o qual somos mais do que qualificados apenas para colocar o pé numa grande empresa.

Tentamos voltar à escola quando todos acham que somos muito velhos para isso.

Tentamos abrir um negócio.

E, quando não obtemos sucesso na primeira vez de acordo com algumas definições de sucesso predeterminadas, não desistimos. Nós nos tornamos flexíveis como a Robin. "Não consigo imaginar o que teria acontecido se eu tivesse sido muito orgulhosa para redefinir o sucesso. Meu sonho se tornou realidade porque trabalhei muito nele. Quando a porta se fechou na minha cara, decidi que não era muito orgulhosa para levantar minha saia e sair pela janela."[1]

Isso é energia, determinação, flexibilidade: sair pela janela quando a porta se fecha.

DEIXE O NOVO SER DIFERENTE, E NÃO VELHO

Achamos que podemos nos lançar num *Reinicie* e as coisas permanecerão iguais ou voltarão a ser como antes.

Isso não vai acontecer. No coração de um *Reinicie* está a mudança, e no coração da mudança está o "diferente". E ele pode ser bom ou ruim, maravilhoso ou terrível, dependendo das circunstâncias, mas a palavra diferente nunca significa "igual".

A vida será diferente quando se vivencia um *Reinicie*, e, quanto antes você aceitar com flexibilidade esse fato, mais fácil será.

1 Robin O'Bryant, "Self-Publishing a *New York Times* Bestseller". Acuff.me (10 abr. 2014). Disponível em: <http://acuff.me/2014/04/self-publishing-new-york-times-bestseller/>.

Vi essa trajetória incorporada a meu caminho um ano antes de este livro ser lançado.

Quando trabalhei para Dave Ramsey, durante o lançamento do meu último livro, contei com um grupo de pessoas que criaram uma propaganda espetacular para mim. O grupo desenvolveu um evento especial num teatro de 1920, em Franklin, Tennesse, para lançar a pré-venda do livro. Os designers criaram cartazes, camisetas e páginas na internet, chegando até a revestir um ônibus para me levar a todos os eventos que o representante de palestras havia agendado meses antes. Dave propagandeou o livro para milhões de ouvintes de seu programa de rádio. Aposto que quarenta pessoas estavam diretamente envolvidas no lançamento do meu livro.

Se eu tivesse as mesmas expectativas para o lançamento do *Reinicie*, iria me lamentar. Não será igual. Não tenho quarenta pessoas ajudando. Não tenho um programa de rádio ou um time de designers.

Entretanto, tenho a Penguin, uma das editoras de mais sucesso de todos os tempos, com um prédio repleto de pessoas talentosas. Eles fizeram tudo certo com os livros de Mark Twain. Também agiram corretamente com os livros de Seth Godin. Além disso, tenho acesso a vários designers gráficos freelancers, programadores e pessoas influentes por meio dessa coisa chamada internet. Há também as relações nas quais investi em minha *Career Savings Account*.

O lançamento deste livro foi diferente do último, mas diferente não precisa significar pior. Pode até significar melhor se reconhecermos que novo não significa ruim, e se empregarmos nossa energia no que estamos fazendo. Largar o velho é geralmente o primeiro passo que se deve dar quando se deseja vivenciar um *Reinicie*.

Não são apenas os autores que lidam com isso. Você vê a mesma coisa nas carreiras de recém-formados. Seus amigos que ainda estão na escola o chamam numa noite de quinta-feira para sair como sempre fizeram, e você opta pela cama. Ainda somos amigos, mas agora você precisa se levantar às seis da matina todos os dias. Não tem férias na primavera, como eles. Não tem algumas horas à tarde para conversar no quarto da república. A maior parte de sua vida muda quando você consegue seu primeiro trabalho de tempo integral e, se tentar agir como se ainda estivesse na faculdade, provavelmente vai perder o emprego.

Isso também pode acontecer quando você troca de emprego.

Vamos fingir que esteja infeliz em seu trabalho. Você percebe que os resultados não são o que queria e decide voltar e olhar para suas hipóteses, como Steeve fez. Em seu trabalho atual, você está infeliz. Não gosta do trabalho, não é tão habilidoso no que faz e as cobras estão constantemente mordendo você. Ao compreender que não precisa parar seu trabalho para lançar-se num *Reinicie*, decide candidatar-se a outro cargo dentro da empresa. Afinal, ele se encaixa em sua competência natural muito melhor. Decide deixar o antigo cargo e aceitar o novo.

Em seis meses, porém, percebe que o novo trabalho não é o que pensou que seria. Não é que você esteja impaciente ou não consiga parar em um emprego, apenas não é o trabalho que lhe prometeram. Nesse momento, sentirá vontade de olhar para trás com saudades do antigo emprego. Vai ver o fracasso no novo trabalho como prova de que não deveria ter deixado o antigo. Então, você vai esquecer toda a bondade que dissemos que a energia requer. Vai se espancar duas vezes: uma por sair do antigo emprego e outra por iniciar um novo. Você acredita que o fracasso da nova tentativa prova o fracasso de sua decisão de sair do emprego.

Não é verdade. São duas decisões distintas. A decisão de sair do antigo emprego não pode ser julgada como incorreta só porque o novo não funcionou, assim como você havia julgado seu último namorado com base nas qualidades do novo namorado. Se o último cara foi verbalmente abusivo e você tomou a decisão de deixá-lo, o fato de o novo cara ser preguiçoso não significa que você não deveria ter deixado o outro. Ele continua verbalmente abusivo. A preguiça do novo rapaz não mudou isso. Nós, entretanto, amamos idealizar nosso passado, quando nosso presente não atende às nossas expectativas.

Não faça isso. Quando você tomou a decisão de realizar um Salto de Carreira ou optou por fazer algo sobre o Teto dela, aquela decisão terminou no momento em que você agiu. O que acontece daqui para frente não muda a certeza daquela decisão.

Seja flexível. Fazer alguma coisa nova sempre requer flexibilidade. Não será igual à antiga. Não é possível. O antigo é antigo, e o novo é novo.

Portanto, são diferentes e sempre serão.

DIVIRTA-SE ATACANDO O CASTELO

Ninguém mais se diverte.

Ou nós achamos que isso é para crianças pequenas ou pensamos que já passou o tempo.

Não temos problema algum com crianças brincando e curtindo férias e sendo bobas.

Mas, em algum ponto, é hora de crescer. Estamos falando a respeito do mundo real. A diversão não tem um lugar e certamente não tem um bom retorno ou investimento.

Ou então pensamos que a diversão deva ficar para depois.

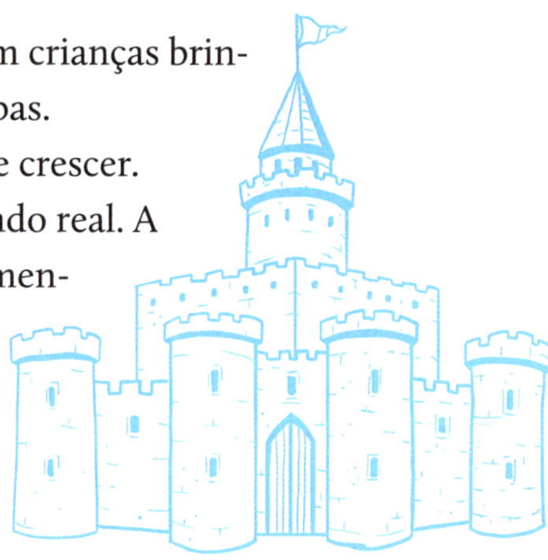

Que é uma atividade estritamente para o aposentado. Sonhamos em um dia ter dinheiro, liberdade e diversão. Fazemos o terrível trato com um trabalho que não amamos, cinquenta semanas de labuta penosa e infeliz para ter duas semanas de férias, baseados na esperança de que, no fim de tudo, vamos recuperar o tempo. Certa tarde, entretanto, um vizinho destruiu essa minha ideia.

Ele se envolveu num acidente de trabalho. Com trinta anos de experiência na venda de tratores, um dia, durante uma demonstração, um deles caiu, arruinando-lhe as costas. Em menos de um segundo, sua vida inteira mudou.

Balançando um taco de golfe em nosso quintal, ele disse: "Não jogo golfe há dez anos. Este é o problema, você pensa que fará todas essas coisas quando se aposentar, mas aí está velho. É mais difícil".

Você sofrerá um terrível acidente com trator? Espero que não. Será que sua empresa irá falir e jogar sua aposentadoria para o espaço? Talvez não. Entretanto, você passará por um momento *Reinicie* negativo que o pegará desprevenido em algum momento de sua vida? Sim.

Adiar a diversão é um plano ruim.

Precisamos de alguns momentos de diversão agora, porque talvez não cheguemos ao depois, mas, o mais importante, precisamos de um pouco de diversão, porque ela vai nos ajudar a permanecer flexíveis e evitará que fiquemos parados.

A diversão pelo amor à diversão é uma das melhores maneiras de evitar ficar entalado novamente. Bem-vindo a uma tensão adicional de energia. Você precisa empregar a energia em sua lista de coragem para as competências necessárias de que falamos anteriormente, e depois empregá-la em seu senso de diversão para as competências de curiosidade.

David Drobny conhece diversão. Ele também conhece muito os assuntos linhas de instabilidade e sistemas de tempestade de baixa pressão. Ele tuíta sobre ambos de modo muito semelhante ao do cara das condições climáticas severas de Nashville, ou @ NashSevereWx. Em dezembro de 2011, David percebeu que achava a previsão do tempo divertida.

Então começou a tuitar dicas relativas às condições meteorológicas em dois municípios muito específicos em Middle Tennessee. David não cobre todo o estado, mas, se você vive no condado de Williamson, ele lhe dará as previsões meteorológicas mais específicas que você já viu. Ele tuíta coisas como: "Se você estiver na piscina no bairro de Fieldstone Farm, melhor sair nos próximos seis minutos; há tempestades nessa direção".

Além de tuitar, ele também tem acesso ao sistema do National Weather Service Chat (Serviço de Chat Nacional de Meteorologia), reservado para meios de comunicação e controles de emergências. No início, eles não queriam lhe dar o acesso, mas David é determinado. Assim, continuou aparecendo na sede requerendo a aprovação, pedindo-lhes que o vissem como "um meio de comunicação", até que cederam.

Durante algumas tempestades, ele vai inclusive bater o limite diário do Twitter, pois escreve muitas vezes. É em dias assim que ele pede ao seu administrador autorização para manter todas as chamadas por algumas horas, e isso implica divertir-se. Gráficos de tempo, modelos de radar, previsões de neve. David compartilha tudo.

Desde que começou, ele já conquistou um público de 35 mil seguidores, e recebeu muita atenção do Serviço Nacional de Meteorologia conforme usava as redes sociais. Quanto dinheiro acumulou agindo desse modo? Nenhum. Essa não é a questão. David é um advogado bem-sucedido, que não está nesse ramo de meteorologia para ganhar dinheiro, mas, sim, porque gosta do que faz. É divertido, como se pode notar quando, no meio de tempestades, ele quebra a tensão com mensagens como: "Não achamos que seja um tornado, mas ele está sendo vigiado como qualquer rapaz que talvez queira convidar minha filha para um encontro".

Outro benefício da diversão é que ela tende a evitar o cansaço. Minha esposa, Jenny, não se preocupa se eu não empenho minha energia o suficiente no meu *Reinicie*; ela se preocupa se eu trabalho muito. Quando você emprega energia, trabalha duro e mantém o foco, é fácil se tornar um workaholic. É fácil manter a cabeça baixa e olhar para cima um dia e perceber que não se diverte há muito tempo.

No entanto, a diversão quebra esse ciclo porque não tem um valor fácil de calcular. Parece inclusive um pouco tolo, mas a diversão não precisa necessariamente de um propósito. O divertimento não tem de se mover para frente. Se alguém lhe perguntar por que você fez alguma coisa, "porque era divertido" é uma resposta completa. E as crianças estão dispostas a responder dessa forma com mais frequência do que nós, não estão? Qual a finalidade de se desenhar um arco-íris grande na garagem, além de diversão? As crianças percebem que a diversão às vezes não é razão suficiente para nós, adultos, agirmos.

Minha filha de 8 anos perguntou se ela e a irmã poderiam fazer uma luta de balão de água. Elas não nos deram uma razão, além de as expressões de ambas indicarem que seria divertido. Minha esposa e eu dissemos: "Hoje não".

Trinta minutos depois, McRae voltou para casa e perguntou de novo, só que, dessa vez, deu uma razão muito adulta. Perguntou: "Podemos encher alguns balões de água, não para jogar, mas apenas para que eles mantenham equilibrada a linha de folga lá fora?".

(Se você não estiver familiarizado com a linha de folga, é uma corda bamba plana que se pendura entre duas árvores, como uma espécie de armadilha de mosca para hippies.)

Tenho a sensação de que ela e a irmã haviam pensado em razões pelas quais um adulto iria usar balões de água, dado que a diversão não foi o suficiente para nós.

No contexto de seu *Reinicie*, a diversão é um motivo suficiente.

Então, em vez de dar a você tarefas para ter certeza de que está sendo flexível enquanto emprega sua energia, quero que se faça duas perguntas:

1. Meu *Reinicie* é divertido às vezes?
2. Se não é, qual o motivo?

Se você respondeu sim, maravilha. Encontrou alguns balões de água na sua vida. Apenas tenha certeza de que eles continuem lá enquanto você emprega sua energia. Também é importante entender a diferença de "diversão às vezes" e "diversão sempre". Você não pode constantemente tornar seu filtro para o sucesso uma diversão, pois irá falhar. Nenhum *Reinicie* é divertido sempre. Adoro dar palestras em eventos. E não gosto muito de viajar. Se eu fosse capaz de me teletransportar magicamente para eventos com meu jeans de discurso, assim o faria. Mas, pelo que eu saiba, isso não é uma opção.

Embora eu esteja tentando ter mais consciência a fim de dizer sim para as coisas certas e não para as erradas, a viagem de negócios, em algum grau, sempre será parte da minha carreira.

Chegar em casa à 1h30 por causa de um voo atrasado não é muito divertido. Constantemente enganar o estômago comendo um burrito no aeroporto às 10h45, porque nenhum voo trabalha com um cronograma de almoço, não é superdivertido. Bagagem perdida.

Assentos apertados. Pequenos hotéis tristes com pequenas máquinas de café tristes que cospem água marrom-escura. A perda de alguns eventos com meus filhos. As viagens de negócios só são divertidas para quem nunca as fez, da mesma maneira que pessoas que não cresceram em torno de neve acham que ela é sempre bonita.

Você vai fazer um monte de coisas que não são divertidas durante seu *Reinicie*, em troca daqueles resultados que ninguém mais consegue. Portanto, procure um pouco de diversão em sua convicção, mas nunca pense que cada parte tem de ser divertida. Diversão é alguma coisa que se acrescenta à convicção, não um filtro pelo qual seleciona coisas para fazer.

Se você respondeu não e não está se divertindo agora, pergunte: por quê? Você estava se divertindo em algum ponto. Ninguém começa um *Reinicie* com a esperança de que, se tudo for bem-sucedido, será mais infeliz, fazendo mais trabalho que odeia, de maneira mais entalada.

Todos nós começamos com diversão, mas tendemos a perdê-la ao longo do caminho, muitas vezes em face da energia.

Sua falta de diversão ocorre em virtude da legibilidade? Você empregou energia e ficou mais perto de um sonho diferente do que pensou que seria? Talvez esteja na hora de escolher um caminho diferente. Sua falta de diversão ocorre devido ao ritmo? Está empregando sua energia com tanto ímpeto agora que nem sequer tem uma margem para se divertir. Talvez precise reservar algum tempo em sua agenda, e o objetivo deve ser apenas "diversão". Sua falta de diversão ocorre em virtude de estar vivendo um período da faculdade de Medicina e da certeza de que a graduação será divertida, mas a rotina não? Talvez seja razoável que os níveis de diversão diminuam agora, mas lembre-se de que tem um prazo para se graduar na faculdade de Medicina.

Não tenha medo de se divertir. Você já teve empregos chatos suficientes. Seu *Reinicie* não precisa ser assim.

Às vezes, a energia pode escorregar um pouco para o perfeccionismo. Você começa a se mover tão rapidamente que permanece trancado em seus planos. Isso funciona bem até que a vida não segue seu caminho. O que irá acontecer. Hoje, amanhã também. O planeta tem um hábito irritante de se recusar a ceder a todos os nossos caprichos. Quando isso não acontecer, não permaneça no mesmo lugar. Ajuste seu sonho, edite sua definição de sucesso, deixe o novo ser novo e alguns se divertirem.

LEMBRE-SE:

- ✓ A energia requer flexibilidade.
- ✓ O propósito é sempre um subproduto da energia, não um pré-requisito. Não espere um propósito perfeito. Use a energia como um meio para achar o próximo.
- ✓ Nunca fique trancado numa definição rígida de sucesso que lhe impeça o crescimento. Saia pela janela se a porta estiver fechada.
- ✓ Divirta-se ao atacar o castelo. Uma *Career Savings Account* deve aumentar a alegria na vida, não eliminá-la em nome do progresso.

24

SEMPRE USE ISTO PARA MULTIPLICAR O MOMENTO

Não permita a ninguém a ilusão de que o conhecimento da trajetória possa ser substituído por dar um passo à frente do outro.

MARY CAROLINE RICHARDS

Em revisão, em algum momento da profissão você:

- atingirá o Teto de Carreira e ficará empacado, o que exigirá competências substanciais para se libertar;
- perderá inesperadamente um emprego, ou precisará de um depois de se formar, o que exigirá relacionamentos significativos para que sobreviva;
- dará um salto na carreira, o que exigirá sólido caráter para navegar no caos que os saltos sempre geram;
- e, finalmente, no caso da energia, terá uma oportunidade surpresa que não esperava, o que exigirá o uso de energia inteligente para que faça o máximo. Em momentos assim, você necessitará de sensibilidade para reconhecer o que fazer, perseverança para de fato fazê-lo e flexibilidade para reagir às surpresas.

A coisa engraçada nas oportunidades inesperadas é que são inesperadas. Você talvez não as veja chegando, mas, desde que tenha mais controle do que pensa, às vezes consegue impulsioná-las.

Quando faz isso, é bem possível que acabe no Instagram na Espanha, parado próximo ao Skrillex.

Apesar de esse tipo de som soar como se você fizesse uma selfie com um produto que limpa azulejos, garanto que Skrillex é um dos DJs mais famosos do planeta no momento. Pergunte a um garoto de rua, e ele lhe contará.

Misty Jones estava na rua às 6 horas da manhã, depois de uma festa à noite, próxima a Skrillex, porque ousou iniciar uma Carreira *Reinicie*. Depois de mais de uma década em um emprego que ela apenas apreciava, e com 42 anos, Misty decidiu focar aquilo que mais amava fazer: música. Ainda que não soubesse exatamente o significado disso, tinha uma ideia meio vaga, às vezes tudo do que se precisa.

Ela havia se candidatado a um programa de música com um ano de duração, na Berklee College of Music, enquanto vivia em San Antonio, Texas. O programa implicaria uma mudança para a Espanha por um ano. Eu a conheci quando ela estava esperando descobrir se a haviam aceitado. Completar o processo era voluntário e claramente controlado por Misty. Uma decisão de Salto de Carreira. E em relação a ser aceita? Não. Ela tinha menos controle disso.

Mas ela foi escolhida.

Momento de energia!

Misty saiu de seu bom e estável emprego.

Mudou-se para a Espanha.

De Valência, postou no Instagram fotos fantásticas. Algumas envolviam passeios com amigos, mas a maioria era dela mesma aprendendo como produzir música. Misty postava um frenesi de *soundboards*, e concertos, e salas de aulas e eliminatórias. Em função da chance de reinventar seu trabalho, ela trabalhava com uma tremenda energia.

Após formada, Misty aceitou um emprego de período integral em Kent State, Ohio, como professora assistente de música. No último outono, ela começou a dar aulas de produção musical. Sem colocar energia em todo o processo, continuaria exatamente onde estava, presa no Texas, sonhando com música, mas não fazendo nada para mudar. Esta é a triste verdade sobre tomar decisões: não tomar uma significa, muitas vezes, sua maior decisão.

No entanto, Misty tomou uma decisão, e, quando isso lhe ofereceu oportunidades inesperadas, como ensinar em tempo integral, ela se energizou para fazer o máximo. Energia impacta muito mais do que oportunidades de carreira inesperadas. A disposição para ela quando se vivencia Tetos, Choques e Saltos aumenta drasticamente a quantidade de oportunidades inesperadas atingidas.

Mas não serão todos eles tão grandes, dramáticos ou óbvios a ponto de se mudar para a Espanha.

Passados dois meses de meu último *Reinicie*, uma empresa chamada 2Gather me enviou um e-mail para ver se eu queria fazer uma palestra na Universidade de Vanderbilt. Agarrei a oportunidade, pois era uma das poucas faculdades em Nashville pela qual ainda não havia passado.

Eles avisaram que deveria haver mais ou menos sessenta pessoas para um encontro de uma hora, conduzido na Barnes & Noble no campus. Numa noite gelada, caminhei pelo campus e encontrei a fabulosa equipe responsável pelo evento. Mas, infelizmente, não apareceram sessenta pessoas. Aproximadamente sete delas estavam lá.

A situação foi meio embaraçosa, também porque a área da palestra ficava no pedaço da Starbucks da loja. Imagine que você seja um universitário ou um professor que tenha comprado um latte espumoso de abóbora picante numa noite gelada de inverno. Você acabou enfiado numa coletânea de poesia alemã, enrolado num cachecol numa silenciosa Starbucks. Então, de repente, vem a voz de alguém por um microfone: "Vamos falar de sonhos!".

Um punhado de pessoas ergueu os olhos carregados de raiva, afinal, havia acabado o momento de paz que desfrutavam. Empacotando suas coisas, caminharam para o outro lado da Barnes & Noble, até ficarem fora do alcance de minha voz, olhando-me o tempo todo.

Incrível!

De qualquer maneira, continuei com minha apresentação, enchendo meu discurso de energia, na tentativa de dar meu melhor às sete pessoas que lá estavam. Você não irá melhorar uma competência, por exemplo, a de falar em público, a menos que se esforce com uma multidão, independente de serem sete ou 7 mil pessoas. Mais tarde, naquela noite, uma professora da Vanderbilt, que estava lá apenas organizando seus e-mails, me perguntou se eu conversaria com veteranos. Respondi que sim. Dias depois de minha estreia na Starbucks, estava falando com uma sala de cinquenta alunos. Após passada aquela noite bem divertida, tuitei sobre o que havia feito. Um dos treinadores de futebol da Vanderbilt viu e me perguntou, no Twitter mesmo, se eu falaria com o time dele. O time que naquele ano venceu Tennessee, Geórgia e Flórida. O time com o treinador que estava quase saindo da Vanderbilt para treinar a Universidade Estadual da Pensilvânia.

Eu disse que sim, e dei uma palestra de uma hora para uma sala repleta dos seres humanos mais legais que já vi. Foi uma experiência intimidante. Quando assisto ao futebol pela TV, há uma parte minha que pensa: "Provavelmente eu poderia fazer um golaço. Poderia até me arriscar". Mas estou seriamente enganado. Aqueles caras eram enormes. Depois da palestra, jantei com James Franklin, o treinador principal.

Ele tuitou naquela noite: "@JonAcuff é um animal!".

Há uma porção de palavras e nomes com que se dirigiram a mim ao longo dos anos, mas garanto que foi a primeira vez que um ser humano se referiu a mim como um animal.

Meses depois, falei com um dos treinadores assistentes de James que seria ótimo dar uma palestra na Universidade Estadual da Pensilvânia.

Será possível? Não tenho certeza, mas sei que aumentaram bastante minhas chances de falar nessa universidade por dizer sim a uma pequena oportunidade de falar para sete pessoas.

Não foi fácil falar de graça para sete pessoas, quando meu estúpido ego queria me dizer que minha carreira estava acima de momentos desse tipo. A beleza da energia é que ela ajuda a transformar uma pequena oportunidade em uma outra um pouco maior. Você cresce de um pequeno sim para um maior. Momentos difíceis também são libertadores. Enquanto andava pelo campus naquela noite gelada a fim de falar para menos de doze pessoas, não imaginava para onde a situação me levaria. Mas ainda me lembro de pensar: "Você sabe onde a maioria dos escritores está agora? Em casa, tomando um chá, provavelmente vestindo uma malha norueguesa, daquelas vendidas no final do trajeto do Maelstrom em Epicot, na Disney". Não eu. Eu estava com a carga toda, cheio de energia para uma apresentação em que daria tudo de mim, independente do número de pessoas que aparecessem.

A energia trabalha destas duas maneiras: incita mais oportunidades. E então, quando você tem uma, acaba se empenhando para detoná-la ao máximo.

25

TRÊS PALAVRAS FINAIS QUE VOCÊ ME CONTARÁ ALGUM DIA, EM BREVE

Ei, você que se senta sobre seu copo cheio,
mas não bebe, me diga, está esperando quem?

HERMANN HESSE

Escrevi este livro por quatro motivos:

Sou seu fã, leitor.

Sou fã do trabalho.

Acredito que você é bem mais capaz do que pensa.

Acredito que o trabalho possa ser bem mais significativo do que todos nós achamos.

Ele não tem de ser razão para infelicidade. Não precisamos ter medo da segunda-feira. Trabalho duro não tem de ser o prato principal servido todas as semanas. Se você perseguir um sonho e sair de seu próprio país, ou decidir que perseverança e paixão por objetivos de longo prazo significam permanecer no mesmo lugar e aperfeiçoar seu emprego atual, trabalhar talvez seja excelente.

Mas isso representa um grande passo, porque, não vou mentir, nos envolve.

Se quisermos mudar de emprego, primeiro teremos de mudar.

É preciso que planejemos e nos preparemos. É preciso sair dos bloquinhos de anotações e rabiscar novas habilidades que desejamos aprender, mesmo que isso às vezes pareça uma coisa boba.

Precisamos de paixão quando sentimos vontade de desistir. Precisamos ir em busca de sábios conselhos, mesmo quando nos dizem coisas que não queremos ouvir. Precisamos recorrer ao lento trabalho de plantar vastos pomares duradouros.

Precisamos construir uma *Career Savings Account* repleta de relacionamentos, competências, caráter e muita energia.

Necessitaremos de cada um desses investimentos para vivenciar todos os quatro tipos de transições profissionais: Tetos, Choques, Saltos e Oportunidades.

A vida seria bem mais agradável se pudéssemos escolher nosso modo preferido de passar por uma transição profissional. Não conheço ninguém que escolheria o Choque ou o Teto, e, portanto, talvez a decisão ficasse entre Salto e Oportunidade. Se você odeia surpresas tanto quanto odeio quando garçons cantam “Parabéns a você” em um restaurante, escolheria Salto. Assim, sempre saberia o que iria acontecer em seguida, pois sua vida seria pautada por uma sequência de decisões deliberadas e positivas.

Vença.

Vença.

Vença.

No entanto, se você aprecia surpresas, não quer saber o que vem em seguida, e prefere se surpreender com o que acontece, vai escolher uma vida repleta de Oportunidades de Carreira. Desse modo, seus dias serão cheios de momentos de bilhete de loteria, um fluxo contínuo de coisas incríveis ocorrendo em sequência.

Mas não conseguimos escolher uma transição de maneira irreversível. E nem seria positivo para nós se assim o fizéssemos. Se você só acumula vitórias, não aprenderá algumas coisas de que precisa saber. Nossas derrotas, quando chegamos ao limite máximo ou passamos por solavancos, tendem a nos ensinar lições que não aprenderemos voluntariamente ou por conta própria. E seria melancólica uma vida passada num fluxo ininterrupto de oportunidades não planejadas. Aqueles que ganham na loteria nem sempre são os mais felizes.

Não, viver consiste numa série de quatro transições. E Misty, a conquistadora espanhola da seção energia, resume isso com perfeição. Durante a redação deste livro, ela me enviou um e-mail, explicando como seu programa na Espanha chegou ao fim. Conforme eu o lia, percebia que uma das quatro transições explodia em cada afirmação. Então anotei o que estava de fato em jogo a cada coisa que Misty dizia:

Larguei meu emprego em que estava há treze anos para ir a uma escola de ensino fundamental I. Larguei tudo o que tinha e todos meus conhecidos para me mudar para um país estrangeiro.

Apesar de Misty ter deixado muito para trás, levou consigo uma coisa: seu pomar de caráter. Não conhecia ninguém na Espanha. E ainda não tinha as competências para ser uma engenheira de som. Não tinha consciência da energia que logo seria exigida dela, mas possuía caráter. Quando você salta, seu caráter o acompanha sempre.

Aprendi do zero a conceber sons. Aprendi a ser uma engenheira na área... em nada menos do que um Avid System 5... *(Tradução: uma mesa de som muito, muito grande).*

Alcançar o Teto da Carreira, uma limitação de algum tipo, é uma coisa ruim se você permitir que seja. Afinal, isso pode se tornar o catalisador para que se aprendam novas competências. É o que Misty fez, rapidamente percebendo que havia ido ao limite de sua capacidade musical. Então, desenvolveu novas competências para constantemente romper cada limite máximo naquela aventura que vivia. É errado pensar que Misty havia chegado ao limite máximo quando estava presa no velho emprego.

Convidaram-me para tocar/apresentar em junho num grande e maluco festival de música eletrônica, em Barcelona, um projeto que me manteve o tempo todo ocupada.

Desenvolver novas competências melhoraram as chances de Misty conseguir inesperadas oportunidades, como convites para se apresentar em grandes festivais. Misty não controlou a decisão do organizador do festival em Barcelona de convidá-la a tocar, mas, quando aconteceu, ela se apressou, consciente de reconhecer a situação como um período de extrema energia. Assim, foi flexível e acrescentou essa nova oportunidade à sua ocupada vida.

Fui abençoada pela visita da vasta família, o povo que me desafiou a uma mudança.

Ah, "desafio" é uma palavra perfeita. Nossos amigos, nossos conselheiros, não apenas nos encorajam: eles nos desafiam. A nos arriscar. Aos choques na carreira. Todos nós precisamos de relacionamentos desse tipo quando decidimos reinventar nosso trabalho.

Preenchi mais de vinte formulários de emprego, o que tem sido estimulante e aterrorizante.

Um Salto de Carreira leva a outro. Um Teto rompido expõe um segundo, que também precisa do martelo de competências. Novos relacionamentos abrem a porta para outros novos relacionamentos. O ano estava acabando, mas a aventura de Misty apenas começava. Reinventar o trabalho não é um acontecimento, mas um estilo de vida.

Quando lemos histórias como a de Misty, é fácil imaginar que ela tinha habilidades mágicas, talentos e relacionamentos que nós, pessoas normais, não temos.

Mas não os tinha. Contava com seus relacionamentos, suas competências, seu caráter e sua energia. Tudo o que tinha era a *Career Savings Account*. E, assim que percebeu, ousou se fazer algumas perguntas:

Por que não eu?

Por que não agora?

Por que não aqui?

Perguntas simples, mas, se as fizer, elas lhe permitirão alcançar com mais facilidade aquilo que deseja. Talvez não na Espanha. Talvez apenas em seu emprego atual, assumindo uma atitude completamente diferente, e com capacidade de ver que já possui uma boa oportunidade. Talvez em um período de energia, que o incentive a procurar um novo emprego do mesmo jeito velho que todos o fazem. Talvez estabelecendo novos relacionamentos ou retomando os antigos.

Não há como prever o rumo de sua carreira se ousar fazer essas perguntas e reinventar seu trabalho. O melhor de tudo, com sua *Career Savings Account* você dispõe de tudo de que precisa para começar. Portanto, por que não você, por que não agora, por que não aqui?

TRÊS PALAVRAS FINAIS

Muito tempo atrás, enquanto me demitiam de um emprego, alguém me falou que eu não era um escritor. Basicamente me disseram que não tinha competências ou energia para ser um escritor. Achavam que eu nunca seria capaz disso.

Anos depois, Jenny e eu caminhávamos nervosos pela nossa vizinhança, à espera de uma mensagem de texto de meu agente literário, revelando que editoras haviam feito uma oferta para este livro.

Uma mensagem de texto se transformou em duas, duas em dez. O que era para durar um dia se prolongou por dois.

Emocionalmente, o processo não só foi cansativo, mas também estimulante, tudo ao mesmo tempo. E, quando foi finalizado com sucesso, lembrei-me da pergunta daquele velho adversário: "Você acha mesmo que consegue fazer isso?".

Alguém já lhe perguntou a mesma coisa.

Você, provavelmente, já se fez essa pergunta.

O medo adora essa pergunta.

Numa caminhada na floresta, num dia calmo de primavera, eu a respondi para mim mesmo.

"Você acha mesmo que consegue fazer isso?"

"Aparentemente, consigo."

Acho que essa pode ser sua resposta.

A partir de agora, daqui a um ano, quando me mandar um e-mail como o de Misty, repleto de força, energia, esperança, lutas, medo e toda a real desordem que o *Reinicie* desperta, é isso que vou dizer sobre você. Sentado num pequeno escritório em Nashville, abrirei seu e-mail. Então, eu irei rir e aplaudir em alto tom pela aventura que viveu, a qual possivelmente não prevê hoje.

Você acha que consegue encarar um *Reinicie*?

Aparentemente, consegue.

AGRADECIMENTOS

Jenny Acuff, pelo constante desafio de me apoiar em momentos *Reinicie*, mostrando-me como as aventuras podem ser divertidas. McRae e L. E. Acuff, amo vocês. Mamãe e papai, por me ensinarem o significado da coragem. Jon e Laura Calbert, que acreditaram tanto em mim que me encorajaram a pular, mesmo com sua filha e netos a tiracolo. Nate Bruns e Grant Jenkins, pelo apoio constante. Todd e Angie Smith, porque sempre apareciam quando precisávamos. Andy Traub, por se recusar a me deixar desistir.

William Warren, com o SketchEffect.com, por tornar esta obra mais do que apenas um livro, com suas maravilhosas ilustrações. Curtis Yates, Matt Yates e Mike Salisbury, por guiarem esta obra para a conclusão. Maria Gagliano, por moldar as palavras deste livro com inacreditável capacidade de edição. Rachel Moore, que trabalhou neste projeto e depois se atreveu a perseguir seu próprio *Reinicie*, unindo-se a um grupo de dança em Nova York. Will, Adrian, Margot e toda a equipe da Penguin! Al e Nita Andrews, por compartilharem seus generosos corações e suas excelentes ideias. Reggie Joiner e toda a equipe da Rethink, obrigado por me receber em sua família. Terry Mitchell, por me mostrar a genialidade do fantástico café em Thistle Stop Cafe, e a cidade de Nashville, que parece um verdadeiro *Reinicie*. Deus, por lançar momentos *Reinicie* com festas para pródigos como eu.

DREAMERS & BUILDERS

Sem a Dreamers & Builders, uma comunidade on-line que se transformou em uma comunidade verdadeira, este livro não existiria. Milhares de agradecimentos a todos que lançaram um barco sobre as ondas este ano.

A. J. Bible, Aaron Hoffman, Abbie Unger, Adam Legg, Adeola Oyelabi, Alan Jackson, Alanna Menke Cathcart, Alex Blythe, Alex Snow, Alexandra Veintidós, Alle McCloskey, Allison Dumas, Allison Fox, Allison Freer, Amanda Leigh Carlson, Amanda Leszinske, Amanda Lipscomb, Amanda McNair, Amanda Shannon, Amanda Workman, Amaris Freier, Amaryah LaBeff, Amber Arbo, Amber Boston, Amy Ables Lawson, Amy J. Campbell, Amy Latta, Amy Pike, Amy Sylvia, Amy Warr, Andrea Hultman, Andrea Lacy, Andrea Ragsdale, Andrea Saffle, Andrew, Andrew Engelbrecht, Andrew Nemmers, Andy Tallman, Angela Sims, Angela Standafer, Angie Buchanan, Angie Wilkinson, Ann Fugleberg, Anna Floit, Anne Gubbins, Anthony W. Carpenter, April Bacon, April Best, April Harrison, April Terry, April Wier, Arona Martin, Ashlea Sigman, Ashley Elsey, Ashley Karlen, Ashley Revely, Ashley Weber, AshleyWebster, Audrey Hildreth Lollis, Barbara, Becca Ludlum, Becca Oursler, Becky Caldwell, Becky Castle Miller, Becky Noffsinger, Becky Sheehan, Belle Cagas, Ben Dempsey, Ben McIntyre, Bem Meredith, Ben Snyder, Benjamin Small, Beth Ranck, Beth Whitney, Bethany Johnson, Bill Ogden, Bill Seybolt, Bill Warrell, Bill Weeks, Billy McGarrity, Bob Brundrett, Bobby Hill, Bobby Pugh, Bonnie Atkins, Bonnie J. Blakeman, Brad Daugherty, Bradley Lutz, Bradley W Gann, Brandi Hignight, Brandi Roberts, Brandon Gradelle Smith, Brandon Kurtz, Brandon Spencer, Brandon Weldy, Brandy Anderson, Brent Comstock, Brian Darby,

Brian Gurley, Brian Kirby, Brian Krumme, Brian Mintz, Brianne McGill, Brittany Barbera, Brittany Gulbrandson, Brooke Fradd, Brooke K. Thorup, Brynn Leigh Shamp, C'Belle Tennimon, Caleb Mathis, Callie Burlin, Cameron Mast, Camilla Kragius, Candice Joy Henthorn, Cara Duncan, Cara Willaert, Carissa Wingate, Carla Musarra-Leonard, Carole Baker, Carolina Quintero, Caroline Parker, Carri Russell, Casey Lewis, Casey Sconyers, Cassey Langston, Cat Knarr, Catherine Rincon, Ceri Webb, Chad Sell, Charis, Charity Ellis, Charles Balan, Charles Johnston, Cheray Smith, Cheree Miller, Cherilyn Wise, Cherisse Redmond, Cheryl Brehm, Chris Blaylock, Chris Dennis, Chris Holmes, Chris Morris, Chris Philhower, Chris Walker, Christa Newell, Christian Womack, Christiana Mayer, Christie Kennedy, Christine Royse Niles, Christine Peterson, Chuck Allen, Cindy Munoz, Claire McLean, Claire Troyer, Clay Shaver, Colleen English, Connie Kottmann, Cori Angelino, Cori Schmaus, Corie Clark, Corrinna Hodges, Craig Harmann, Cris and Annie Thomas, Dale, Dan Eberhard, Dan Niedbalski, Dan Noel, Dane Demchak, Dara Crandall, Dave Burlin, David Bisek, David Bouchard, David Dollar, David Efros, David Gibson, David Hooper, David Lerner, David M. Eldridge, David Mike, David Resseguie, David Stippick, David Yuhas, Dayne Sullivan, Deborah Ballard, Debra Hennesy, Denise Dykstra, Denise Legg, Denisse Warshak, Dennis M. Weldy, Derek Duff, Derek Felch, Derek Wittman, Dewayne Havens, Donna Maukonen, Dustin Brady, Ebonita Sonnetbird, Eliza R. Aluculesei, Elizabeth Farquhar, Elizabeth Maxon, Elora Ramirez, Emily Bedwell, Emily Carlton, Emily Easley, Eric Barron, Eric Pangburn, Eric Swanson, Erin Casey, Erin McKinney, Erin Thompson, Ethan D. Bryan, Fred Polacek, Gary Lee, Gena Groves, Genevieve West, Geoff Allen, George Phillips, Gilbert Rod, Gina Davis, Graham Smith, Gregory Williams,

Gwen Beattie, Gwendolyn Downing, Gyula Dargai, Heath Lewis, Heather Anthony, Heather Cloudt, Heather Patterson, Heather Villalta, Hilary Parker, Holly, Holly Brennan, Holly Hrywnak, Isabel Hundt, Isabelle Baker, J. Craig Klope, J. C. Howard, Jaci Bounds, Jacinta J. Hampton, Jackie McGinnis, Jackson Tejada, Jacque Watkins, Jacquelynn Lott, Jaime Lake, James Meincke, James Sommers, Jamie Lapeyrolerie, Jane Tuttle, Janeen Sorensen, Janet Schmidt, Janis McAdoo, Jason B. Weakley, Jason Hoschouer, Jason Sprague, Jay Reed, Jeff Bevan, Jeff Brown, Jeff Ott, Jeffery Ingram, Jen Moff, Jen Ochej, Jen Stephens, Jen Wilson, Jenn Bass, Jenn Sprinkle, Jenna Benton, Jennifer Chin Baker, Jennifer N. Allen, Jennifer Leigh Allison, JenniferHaner, Jennifer Jensen, Jennifer Kaufman, Jennifer Land, Jennifer Neel, Jennifer Upton, Jennifer Velasquez, Jennifer Weems, Jennifer Yarbro, Jenny Ditch, Jenny Wuenschel, Jeremy Davis, Jeremy Harper, Jeremy Heersink, Jeremy Jesenovec, Jeremy Rochford, Jeremy Shelton, Jeremy Tallacksen, Jeremy Teran, Jess Kosch, Jessica Curry Jobes, Jessica Garbarino, Jessica Jobes, Jessica Krueger-Sheeks, Jessica Martin, Jessica Meulendyke, Jessica Titchener, Jill Shapkauski, Jim Rudkin, Jim Shields, Jodey Smith, Jodi Baldacci, Jody Ferrell, Jody Maberry, Jody Noland, Joe, Joel Wyse, Jon Carlson, Jon Levesque, Jon Stephens, Jonathan Boles, Jonathan Guenther, Jonathan Jackson, Jonathan Webb, Joni Ryder, Jonnelle Rein, Jordan Campagna, Jordan D. Hogan, Jordyn Schram, Josh Billups, Josh Collins, Josh Greenwell, Josh Hatcher, Josh Willis, Joshua Beck, Joy Haynes, Judith Heaney-McKee, Julene Fleurmond, Julia M. Matson, Julia Mata-Stern, Juliann Rager, Julie DeVisser, Julie Gumm, Julie McLaughlin, Julie Morris, Julie Padilla, Julie Reising, Justin Dearing, Justin Fricke, Kaci Calvaresi, Kandi Hamble, Kara Conaway, Karin Tegeman, Karina Allen, Kate Hinson, Kathleen Patterson, Katie Cline, Katie

Gabriele, Katie Hawkins, Katrina Shaw, Kay Helm, Kay Pirrello, Kayla Erickson, Kayla Fullen, Kaylei Ward, Keith Flynn, Kellie Kirkpatrick, Kelly Douglas, Kellye Coleman, Kelsey Humphreys, Kelsey Troyer, Kelsi Fulton, Kendra Tiedemann, Kevin Buchanan, Kevin Cunningham, Kevin Jennings, Kevin Wright, Kim Wright--Ledbetter, Kimberli Nelson, Kimberly Gress, Kimberly Himmel, Kinda Wilson, Kirk Bowman, Kortney Campbell, Kris Sellers, Krissy Barker, Kristal Woods, Kristen Hoover, Kristen Richardson, Kristin Brinks, Kristin Fleck, Kristin Ingram, Kristina Grum, Kyle, Kyle Crabtree, Kyle J. Britt, Kyle Macon, Kyle Price, Laci Urcioli, Lacy Orser, Laretha Hulse, Laura Calbert, Laura Danella, Laura Gutknecht, Laura Hale, Laura Niemczycki, Laura Warfel, Laura Wilson, Laurel Staples, Lauren Lashley, Lauren Phelps, Lauren Wiley, Lauri Goforth, Leah Carreon, Leigh Dusek, Leigh Ann Sharp, Lena Wright, Leo J. Lampine, Lesa Brackbill, Lesley Thomas, Leslie Beyer, Leslie Clark, Libby Norcross, Linda Goodall, Lindsay Demchak, Lindsay Gann, Lindsay Guenther, Lindsay Laidlaw, Lindsey Hartz, Lindsey Johnson, Lindsey Wiening, Lisa Carol Taylor, Lisa E. Anderson, Lisa Landtroop, Liz Clark, Liz Koenig, Logan Metesh, Lonny Rollins, Lori Danelle Wilson, Lorna Gaffney, Luke Sterling, Malachi O'Brien, Mandi Antley, Mandi Monk, Mariah, Mark Brown, Mark C. Ryan, Mark Napior, Mark Tait, Marnie Brown, Martin Himmel, Marvia Davidson, Mary Ann Rouse, Mary Jo McClelland Mueller, Mary Wiley, MaryEllen Miller, Matt Brier, Matt Comisky, Matt Ham, Matt Hochstetler, Matt Rasberry, Matt Schneider, Matthew Habuda, Matthew Lovell, Matthew Wazbinski, May Bohon, Megan Hall, Megan Lee Webb, Megan Millsap, Megan Wasneechak, Melissa Box, Melissa Gandy, Melissa Gnoza Ogden, Melissa Hawks, Melissa Pittmon, Melissa Thomas, Melissa Wright, Meredith Duke, Meredith Quintana

Pavey, Michael Armendariz, Michael Branson, Michael Buckingham, Michael Campbell, Michael Cuestas, Michael C. Hernandez, Michael Lett, Michael Lettner, Michael Ulrich, Michaëla Chevalier, Michele Clark, Michele Tyler-Johnson, Michell Bogner, Michelle Cadarette, Michelle Girard, Michelle Hollingsworth, Michelle LaBelle, Michelle McKinney, Michelle Treece, Mikayla Dreyer, Mike Lane, Mike Loomis, Mike Meulstee, Mike Plotnick, Mike Sohn, Mikiala Tennie, Miranda Ochocki, Miriam Lilly, Misha Lentz, Missi Sheehan, Missie Stephens, Misty Hymel, Misty Smith, Molly Fulton, Mona, Monique Walmer, Muriel Brannon, Nancy Brook, Natasha Bowles, Nate Pruitt, Nathan Borcherdt, Neal Koenig, Neil Brennen, Nic Casey, Nick Carita, Nick Pavlidis, Nick Shelton, Nicole Romero, Nicole Van Velzen, Nikki Lerner, Nischelle Reagan, Otto Rojas, Pam Myracle, Pam Parish, Pam Renner, Pamela Gann, Patti Wilson, Paul Langston, Paul Sohn, Paul W. Taylor, Petrina Turner, Pierre Quinn, Pilar Arsenec, Pira Tritasavit, Polly Vandever, Rachel Bolton, Rachel Mayo, Rachel Zink, Ralph C. Edwards, Randy Kirkpatrick, Randy Langley, Ray Hausler, Rebecca Pettinger, Rebekah Brown, Rebekah Elerick, Rebekah Thomer, Revka Stearns, Rhen Hoehn, Rhonda Tomko, Rick Theule, Ricky Maldonado, Rob Beaudreault, Rob Kaiser, Rodney Eason, Rohit Bastian, Ronald Long, Ronei Harden, Ronne Rock, Roopa Lee, Rosanne Futch, Russell Johnson, Ryan Eller, Ryan Lang, Ryan Westbrooks, Sally Clegg, Sally Rudkin, Sara Noel Henry, Sara O'Rourke, Sara Rose Wilson, Sarah Davis, Sarah Harmeyer, Sarah Anne Hayes, Sarah Hubbell, Sarah Miller, Sarah Parsons, Sarah Rickard, Sarah Roe, Sarah Romain, Sarah Koci Scheilz, Sarah Stanley, Sarra Herring, Savannah Correll, Scott Cuzzo, Scott Harvey, Scott A. Landers, Scott Link, Scott Maderer, Sean Henry, Sean Nisil, Sean Sheehan, Serena Correia, Shana Bresnahan, Shane

Roby, Shanna Delap, Shannon Brummer, Shannon Hendrix, Shannon Molloy Schmid, Shannon Tapia, Sharon Brooks, Sharon Goldin, Sharon Mankin, Shaundra Baskin, Shawn Lindstrom, Shayla Eaton, Sheena Mackenzie, Sheila Fiorella, Shelly Tiffin, Sherri Renee Adelman, Sherri Clayborne, Sherri Turnquist, Sheryl Wilcox, Song Flagler, Stephani Halderman, Stephanie Boyd, Stephanie Danbom, Stephanie Floyd, Stephanie Frey, Stephanie German, Stephanie Kilper, Stephanie Lynn Pantages, Stephanie L. Quick, Stephanie Runk, Stephanie Snodgrass, Stetson McElhaney, Steve Curran, Steve Dusek, Steve Goble, Steve Hawkins, Steven Tessler, Stu Gray, Stu Tully, Sue Anne Reed, Sundi Jo Graham, Susan Ward, Susie Finney, Suzi Sullivan, Tabaitha Kaye, Tabitha Westbrook, Tai Stewart, Tamara Taylor, Tamarah West, Tami Romani, Tammy Fuller, Tammy Helfrich, Tanya Maycock, Tara Fox, Tara Rolstad, Teri Kane, Teri Modisette, Teri Tapia, Terill Jackson, Tiffany Smith, Tim Gallen, Tim Gleason, Tim Weston, Timothy A. Reeder, Tina Bean, Tina Cline, Tina Collins, Tina Hamilton, Tiphanie Uland, Tom Vanderwell, Tovah Atha, Tracy Dusek, Trey Smith, Tricia Wilson, Tymm Hoffman, Valerie Aihe, Valerie Millsapps, Vanessa Barnes, Vanessa Williams, Vicky Cox, Viq Thomasson, Viviana e Ben Estes, Wendy Wright, Weslea McGahee, Whitney DeVos, Whitney Gladden, Whitney Sewell, Whitney Treloar, Will Howell, Will Irish, William Monroe, Win Noren, Zac, Zach Gifford, Zeb Acuff, Zechariah Newman.

FONTE: Calluna
IMPRESSÃO: Assahi

#Figurati nas redes sociais

novo século®
www.novoseculo.com.br